Les troubles relationnels mère-enfant

Une psychothérapie en milieu judiciaire

Souad BEN HAMED

Les troubles relationnels mère-enfant

Une psychothérapie en milieu judiciaire

Préface de René Roussillon

L'Harmattan

5-7, rue de l'École-Polytechnique ; 75005 Paris

http://www.librairieharmattan.com
diffusion.harmattan@wanadoo.fr
harmattan1@wanadoo.fr

ISBN : 978-2-296-99305-1
EAN : 9782296993051

À mes deux enfants Charles-Sami et Alexandre-Iskander,
sans oublier Félix.

Sommaire

“*Comment en effet retrouver sa mère que l’on n’en soit sorti ?* ”

(P.C. Racamier)

Remerciements

Je remercie mon conjoint, François Vernotte, pour son aide dans la mise en page de cet ouvrage et mon ami, Philippe Garnier, pour sa relecture consciencieuse et efficace.

Je tiens également à exprimer ma gratitude aux juges pour enfants qui ont ordonné et assuré le suivi des mesures éducatives citées dans cet ouvrage.

Mais, c'est avant tout aux enfants et à leurs parents, rencontrés à l'AEMO, que j'ai pu réaliser ce travail. Qu'ils en soient sincèrement remerciés.

Enfin, toute ma reconnaissance va à Marie, Marguerite, Schéhérazade, Reine, Ève, Charlotte et leurs enfants qui m'ont tant appris.

Préface

Il s'agit d'un ouvrage authentiquement clinique en raison aussi bien de l'abondance des monographies cliniques dans le corps du livre (six monographies portant sur des suivis longue durée et écrites de manière très rigoureuse dans le suivi de l'histoire du cas aussi bien que dans le processus de la rencontre clinique) que par l'ensemble de la démarche aussi bien méthodologique que théorique.

Les monographies peuvent porter sur une histoire clinique, le parcours de vie du sujet est alors étudié dans ses grandes caractéristiques, grandes époques de vie, grands paramètres psychologiques de celles-ci, bifurcation des aménagements défensifs etc. Il s'agit alors d'une clinique "de parcours de vie".

Elles peuvent aussi porter sur l'histoire d'un processus de rencontre clinique portant sur plusieurs mois, voire plusieurs années.

Elles peuvent enfin porter sur une séquence associative particulièrement significative au sein de ce processus de rencontre.

Nous avons là l'étude de trois "grossissements" différents de la vie psychique et de ses manifestations. Les monographies de l'auteure croisent les trois modalités même si c'est surtout l'histoire du processus et la manière dont celui-ci croise la question du "roman de la grossesse" qui est exploré en congruence avec les enjeux de ce travail.

L'idée d'un "roman de la grossesse" est une trouvaille de l'auteure dont on perçoit d'emblée l'intérêt, à la fois la notion plonge dans la grande tradition des concepts freudiens comme celui de "roman familial" ou encore "roman narcissique de la parentalité" selon l'expression de nos collègues de Genève, et en même temps elle garde toute son originalité.

Pr René Roussillon, le 18 mai 2012

Avant-propos

Ayant exercé quelques années en tant que psychologue clinicienne dans un service d'Action Éducative en Milieu Ouvert, j'ai été amenée à développer une pratique clinique originale aux marges des prescriptions habituelles.

La clinique médico-psycho-sociale ne cesse de nous confronter à nos propres limites subjectives et thérapeutiques. Nous nous trouvons être des cliniciens limites face à des situations limites. Que faudra-t-il faire ? Se cacher derrière la nécessité d'attendre l'expression de la souffrance et l'émergence de la demande quand, au fond de nous-mêmes, nous savons que face à certaines problématiques, et elles sont nombreuses, n'apparaîtront ni souffrance manifeste ni demande ?

Accepter d'être ligoté par des prérogatives tenant à se cantonner à l'aide, au conseil, à l'orientation, l'accompagnement, sans tenter la rencontre avec le sujet en souffrance ?

Arguer que cette offre de rencontre à but thérapeutique ne peut se mettre en place qu'en réponse à un choix délibéré et assumé par l'usager-patient, quand nous savons que ceux de qui nous attendons un choix délibéré et assumé, souffrent d'un sentiment de non existence ?

Ces "*situations extrêmes de la subjectivité*" [Roussillon, 2002] nous mettent dans une position de survie : comme l'usager-patient que nous accompagnons et qui nous fait découvrir toutes les stratégies de survie psychique qu'il a adoptées, nous nous verrons répondre à la nécessité de rechercher une position clinique nouvelle et adopter une ouverture théorique heuristique.

Introduction

Le modèle de l'action éducative en milieu ouvert sous mandat judiciaire, est imprégné de paradoxes [Ben Hamed, 2007a] :

Le paradoxe central me semble se trouver dans ce qui suit : l'action éducative est faite essentiellement d'aide et de conseil et s'adresse à ceux-là même qui sont difficilement accessibles à l'aide et aux conseils. De surcroît, ces conseils tout en venant prendre place dans un milieu emprunt de difficultés, présentent la relation mère-enfant telle qu'elle devrait se dérouler idéalement proposant "*un mythe maternel édifiant et normatif*" et empruntant un discours dans lequel "*la plupart des femmes ne retrouvent pas leur réalité intérieure*" comme l'écrit M. Bydlowski [Bydlowski, 2000] (p. 12), évoquant la question de la grossesse et la naissance.

En invitant le travailleur social à envisager aide et conseil auprès du parent au sujet de l'enfant, ce modèle présuppose l'existence chez le parent, d'un certain degré de capacité de représentation et de réflexion sur ce qui se déroule en lui et donc une certaine distance par rapport à sa parentalité. Or non seulement les difficultés d'être parent réduisent ces distances mais il existe souvent des difficultés de différenciation chez ces sujets en difficulté relationnelle et éducative avec leur(s) enfant(s).

Basé essentiellement sur ces deux aspects et visant implicitement le changement, ce modèle nécessite, chez le parent, la présence d'un certain sentiment de culpabilité et d'un désir de réparation. Or la réalité nous montre tous les jours que les "*usagers*", comme il est de coutume de les nommer dans ce milieu, se tenant à distance de tels affects, apparaissant peu concernés par les questions soulevées et les conseils imaginés par les professionnels ; c'est bien au nom d'une place tierce que nous requérons dans leur psychisme que nous nous adressons aux parents pour "corriger" leur comportement et "rectifier" leurs perceptions. Et c'est à cette absence d'altérité et à la défaillance différentiatrice qu'elle se heurte.

Tout en s'adressant aux parents et évoquant leur attitude à l'égard de leurs enfants, l'action éducative tente de viser de manière privilégiée, souvent exclusive, les enfants. Il n'est pas rare, d'ailleurs, d'entendre des travailleurs sociaux dans ces milieux clamer : "*nous avons une mesure éducative pour les enfants et non pas pour leurs parents*".

La relation parents-enfants implique fortement l'inconscient parental. Or l'AEMO, en se plaçant délibérément du côté de l'enfant, s'interdit l'accès à l'inconscient des parents et oublie qu'une intervention adéquate dans ce domaine nécessiterait de tenir compte de cette dimension.

Même quand elle accepte de se pencher vers les parents, l'AEMO ne tient compte que d'un seul aspect de la parentalité et néglige les autres. Nous pensons aux différents aspects tels que D. Houzel [Houzel, 1999] les a décrits : exercice, expérience et pratique de la parentalité. L'exercice de la parentalité est en lien avec les droits et les devoirs qui sont attachés à la fonction parentale. L'expérience de la parentalité a trait aux expériences affective et imaginaire du processus du devenir parent et la pratique de la parentalité concerne les tâches affectives comme les soins prodigués à l'enfant, les interactions comportementales, les pratiques éducatives, etc.

Par ailleurs, quand il s'intéresse aux deux (parents et enfants), ce modèle s'adresse à l'enfant d'un côté, au parent de l'autre, et vise (implicitement) leur relation, dans un discours présupposant l'existence d'une séparation psychique ; l'observation clinique nous confronte pourtant très souvent à des situations d'indifférenciation massive parents-enfants.

Tout en se plaçant du côté du registre de l'éducatif, et tenant à se différencier implicitement voire explicitement de la prise en charge psychothérapeutique, ce modèle vise un changement qui ne peut se faire sans un travail de transformation du fonctionnement psychique.

Et enfin, tout en évoquant des problématiques relationnelles parents-enfants de grande complexité, ce modèle apparaît comme orientant le travail sur la parentalité considérée sous l'angle de la fonction parentale, de la "parenté". Or, la parentalité est un processus.

C'est à S. Lebovici que nous devons la distinction entre "*la parentalité en tant que processus mental du devenir parent*" et "*la parentalité en tant que processus biologique de reproduction*" qu'il appelle parenté. "*Avoir un enfant*", écrit-il, "*ne signifie pas qu'on en est le parent : le chemin qui mène à la parentalité suppose qu'on ait "co-construit" avec son enfant et les grands-parents de ce dernier un "arbre de vie" qui témoigne de la transmission intergénérationnelle et de l'existence d'un double processus de parentalisation-filiation grâce auquel les parents peuvent devenir père et mère*" [Solis-Ponton, 2001] (p. 136).

Le parent est en effet parent avec tout son être et non pas seulement avec son comportement. Et il va de soi que dans notre manière de nous adresser à lui, nous ne négligerons pas cette dimension.

Cette paradoxalité touche en premier lieu le travail du psychologue clinicien dans de tels services. Nombreux sont les psychologues dans ces milieux qui expriment le sentiment de perte de leur identité professionnelle (perte des spécificités de leurs formations, de leurs interventions en comparaison avec les autres travailleurs sociaux, notamment les éducateurs spécialisés). Ceci est souvent justifié par le dispositif du travail en équipe qui met le psychologue dans une position d'échanges d'informations avec les autres membres de l'équipe éducative, mais aussi par le dispositif de l'action éducative elle-même qui est une action qui se positionne plus sur le registre socio-éducatif que sur le registre psychologique.

Faut-il interroger la place du "*psy*" dans ce travail qui se conçoit essentiellement comme une mission qui se résume généralement en une aide éducative que les intervenants sont appelés à apporter aux enfants au sein de leurs familles et aux parents ?

Faut-il interroger la place du travail clinique dans un domaine éducatif où la dimension psychique n'est néanmoins pas totalement déniée ?

Il est indispensable d'introduire la considération de la réalité psychique des parents mais aussi des enfants, dans ce milieu éducatif où la réalité matérielle est la préoccupation quasi-exclusive ou a en tout cas le dernier mot et où le comportement 'visible' et le discours conscient seuls sont appréciés. "*La réalité psychique, en effet, est [...] l'une des réalités fondamentales de l'être humain. On naît, on vit, on meurt, on tue, on jouit en rapport avec la réalité psychique*" écrit R. Roussillon [Roussillon, 2006] (p. 8).

Ignorer la "réalité psychique" des parents, est une manière de mettre de côté leur subjectivité et de créer pour certains, une répétition de leur sentiment de non existence en tant qu'êtres de relation. Face à des subjectivités ignorées, pouvons-nous en tant que professionnels, procéder à l'ignorance de la subjectivité en réduisant notre mission au conseil ?

Nous ne pouvons repérer des souffrances et des blessures profondes et attendre d'orienter les souffrants vers des soins à l'extérieur. Le psychologue clinicien fait partie des spécialistes du psychisme et son travail ne peut faire abstraction des manifestations conscientes et inconscientes de la psyché. Son intervention ne peut se faire en contournant cette 'réalité psychique' et en faisant comme si elle n'existait pas.

Ainsi, il m'a été difficile de rester dans les prérogatives de l'action éducative en milieu ouvert. L'observation des contenus psychiques connus de la perception directe, mais aussi de ceux qui à travers leurs manifestations signalent de manière parfois discrète, parfois bruyante leur présence est indispensable au clinicien. Il ne peut faire autrement que de mobiliser sa conscience et son inconscient pour appréhender à la fois ce qui est immédiatement ‘appréhendable’ mais aussi ce qui nécessite des déductions (à manipuler avec prudence) et des mises en sens.

A défaut de ce travail, nous laissons parents et enfants dans un état d’excitation intense, insurmontable après les avoir “chatouillés” sur des questions sensibles et après les avoir atteints dans les parties meurtries de leurs corps et de leurs âmes.

C’est pour cela que je vous invite à me suivre dans cette aventure de prise de risque où il s’est agi de transformer ma place de “psy”, du moins dans la manière dont elle est considérée en général dans ce domaine, ce qui m’a amenée à dépasser des indications institutionnelles précises comme celle d’éviter, voire de s’interdire les entretiens à visée thérapeutique ; indications qui me semblent témoigner plus des paradoxalités ci-dessus évoquées que d’une philosophie éducative institutionnelle.

Pour tenter de travailler avec de telles problématiques, j’ai donc choisi d’adopter une écoute élargie des parents, moins imprégnée par le factuel et les modèles traditionnels de l’AEMO.

Ce milieu est réputé comme étant un milieu de contrainte et il tient souvent à le rappeler. C’est pourtant dans ce milieu que j’ai pu voir la dite contrainte se dissoudre, et la demande éclore. C’est dans ce milieu que j’ai accompagné la douleur tout en dévoilant les agirs maltraitants et la violence insidieuse d’une manière pas toujours aisée, dans un domaine qui promeut parfois un éducatif ‘cru’, et qui se perd, d’autre fois dans un psychologique explicatif sans fondement.

Première partie

Matrice théorico-clinique

Chapitre 1

La maltraitance parent-enfant

1.1 Plus qu'une aberration comportementale

La maltraitance parents-enfants n'est pas seulement une aberration comportementale mais une vicissitude du processus de devenir parent. En effet, évoquer la question de la maltraitance intrafamiliale sous forme d'horreur seulement risque de nous faire adopter une fascination sidérante et de nous priver ainsi de notre capacité de penser, combien nécessaire, pour faire face à un phénomène aussi complexe.

D'autre part, affirmer au parent en difficulté relationnelle et éducative avec son enfant, que la situation normale de tout parent c'est d'être bon, peut fermer les portes à toute possibilité de travail avec lui ainsi qu'à toute possibilité d'élaboration de ses difficultés.

1.2 Une histoire de reconnaissance

C'est tout d'abord, un premier moment, un moment qui peut être senti par les mères comme une compassion et qui court le risque d'être perçu de l'extérieur comme une complaisance, mais qui n'est ni ceci, ni cela. Il a été tout simplement fondamental. C'est le moment de dire à la mère : "*Je ne vais pas tenter de vous aider à être bonne mère*" ; "*Je comprends que vous avez du mal à l'être ou à le devenir*" ; "*Une mère peut avoir des difficultés pour s'occuper de son enfant et même pour l'aimer, mais toutes les difficultés ne se ressemblent pas, je pourrai vous aider à comprendre les vôtres.*"

Ce ne sont pas des phrases à dire seulement, il s'agit d'une posture à adopter. Ce positionnement m'a accompagnée dans le travail avec ces mères dans un milieu où l'une se présente avec des éléments pour sa "plaidoirie" telle une "accusée" ; l'autre, comme humiliée du fait qu'elle se sent "tirée par les oreilles" par son propre enfant qui l'aura entraînée entre les mains de la justice et des services mandatés, situation propice à une "inversion" des générations.

La plus belle pépite que ce parcours m'a permis de découvrir c'est la chose suivante : contrairement à ce que nous pouvons imaginer, vu de plus près, ce n'est pas tant l'accusation de ne pas être une bonne mère qui semble la blesser, que la non reconnaissance de sa difficulté à l'être. Dans ce milieu judiciaire qui peut susciter la méfiance, j'ai pu avoir des "révélations" comme celle-ci :

"*Je ne vais pas vous dire que je ne la tape pas*", dit une mère au sujet de sa fille, "*je la tape et parfois même très fort, mais je ne le fais pas exprès, je veux dire, je ne le fais pas pour lui faire mal, c'est plus fort que moi, si je pouvais comprendre pourquoi, ça m'aiderait plus que de me la placer*" , ou encore "*C'était le placement, autrement, je le mettais au bois*" , avance une autre mère au sujet de son fils, laissant entendre qu'elle l'aurait abandonné.

"*Nous pourrions tenter de comprendre votre difficulté à être (bonne) mère*" est une reconnaissance qui a des effets renarcissisants sur la mère. Loin d'être une complaisance, c'est une invitation à la compréhension et un dévoilement des formations défensives.

Chapitre 2

S'éloigner de l'agir violent pour aller à l'enfant né ou pas encore conçu

Les mères se présentaient dans un premier temps pour parler directement de l'agir violent à l'origine de la mesure judiciaire et de leur relation à leur enfant de manière classique.

Nous nous adressons à elles et nous nous heurtons à ce qui est appelé communément un langage de sourds. Les indifférenciations sont massives et nous nous rendons compte que rien n'est plus inutile que de parler à un parent d'un enfant, telle que le veut la logique de l'action éducative en milieu ouvert, si ce parent n'a aucune "perception" de cet enfant réel, et s'il n'a aucune représentation intra-psychique venant annoncer parfois l'ébauche, parfois un travail plus élaboré du processus de séparation d'avec lui. La perception de cet enfant réel et les représentations intra-psychiques de séparation-individuation de la mère et de l'enfant peuvent être facilitées par un travail sur cette partie importante du devenir mère et qui est la périnatalité en après-coup.

Mobiliser un travail qui tient compte de ce désert représentationnel, de ces contours imprécis des psychismes individuels et familiaux, me semblait indispensable.

J'utilise le terme de périnatalité dans le sens de "*périnatalité psychique*" [Carel, 2004] qui se différencie du sens médical. Ce dernier désigne comme le précise M. Dugnat : "*La période qui va de la vingt-huitième semaine de vie intra-utérine au septième jour de vie post-natale ; la périnatalité psychique, quand à elle, recouvre actuellement la période comprise entre le projet chez les parents et la deuxième année de la vie du nourrisson*" [Dugnat, 1999] (Introduction).

Ainsi, au-delà de la seule grossesse, sont évoqués aussi l'accouchement, l'allaitement, la rencontre du couple et le désir d'enfant.

2.1 Prendre le risque de la rencontre

Accrochés aux barreaux du factuel de par leur fonctionnement, les parents rencontrés sont invités à y rester de par la situation de l'AEMO elle-même. Quelque chose vient de se passer : une négligence, une violence physique signalées au juge ou une difficulté pour laquelle ils ont décidé (de leur propre chef ou sur la suggestion des services sociaux) de saisir le juge des enfants pour avoir cette forme d'intervention. L'aide leur est imposée-accordée, une réflexion sur leurs difficultés parentales leur est proposée. Mais le discours semble difficile, parfois stérile. Des processus pathogènes y participent. C'est alors que, guidée par une sorte d'"*anamnèse associative*" (P. Marty), centrée sur le devenir-mère événementiel avec tous ses aspects historiques (la rencontre du couple, le désir d'enfant, la conception, la grossesse, l'accouchement et l'allaitement), j'invite chacune à construire son 'roman' ; chacune à son rythme et son "goût", aborde l'un ou l'autre aspect avec plus ou moins d'aisance, ne laisse apparaître l'un de ces aspects que très tard dans son discours ou alors évoque certains de ces éléments et ignore d'autres. Le risque de la parole pourtant semblait grand chez ces mères pour qui dévoiler un fantasme peut paraître comme dévoiler un fait. Et même s'il s'agit de dévoiler un fantasme qui ne se confond pas avec les faits, le contexte du milieu judiciaire peut leur sembler menaçant. Profitera-t-on d'un "aveu" de leur part, qu'elle qu'en soit la forme, pour leur prendre leurs enfants ?

Tenter de trouver une place auprès de ces sujets peut apparaître comme une intrusion. La rencontre est en elle-même paradoxalement différenciatrice et de ce fait peut être vécue comme menaçante. Mais ne pas courir le risque de la rencontre, après avoir pris, les précautions nécessaires, ne serait-ce pas rester hors de la psyché de ces être fragiles ? Comment parler à une mère de son enfant alors que psychiquement elle fait comme si elle n'était pas devenue mère ? Elle ne se voit pas mère, ne s'est pas vue enceinte. D'ailleurs, elle ne ne se voit pas non plus avoir été portée par un ventre maternel.

Me voici donc aidée par la définition de la parentalité proposée par Stoléru, accompagner les mères dans un voyage dans leurs représentations, leurs affects et leurs comportements en relation avec leur(s) enfant(s), et ceci depuis le projet d'enfant.

Pour Stoléru, la parentalité est "*l'ensemble des représentations, des affects et des comportements du sujet en relation avec son ou ses enfants, que ceux-ci soient nés, en cours de gestation ou non encore conçus*" [Stoléru, 1989] (p. 353).

Cette définition que donne Stoléru à la parentalité m'a été d'un grand soutien. C'est elle qui me permettait de trouver une base légitime à mes interventions. À chaque fois que celles-ci paraissaient dépasser le cadre institutionnel, je la citais comme argument : pour travailler sur la relation parents-enfants, nous ne pouvons pas nous cantonner aveuglément à l'étape actuelle de leur lien. La parentalité concerne les enfants nés ou non encore conçus. "*Je ne fais donc rien d'autre que de travailler avec les parents sur leur parentalité*". J'ai ainsi pu accompagner grâce à Stoléru les mères dans une expression libre autour de plusieurs étapes de ce processus.

2.2 La contrainte dépassée

C'est ainsi que les moments passés avec les familles, les mères, notamment autour de la grossesse, l'accouchement, l'allaitement, le désir d'enfant et l'histoire de la rencontre du couple, devinrent une partie privilégiée de mes entretiens. Une ambiance qui ne fait plus de place à la contrainte et qui fait du juge des enfants la personne bienveillante, la "bonne mère" qui les a envoyés soigner leurs relations à leurs enfants, se soigner en famille ou individuellement dans un contexte relationnel loin de l'idéalisation des rôles parentaux. "*J'ai demandé au juge un psychologue pour moi*" me dit une mère lors de sa demande de renouvellement de la mesure éducative après avoir été rebelle et s'être montrée inaccessible. Une demande de travail régulier (de la part des mères, parfois des pères) plus approfondi devint classique.

Un constat : à l'évocation (quelques années plus tard) de la grossesse qui a donné naissance à cet enfant avec qui la mère est aujourd'hui en difficulté relationnelle et à l'évocation d'autres éléments comme l'accouchement, l'allaitement…, la "surdité" qui s'affichait au premier plan, au discours socio-éducatif s'estompe. Une certaine plasticité des processus psychiques apparaît, un accès à un ensemble de représentations, de souvenirs et d'affects surgit, produisant en premier lieu une accessibilité psychique non seulement au travail clinique mais aussi à toutes les rencontres dans les cadres éducatif et social.

Mais mes constats ne se sont pas arrêtés à un sentiment de bien-être suite à l'évocation (notamment) de la grossesse qui a donné naissance à cet enfant ni à l'offre d'un moment d'élaboration de certaines difficultés familiales. Une alliance thérapeutique se fit jour, un état relationnel particulier prit place et un état psychique nouveau apparut, faisant penser à l'état de "*transparence psychique*" [Bydlowski, 1991]. En effet, des souvenirs lointains reviennent, des représentations de l'enfant à l'intérieur de la mère, l'enfant des rêves, l'enfant du dehors (enfant réel)... apparaissent suite à ces évocations et introduisent des changements dans la relation mère-enfant.

De quelle "*transparence psychique*" s'agit-il ? M. Bydlowski évoque cette notion au sujet de la future mère affrontant un nouvel investissement : l'enfant. En ce qui me concerne, j'étais surprise de retrouver cette "*transparence psychique*" en dehors de toute grossesse réelle mais à l'évocation de celle-ci, souvent quelques années plus tard.

2.3 De l'ambiance décontractée à l'offre d'un moment d'élaboration

Deux rencontres m'ont mise sur la voie du 'roman de la grossesse' :

– Première rencontre :
  Valérie, une jeune fille de 15 ans, a dû quitter l'appartement familial pour aller s'abriter chez une copine afin d'éviter une situation très conflictuelle qui s'est déclenchée suite à la nouvelle de sa grossesse annoncée à sa mère. Lors de l'entretien où toutes les deux sont réunies, c'est quand la mère commence à évoquer la grossesse et l'accouchement qui ont donné naissance à Valérie, puis ensuite l'allaitement que l'ambiance se détend. "*Saviez-vous tout cela ?*" demandais-je à Valérie. "*Non*" me répond-elle et elle se tourne vers sa mère pour lui poser des questions sur elle bébé, et la mère de répondre sans lassitude... "*Quel âge aviez-vous ?*", demandais-je à la mère, "*15 ans*" répond-

elle. Toutes deux se regardent et Valérie dit à sa mère : "*Eh bien tu vois… !*".

– Deuxième rencontre :
Pour Gisèle et sa fille, relater ces moments fut une occasion d'élaboration. Parlant de sa fille Sandra, 16 ans, en sa présence, Gisèle dit : " *A l'arrivée de Sandra, j'avais 29 ans… elle est née à 7 mois et demi, elle a été hospitalisée pendant 2 mois, elle pesait 1kg 400 ; j'y croyais pas, elle était dans la couveuse, il y a des fils partout, je croyais pas que c'était ma fille, toute petite comme ça avec 1 kg ; elle est restée menue, son père l'appelle la grenouille ; c'est vrai qu'elle ressemble, enfin petite, elle ressemblait à une grenouille*". Et tout en regardant sa fille et lui souriant : " *des fois elle n'aime pas qu'on l'appelle grenouille… son père me dit : ' Sandra, c'est ta famille' ; moi je pense que c'est plutôt la sienne*" et elle continue : " *quand elle est sortie de l'hôpital, il disait : 'c'est pas notre fille'*".
Sandra ricane : " *ça se peut, haha, c'est clair, il faut faire l'analyse génétique*" et d'exprimer à sa mère pourquoi elle est toujours seule et que "*quand on est grenouille, on est grenouille*", qu'on ne lui demande pas ce qui se passe dans sa tête, "*il n'y a rien c'est tout, les grenouilles ça ne pense pas, ça ne réussit pas à l'école et personne ne les croit*".
C'est ainsi et à partir de cette dernière phrase que mère et fille arrivent à parler manifestement pour la première fois depuis des années, des révélations faites par Sandra quand elle avait l'âge de 6 ou 7 ans, concernant des attouchements qu'elle dit avoir subis de la part de son oncle maternel, révélations que Sandra dit avoir faites à sa famille et qui n'ont pas été prises en compte. Au contraire, Sandra me laisse comprendre qu'elle a été taxée de briseuse de liens familiaux et a donc du prendre en main toute seule son 'âme' doublement meurtrie par l'inceste et par la disqualification.

Dans les deux cas, j'ai pu observer les effets positifs de l'évocation de certains éléments du passé, la grossesse en particulier.

Ce constat a pu se confirmer entretien après entretien. Ces effets iront du simple changement d'ambiance à la transformation de la contrainte en demande, et de l'offre de l'occasion d'élaboration à la réalisation d'un travail que les études de cas tenteront d'illustrer.

2.4 La consigne

Mon invitation à l'évocation en après-coup de la périnatalité concernant l'enfant avec qui la mère est aujourd'hui en difficulté relationnelle s'est trouvée prendre deux formes en fonction du discours maternel. À la mère, envahie par l'actualité de sa fonction parentale, je propose : "*Parlez-moi de vous depuis longtemps, depuis que vous avez eu le premier projet d'enfant dans votre tête*". À celle qui se présente comme envahie par l'actualité du comportement de son enfant, je propose : "*Parlez-moi de votre enfant non pas seulement tel qu'il est aujourd'hui mais depuis qu'il était à l'état de projet dans votre tête*". Cette manière la sort du factuel et la fait visiter les différents champs de sa relation à son enfant.

Chapitre 3

Le processus de la maternité

3.1 Du côté de la séduction mère-enfant : la séduction narcissique

À L'image du nourrisson rassasié décrit par Freud qui, dans sa béatitude, rappelle un état de jouissance sexuelle, nous pouvons rajouter l'image du jeu de sourires non moins jouissifs entre la mère et son enfant lors des premiers mois.

A cette communication mère-bébé, Racamier attribua le terme de "séduction narcissique". Il la qualifie [Racamier, 1995] de "*force d'attraction*" qui est en germe dès la naissance. Pour son déploiement, elle entraîne un processus qui se déroule entre les partenaires et qui va croissant. Elle va donc tour à tour apparaître, puis croître, jusqu'à culminer dans la fascination avant que de finir par décroître.

Dans des conditions plus courantes, la mère procède à une atténuation de bon aloi des tensions d'affect du nourrisson. Mais parfois, ces tensions ne sont pas atténuées mais exacerbées. La relation de "séduction narcissique" devient interminable. Elle se prolonge, au-delà des limites où elle se montre comme nécessaire au moi et propice à son développement. Cette relation devient ainsi pathologique. À quoi cela tient-il ?

3.2 Une proximité mère-enfant prolongée

Pour y répondre, Racamier [Racamier, 1995] va visiter les profondeurs de cette "*séduction narcissique*" et en saisir les distorsions. Ce sont les signes de l'absence d'un "*conteneur interne à la psyché*" [Carel, 2004], qui vont le faire arriver au pied des "*distorsions majeures de la séduction narcissique*" (p.32).

Ce 'conteneur interne' est fait d'une organisation spécifique qui se forme autour de l'Œdipe. Ce n'est pas du complexe d'Œdipe au sens restreint qu'il s'agit mais de ce dernier dans une acception plus élargie adoptant la forme d'une organisation. Celle-ci donnera une "*organisation œdipienne*" (Green), une "*configuration œdipienne*" (Faimberg), un "*ensemble complexe œdipien qui met en résonance l'Œdipe du sujet et l'Œdipe dans l'appareil psychique familial*" [Carel, 2004] (p. 15).

Carel se penche sur l'étude de ce temps des liens précoces et de ces interactions mère-enfant quand ces forces séductrices n'arrivent pas à s'éteindre. Il s'agit d'un temps où les événements de la grossesse et de l'accouchement se conjuguent et se confrontent à des "remontées" des formations de l'inconscient individuel, familial et générationnel.

C'est ainsi que peut surgir, lors de cette épreuve existentielle du naître et du faire naître, le risque de la confrontation à un dysfonctionnement individuel et familial particulier dont il sera question tout le long de cet ouvrage : il s'agit de l'incestuel, néologisme forgé par Racamier qui nous éloigne de la vision structurelle de la pathologie et nous rapproche d'une vision processuelle.

La relation narcissique de séduction mutuelle, originellement entre la mère et le bébé vise naturellement à ce que Racamier appelle "*unisson tout puissant*" [Racamier, 1993] qui obéit à des règles internes : neutralisation, éviction des excitations d'origine externe ou pulsionnelle et mise hors circuit de la rivalité œdipienne.

L'auteur nous montre que le phénomène du fonctionnement psychique de séduction est universel, qu'il existe au sein de toute évolution individuelle. Mais il peut lui arriver de connaître des déviations qui le font sortir de ce courant universel naturel et bon pour l'humain. Cette déviation peut être causée par une grande intensité de ce fonctionnement psychique de séduction ou par la coloration exclusivement narcissique qu'il prend et qui l'éloigne de tout élément sexuel.

Il décrit ainsi la séduction narcissique en tant que dynamique "généralisée", induisant celles qui suivront dans la genèse du psychisme et qui auront soit un destin banalisé, soit un destin pathologique.

3.3 Une proximité mère-enfant sensuelle

Si nous acceptons l'idée que la relation mère-enfant peut verser dans la pathologie incestuelle, c'est que nous pensons que dans la plupart des cas, elle ne l'est pas. Et ceci, même si nous restons persuadés que ces pathologies sont plus courantes que semblent le croire les cliniciens qui s'y penchent occasionnellement.

Il existe bien une proximité mère-enfant de nature sensuelle. Nous avons pu évoquer le cas où cette proximité sensuelle se prolonge par une séduction narcissique interminable. Mais nous pouvons alors nous interroger avec André Carel : "*comment com-*

prendre le fait que la proximité sensuelle, physique et psychique, consciente et inconsciente entre mère et bébé, au sein de la séduction originaire réciproque, ne produise pas, généralement, des agirs incestuels, mais au contraire produise de la tendresse, du tact et des actes de soin et de lien bons pour la symbolisation ? Comment comprendre que la conjonction de l'extrême vulnérabilité physique du bébé et de la violence des mouvements de rivalité et d'hostilité entre parents et bébé ne génère pas plus souvent des agirs destructifs ? " [Carel, 2004] (p. 13).

Ainsi posées, ces deux questions nous rapprochent de la position de Cyrulnik qui s'est interrogé autour de l'inceste dans l'acte chez les animaux [Cyrulnik, 1989]. Il a observé le phénomène de "*l'évitement de l'inceste*", l'observation donc de quelque chose qui pourrait se passer mais qui ne se passe pas, un non-événement.

Pour ma part, la question sur laquelle je propose de réfléchir est la suivante : comment se fait-il que la proximité sensuelle naturelle dans la relation mère-enfant réussit à ne pas produire une proximité amoureuse ?

C'est donc l'évitement de l'inceste et de l'incestuel (chez l'humain) qui nous intéresse ici, de la même façon que Cyrulnik rapporte l'observation importante de l'évitement de l'inceste chez les animaux. Peut-être pourrions-nous interpréter l'incestuel comme une forme ratée d'évitement de l'inceste ?

En quoi a consisté l'observation de Cyrulnick ? B. Cyrulnick pose dès les premières pages de son livre, "Sous le signe du lien", un problème anthropologique important qu'il étudie par analogie au comportement animal : "*les animaux, ne réalisent pas l'inceste en milieu naturel*", écrit-il. "*Pour observer qu'un fils chimpanzé refuse de s'accoupler avec sa mère, il faut surveiller les deux animaux lors de leur période sexuelle. Il est facile de voir que les callosités fessières de la femelle se colorent en rose sous l'influence des hormones. Il est aisé de voir comment elle sollicite les mâles en marchant vers eux à reculons et comment ils s'intéressent vive-*

ment à ce gonflement coloré habituel. La surprise naît dès que l'observateur remarque que le fils chimpanzé se cache la tête dans les bras, détourne son regard et se blottit dans un coin tant que sa mère batifole." Qu'a-t-il bien pu se passer chez ce fils chimpanzé, qui a du affronter une mère 'en chaleur' sans succomber à sa séduction sexuelle ? Il "*détourne son regard et se blottit dans un coin tant que sa mère batifole*" et "*refuse de s'accoupler avec sa mère*". Ceci pourrait ressembler à un projet de sublimation ! "*Dès la fin de la période sexuelle, le jeune mâle s'approche à nouveau de la femelle calmée, lui fait quelques sourires, lui offre quelques fruits et recommence à la toiletter*" [Cyrulnik, 1989] (pp. 7-8). Seraient-ce les prémisses d'intégration de l'interdit d'inceste pour le fils chimpanzé ? Comment les choses se passent-elles chez l'enfant humain ?

Revenons à ces signes de présence ou d'absence d'une organisation œdipienne. Ce sont eux qui vont nous guider. Chez l'être humain, cet événement (l'inceste) "qui ne se passe pas" laisse ses traces et marque le psychisme par sa traversée. Mais cette seule condition, la condition que l'inceste n'ait pas lieu en acte ne suffit pas. Une autre condition est nécessaire : c'est l'intégration de l'interdit de l'inceste ; celle-ci se fait dans la psyché. Désormais, l'inceste est fantasmé. L'inceste n'est pas commis, il est interdit et refoulé. De même l'absence de l'acte incestueux ne peut garantir la non existence de relation incestueuse parents-enfants. Ce sont les traces d'un inceste non fantasmé qui seront là. Quant à la faille parfois béante d'un inceste non fantasmé, elle pourrait être aussi ravageuse pour le psychisme que l'inceste en acte. L'inceste n'est alors pas commis, mais il n'est pas interdit. Donc jamais réalisé et pourtant toujours présent.

Du côté de l'humain, nous sommes amenés à faire la constatation non moins importante que la séduction narcissique entre la mère et l'enfant ne produit généralement pas une relation incestuelle mais une relation de tendresse familiale.

En revanche, comment peut-on observer qu'une mère et son enfant sont encore dans cette relation sensuelle ou qu'ils en sont sortis ? Nous pourrions pour cela, nous baser sur la diminution des soins et de la proximité physique. Mais l'évitement du toucher et du regard du bébé sont loin d'être des signes de cette transformation de la relation sensuelle mère-enfant en une relation de tendresse familiale. Bien au contraire, ceux-ci viennent souvent exprimer une attitude défensive (contre-incestuelle).

Et de manière plus générale, nous pouvons poser la question suivante avec A. Carel : "*Comment se fait-il que, pour la plupart des familles, s'attacher n'est pas incestuel, se détacher n'est pas meurtrier ?*" [Carel, 2004] (p. 14). Autrement dit, que se passe-t-il, que faudra-t-il qu'il se passe ou qu'il ne se passe pas pour que les deux partenaires de la relation adoptent une tendresse familiale après avoir pratiqué une tendresse qui peut se confondre dans ses prémisses à la tendresse amoureuse ? La belle métaphore de M. Fain, la "censure de l'amante", ne peut échapper à l'évocation. Il s'agit d'une expression par laquelle il décrit une mère qui, redevenant amante, se farde de l'investissement narcissique retiré à l'enfant pour aller rejoindre son homme. Ainsi se fait jour un impératif de désinvestissement de l'enfant par sa mère, par lequel celui-ci ressentira les effets de l'existence d'un tiers.

Dornes adopte l'image de filtrage de ce qui est permis et de ce qui ne l'est pas et propose un modèle qu'il appelle "bande passante" : Il y a pour chaque action du nourrisson un spectre intrinsèque de signification qui définit la bande passante d'attributions possibles ayant un sens. Si les attributions outrepassent cette bande passante, on aboutit à des perturbations dans le processus d'apprentissage ou d'introjection.' Il s'agit de la "*négociation mutuelle de signification*", signification qui naît par "*attribution de signification*" et ceci par l'intermédiaire de "*l'acte d'interprétation parentale*" [Dornes, 2002].

A. Carel, de son côté, propose la notion de 'barrière de contact' qui fait lien et bonne censure, entre parents et bébé, au plus fort de leur proximité, au plus fort du danger de dérive vers ce que M. Klein appelait la promiscuité sexuelle [Carel, 2004] (pp. 13-14).

Revenons à cette question d'attribution de signification. Nous pouvons très facilement trouver dans notre clinique, cette attitude parentale qui consiste à donner à un comportement infantile ou à un sentiment exprimé par l'enfant, une explication tirée à 100 % du sac parental et qui se situe au-delà de la signification intrinsèque (si l'on accepte cette idée d'existence d'une signification intrinsèque). Dornes cite l'exemple d'une mère qui interprète les mouvements du bras de son enfant comme brandir le poing contre le père [Dornes, 2002] (p. 54).

En dehors des significations verbalisées, il y a celles qui sont véhiculées par l'inconscient parental. Celui-ci peut transmettre des significations et les faire adopter par les enfants sans aucune possibilité de recul.

Le domaine des soins maternels a ses propres 'spectres de significations', dirais-je pour reprendre l'expression de Dornes.

Le "spectre intrinsèque" de l'allaitement par exemple, si on voulait l'exprimer en dialogue serait le suivant : 'Mon bébé, je te caresse pour te procurer un bien-être et non pas de l'excitation ; je te donne le sein pour te nourrir mais aussi pour que nous vivions ensemble un moment de proximité qui nous fait plaisir à tous deux. Ce sein, ce même sein, c'est celui que je peux offrir à ton père mais dans un moment différent, avec un plaisir différent. Je ne vous l'offre pas de la même manière, à lui, à ton père-mon amant, c'est l'aspect érotique de mon sein que j'investis, à toi, à mon enfant, c'est l'aspect nourricier. À lui, à ton père-mon amant, si cela nous arrive, c'est dans le cadre d'une relation amoureuse, homme-femme, amant-amante ; à toi, à mon enfant, c'est dans le cadre d'une relation de tendresse familiale, mère-enfant.'

Dans ce processus normal de négociation mutuelle de signification, comment se traite la séduction entre une mère et son nourrisson ? C'est aussi l'histoire infantile parentale dont les enfants sont héritiers qui anime une bonne partie de la relation parents-enfants.

L'histoire des parents, notamment l'histoire de leurs expériences traumatiques, intervient souvent de manière parfaitement inconsciente dans celle qui va devenir l'histoire des enfants et ceci à travers les liens parents-enfants. L'enfant peut se trouver chargé d'occuper telle ou telle place dans le scénario fantasmatique parental et ne pourra s'en défaire sans une "négociation" entre les deux histoires qui se fait souvent après un travail qui permet d'élucider les espaces psychiques et d'organiser les liens transgénérationnels. Les "*scénarios narcissiques de la parentalité*" décrits par Manzano, nous donnent des exemples édifiants de ces transactions psychiques parents-enfants [Manzano et al., 1999].

Après avoir évoqué la question de la transmission inconsciente des affects partagés entre la mère et son enfant, nous pouvons poser la question des modalités selon lesquelles un nourrisson peut vivre et réagir à une mère 'amoureuse' ou 'qui le prend pour son amant' ? Pourrions-nous en matière de séduction envisager d'étudier en dehors des processus inconscients, d'autres processus comportementaux ?

Autrement dit : Quels processus de transfert des affects peut-on imaginer en matière incestuelle ? Quels modes de comportements (observables) en sont caractéristiques ? Quelles sortes d'interaction mère-enfant appartiennent à ce domaine ?

A. Ciccone, in [Roussillon et al., 2007], nous a montré à travers des exemples, comment ces complexes œdipiens parentaux sont objets de l'observation clinique et comment l'enfant les met à jour. Selon lui, l'insomnie, par exemple, peut témoigner de la lutte inconsciente de l'enfant contre les bébés rivaux, contre la créativité parentale. Elle peut témoigner de l'envie et de la persécution que génèrent les représentations de la scène primitive (p. 375).

Les études qui se sont penchées sur la dépression maternelle, ont pu nous montrer clairement le processus de transfert et d'interaction mère-enfant. En étudiant les effets des dépressions maternelles sur le nourrisson, elles ont décrit des manifestations de visage triste, de motricité ralentie, de débit verbal monotone. Elles expliquent que la communication de tels états a lieu par le moyen de signaux d'affect au-delà du langage : le corps, la voix, le geste et le mouvement, mais aussi l'expression du visage.

Les développements sur cette question sont nombreux. Certaines études proviennent d'une clinique reconstructive, d'autres d'une clinique du premier âge. D'autres enfin proviennent des unes et des autres conjuguées. Les méthodes varient mais les résultats se rejoignent : C'est un bébé qui va être tenté de "revitaliser" sa mère, de réanimer son visage. Plus tard, il sera tenté d'être activement séducteur, pour multiplier les occasions de se sentir aimé et éviter la dévitalisation ; c'est un nourrisson qui peut entreprendre beaucoup de choses seul et finit par s'auto-porter. Green n'a-t-il pas décrit, de manière clinique-reconstructive, ce même phénomène chez le nourrisson confronté à une "*mère morte*" [1] ?

Pour ma part, c'est la place de '*l'ensemble complexe œdipien*' (A. Carel) du parent dans la relation parent-enfant que j'ai tenté d'observer. Il s'agit le plus souvent d'une observation clinique

1. Le complexe de la mère morte a été décrit par Green en 1980. Il se manifeste par une "dépression de transfert", répétition d'une dépression infantile souvent non remémorable, dont le trait essentiel consiste dans le fait qu'elle a lieu en présence de l'objet lui-même absorbé par un deuil.

Face à un désinvestissement maternel que l'enfant ne peut s'expliquer et qui bouleverse son univers psychique, des tentatives vaines de réparation ont lieu. S'installent ensuite, des défenses complexes qui associentăle désinvestissement, en miroir, de l'objet maternel et une identification inconsciente à la mère morte. Le résultat en est le meurtre psychique de l'objet accompli sans haine [de Mijolla-Mellor, 2002] (entrée '*Complexe de la mère morte*', p. 1049).

reconstructive. Suivre les pas de l'Œdipe parental, voilà comment il m'a semblé intéressant d'approcher toutes les dimensions de la relation mère-enfant. Il s'agit de l'histoire et de la préhistoire de celui-ci, de ses nœuds et de ses dénouements, de ses étapes d'évolution et de ses moments de rage, de ses explosions et de ses stagnations.

3.4 La relation mère-enfant sous l'angle de la séparation

Longtemps la psychanalyse a axé ses recherches sur l'existence de deux stades, deux étapes de la vie, l'une objectale et l'autre pré-objectale ou narcissique. Mais les recherches actuelles nous amènent à un 'renoncement' obligé de cette vision des choses. Non seulement, nous ne pensons pas rencontrer chez une personne un état d'objectalité à l'état pur et nous ne serons pas étonnés de rencontrer de l'objectalité dans ce que nous attribuons au narcissisme mais aussi, même en voyageant dans les origines psychiques, l'objectalité apparaît plus tôt que nous pouvons l'attendre.

On a, en effet, longtemps pensé que la relation d'objet et l'état de différenciation font suite à une étape pré-objectale. Les travaux de M. Mahler [Mahler, 1975] y ont largement contribué. Elle formule l'hypothèse de l'universalité de l'origine symbiotique de la condition humaine ainsi que l'hypothèse de la nécessité d'un processus de séparation-individuation dans le développement normal.

La relation d'objet et l'état de différenciation étaient donc considérés comme faisant suite à une étape pré-objectale, étape qualifiée d'autistique normale.

Les travaux de Stern ont déjà infirmé depuis quelques dizaines d'années maintenant la théorie de la symbiose. Les découvertes des facultés précises du nouveau-né ne cessent de s'étendre. Celles des découvertes de l'interaction mère-bébé aussi, de sorte qu'il n'est plus possible aujourd'hui de maintenir l'idée d'un stade où l'objet est complètement absent de la perception du nouveau-né.

Les recherches en cours soulignent les différences de comportement qu'adopte le bébé en fonction de la situation que confronte sa perception (objet animé ou objet inanimé) ainsi que la capacité qu'il a dès les premières heures de sa vie de 'mimer' les expressions du visage humain.

Le bébé différencie très tôt le visage maternel des autres visages significatifs de son entourage, mais aussi des autres visages étrangers que son regard peut rencontrer occasionnellement.

Fusion et perte des frontières qui étaient considérées comme allant de soi chez tout être humain à la naissance sont maintenant perçues et interprétées comme les signes d'un état pathologique.

Dans le cas de la maltraitance mère-enfant, nous assistons souvent à une relation caractérisée par des espaces psychiques insuffisamment différenciés entre la mère et son enfant, indifférenciation que nous pouvons qualifier de pathologique tant par son intensité que par sa persistance.

La manière dont va être tolérée la dépendance des deux côtés, aussi bien de celui de l'enfant que de celui de la mère, va donner le sens qui signera la singularité de chaque rencontre.

M. Mahler [Mahler, 1975] appelle "naissance psychologique" le processus de "séparation-individuation" qu'elle définit comme l'acquisition du sentiment à la fois d'être séparé et en relation, surtout en ce qui concerne son propre corps et l'objet d'amour primaire, principal représentant de l'univers tel qu'il est expérimenté par le nourrisson.

Elle précise qu' à tout moment et à chaque étape de la vie, on peut voir se réactiver un ancien sentiment, partiellement non résolu, de l'identité du self et des limites du corps, ou d'anciens conflits concernant la séparation et le sentiment d'être séparé (ou alors il peut demeurer en périphérie ou même essentiellement actif). Elle ajoute que cette phase de séparation-individuation est une sorte d'expérience de seconde naissance pouvant être décrite comme "l'éclosion hors de la membrane symbiotique" commune 'mère-enfant'. Cette éclosion est tout aussi inévitable que la naissance biologique.

Pourquoi ces mères semblent-elles être, quelques années après leur accouchement, comme étant face à un nouveau-né : nouveau dans le sens où elles ne l'ont pas encore rencontré ; né alors qu'elles ne l'ont pas senti croître dans leur ventre ? Nous reprendrons ce non-ressenti du mouvement fœtal plus loin.

Nouveau-né disais-je ? Le plus souvent, elles semblent être face à un non-né. L'enfant et sa mère (en fantasme ou en réalité) restent une seule entité psychique et physique défiant toute autre présence et excluant tout élément étranger.

Dans ces pathologies où "*l'enfant doit être comme s'il n'était pas né*","*comme s'il n'avait pas été engendré*" [Racamier, 1992] (p. 129), où la mère doit être comme si elle n'avait ni accouché, ni engendré, l'élaboration autour de la naissance et de l'engendrement s'est montrée d'une grande efficacité. Le 'roman de la grossesse' peut naître au fur et à mesure du travail. Les éléments concernant la question des origines notamment, peuvent s'intégrer dans une relation mère-enfant qui tend vers l'harmonie où la place du père est réhabilitée et la question des origines posée.

3.5 "Le travail de maternalité" : de la crise au dépassement

Comment la mère fait-elle pour sortir de la crise qu'elle traverse naturellement de par son accès à la maternité, sans tomber dans la pathologie ? Comment fait-elle pour retrouver les frontières de son Moi après avoir connu un état de "retour à un Moi sans frontières", pour utiliser l'expression de Federn ?

Comment fait-elle, enfin pour pouvoir à la fois mettre à la disposition de son bébé un appareil psychique contenant pour qu'il constitue son "appareil à penser les pensées" (Bion) et s'occuper de mettre de l'ordre dans son psychisme désordonné par son (nouvel) accès à la maternité ?

"Le nouveau-né ou le nourrisson, naturellement vécu par sa mère à la fois comme différent et consubstantiel, à la fois comme autre et comme partie de soi, à la fois comme une réalité propre et comme un fantasme matérialisé" [Racamier, 1978] (p. 43), doit pouvoir être vécu par sa mère comme différent, dans le sens de séparé-individualisé, et comme différencié, dans le sens investi en tant que réalité plutôt que fantasme. Ce faisant, la mère doit pouvoir se sentir séparée de son enfant après avoir vécu la fusion et intégré la réalité de son accès à l'état de mère, une réalité différente de la maternité événement qu'elle peut multiplier sans trace psychique de ce vécu. Après avoir traversé une période de désinvestissement de tout ce qui pourrait la détourner de son enfant, la mère va s'autoriser à vivre d'autres étapes.

L'évolution qui s'en suit est celle-ci : à travers les étapes de maturation de son enfant, mais aussi les étapes d'avancement dans son "travail de maternité", elle va réinvestir les autres objets, reprendre sa vie de femme, d'épouse ou d'amante, et de 'toute mère' elle va (re)devenir une mère tout court.

Observons de nouveau ce qui se passe à ce niveau dans la relation parents-enfants sur l'axe de la séparation-différenciation.

Si nous essayions de présenter les étapes, phases ou périodes jalonnant la croissance et le développement de l'enfant d'une part et les étapes, phases ou périodes jalonnant le devenir mère d'autre part, dans leurs parcours respectifs quant à cet axe fondamental qu'est la séparation-individuation, c'est-à-dire devenir un être humain autonome et (re)devenir mère séparée-individuée, nous aurions les correspondances suivantes :

– À l'étape de dépendance absolue (Winnicott), phase schizo-paranoïde (M.Klein) de l'enfant, correspondrait du côté de la mère, l'étape de "maladie normale" (Racamier, 1978, p. 46), étape de "parentalité absolue" (Kestemberg).
– À l'étape de dépendance relative (Winnicott), ou phase dépressive (Mélanie Klein) du côté de l'enfant, correspondrait du côté de la mère l'étape de parentalité partielle (Kestemberg).
– À l'étape d'indépendance de l'enfant devenu adulte, correspondrait l'étape de parentalité sans enfant (Kestemberg).

Cet état d'indifférenciation qui caractérise, pour certains, les trois premiers mois de sa relation à son enfant, est considéré par D.W. Winnicott comme faisant partie d'une "*folie normale*" [Winnicott, 1980]. En élaborant le concept de "*la haine maternelle nécessaire*", il place cette dernière du côté de la mère suffisamment bonne et gratifiante. Il décline plusieurs raisons à l'origine de cette haine. C'est notamment de la haine de la mère envers son nourrisson qu'il s'agit chez Winnicott, "*ce nourrisson qui s'est retiré de son corps, qui ne sait guère que la sucer, la mordre et crier, qui la requiert à tout instant, la distrait de sa vie sexuelle, et ne tient aucun compte d'elle en tant qu'individu différencié*" (cité par [Racamier, 1978], p. 43).

Racamier répond : "*L'amour maternel n'est nullement le corps pur et idéal, le sentiment simple, sans mélange et sans conflits, que l'on se plaît à imaginer. C'est au contraire, un sentiment complexe, ambivalent et ambigu, où se mêlent étroitement l'amour et l'agressivité l'investissement d'autrui et celui de soi, la reconnaissance de cet autrui et la confusion avec lui*" [Racamier, 1978] (p. 43).

Dans le prolongement des travaux de Th. Benedek et G. Bibring sur ce processus complexe de devenir mère, Racamier reprend le concept de "*maternalité (traduit de motherhood)*" qu'il a développé dès 1961, pour décrire "*l'ensemble des processus psychoaffectifs qui se développent et s'intègrent chez la femme à l'occasion de la maternité*" [Racamier, 1978] (p. 44). Il qualifie ce processus de "*travail de la maternalité*" (p.50).

Reprenant la thèse qu'adoptait Zilboorg [Zilboorg, 1929], Racamier considère les troubles qui s'y associent comme un avatar de l'évolution psychobiologique de la femme, la maternité constituant une phase du développement psychoaffectif [Racamier, 1978] (p. 50).

Viendra ensuite la proposition des termes de paternalité, suivie de parentalité qui sont définis dans ce même sens processuel.

Si, la maternité suscite plus que la paternité des représentations de pureté et d'innocence, c'est notamment à cause de son caractère perçu comme inné.

Mais une conception d'un amour maternel qui ne serait pas inné a commencé à faire ses premiers pas notamment, nous dit Teresa Pinheiro [2], depuis la proposition de Margareth Hilferding d'une réflexion psychanalytique qui permet de ne pas considérer l'amour maternel comme faisant partie d'un ordre préétabli et prédominant comme étant l'ordre de la nature et qui, se basant sur un travail psychanalytique regroupant mère-bébé, montre à quel point l'amour maternel était emprunt de haine.

Lors de sa conférence donnée en janvier 1911 au sein de la société psychanalytique de Vienne, elle pose la question suivante :

2. Voir `http://www.psychanalyse-in-situ.fr/boite_a/AMOURMAT.htm`.

“*l’amour maternel doit-il être considéré comme inné ?*” et elle aboutit, tout en utilisant un étayage clinique, à la proposition d’une réponse négative. Elle a du affronter ainsi la réticence de la communauté scientifique face à la thèse qu’elle avait tenté de défendre.

Plus récemment, Bydlowski [Bydlowski, 2000] a critiqué cette perception d’une maternité instinctive : “*Longtemps le talent des mères a paru soumis à la force d’un instinct nous unissant au monde des vivants [...]. La psychologie moderne est en mesure de réviser cette idée conforme au bon sens, d’un instinct maternel universel. La connaissance scientifique vient ainsi remettre en cause une sagesse populaire ! Séparée de son socle utérin et de son ancrage au corps féminin, la maternité n’est plus réductible à l’enfantement et ne va plus de soi.*”

Plusieurs ethnologues et anthropologues-psychanalystes sont venus rejoindre Bydlowski.

Françoise Couchard compte certainement parmi les anthropologues qui ont réservé le plus d’intérêt à la question. Dans son livre “Emprise et violence maternelles”, elle déclare dans son introduction, que “*la question de l’emprise de la mère sur l’enfant, et notamment lorsque cette emprise s’engage dans les voies de la violence physique, soulève interdits et tabous. Aussi n’est-ce pas un hasard,* continue-t-elle, *que si peu de travaux, qu’ils soient psychanalytiques ou anthropologiques, lui ont été consacrés*” [Couchard, 2003].

H. Parat [Parat, 2006] de son côté, dénonce et analyse un discours social autour de la maternité qu’elle décrit comme étant hors réalité.

Désignant à la fois les discours sociaux et médicaux, elle écrit : “*de tels discours, lénifiants, également à l’œuvre au sujet de la grossesse et même de l’accouchement, évacuent bien vite l’ordre du négatif, comme si la femme devenait mère - par quelle vertu miraculeuse ?- dans un monde idéalisé, d’où seraient ban-*

nis toute angoisse, tout désir de mort, toute ambivalence. Les aléas incontournables de la maternité, ses risques, sa pathologie, sont souvent vite ramenés à un contexte socioculturel défavorable, à quelques problèmes marginaux, à un manque d'information." (p.6)

3.6 La place de la haine dans l'amour maternel : les tendances criminelles de la mère normale

Je suis tentée de regrouper les travaux étudiant ce parcours du côté de la mère pour décrire quelque chose qui serait de l'ordre de ce que j'aimerais appeler en paraphrasant Mélanie Klein les tendances criminelles de la mère normale. Rappelons que Mélanie Klein parle de "*tendances criminelles chez l'enfant normal*" [Klein, 1968] (pp. 211-228).

Pourquoi accepterions-nous d'une manière indiscutable de considérer que la femme régresse, au moment de son accès à la maternité et faisons-nous comme si nous annulions ou minimisions, le travail psychique intense qu'elle doit mettre en place pour en sortir ?

Pourquoi oublions-nous la place des forces agressives et destructrices maternelles dans le travail avec les mères ? Ces forces agressives et destructrices ne font-elles pas partie de son processus de devenir mère et de l'établissement de l'amour maternel ?

Si nous ne sommes pas actuellement en possession de travaux qui nous éclaireraient sur les méandres et les coulisses que rencontre la mère 'normale', comme Mélanie Klein l'a fait en profondeur pour les étapes précoces de l'être humain, nous pouvons nous arrêter un moment sur les travaux aujourd'hui existants et qui décrivent les chemins tortueux de cette lutte.

F. Couchard [Couchard, 2003] qui nous a montré avec force la question de l'emprise maternelle, a décrit maintes situations qui mettent en exergue différentes figures maternelles menaçantes, observées et analysées hors milieu judiciaire, mais dans le quotidien de la vie des mères.

Mais je n'oublierai pas de considérer avec elle, tout en acceptant de décrire certaines de ces formes de violence rencontrées, que "*malgré le visage menaçant pris par cette emprise maternelle, qu'il s'agit, le plus souvent, d'une défense quasi désespérée, lutte d'un dernier carré, contre l'angoisse mortifère de la mère de se perdre en perdant la fille* (l'enfant, dirais-je pour replacer cette réflexion dans un cadre plus général), *objet et d'amour et de haine*". (F. Couchard, p. 28).

Je n'oublierai pas non plus, avec Maurice Berger [Berger, 2004], que "*même lorsque des parents sont très nocifs vis-à vis de leur enfant, on ne peut pas le leur reprocher dans la mesure où leur enfance désastreuse les a empêchés d'acquérir le minimum de capacités parentales nécessaires*" (p. 2).

La théorie Piagétienne nous a largement montré que toute crise provoque une rupture de l'équilibre précédent et nécessite, d'une part, une intégration du changement, et d'autre part, une adaptation. Il en va de même pour cette crise qui requiert une transformation et une adaptation, et pour laquelle, le travail psychique est intense. Une différenciation qui a une fonction de séparation psychique nécessaire à l'établissement d'une relation (objectale) mère-enfant advient. Mais lorsque ce travail de différenciation se fait mal ou qu'il n'advient pas, et ceci en dehors des situations de pathologie avérée de la mère, que se passe-t-il ? Et par quoi ceci s'explique-t-il ?

Une nouvelle 'décentration' du narcissisme (à l'image de la décentration de l'égocentrisme décrite par Piaget chez l'enfant.), appelée par l'accès à la maternité, a-t-elle failli quelque part, maintenant ainsi un état d'indifférenciation mère enfant ? Ou bien s'agit-il, tout simplement d'un état mental caractérisant la mère, tel un état limite bien avant son accès à la maternité ?

C'est dans la relation incestuelle prédominante se présentant de manière massive que je tenterai de trouver les éléments de réponse. Relation incestuelle qui met à mal le travail de subjectivation.

Chapitre 4

Principaux concepts

Je reviens à l'incestuel (Racamier) déjà cité. J'aimerais lui réserver ici une présentation-réflexion théorique.

P. C. Racamier, dit avoir découvert l'incestuel grâce à son travail auprès des schizophrènes pendant plusieurs années. Après avoir laissé sa découverte mûrir, il passe à sa conceptualisation : "*Il y a plus de vingt ans,* explique-t-il, *l'inceste s'est présenté à moi sous un jour nouveau qui ne correspondait ni à ce qu'on sait de l'Œdipe, ni aux faits divers maintenant étalés dans les journaux. Tout le monde, assurément, tourne autour de l'inceste. C'est l'inceste en fantasme. Mais l'inceste en action ? Certes on est frappé par une certaine fréquence de la pratique incestueuse dans les familles où la psychose est présente. En soi, ce fait n'est pas suffisant. Je relevais auprès des schizophrènes que l'inceste général n'est pas plus fréquent ni même le plus important. C'est la relation incestueuse qui compte, et c'est l'équivalent qui prédomine*" (Racamier repris par [Caillot et al., 1998], p. 149).

L'incestuel, s'étend dans les psychismes. Il qualifie "*ce qui dans la vie psychique individuelle et familiale porte l'empreinte de l'inceste non fantasmé sans qu'en soient nécessairement accomplies les formes génitales. L'incestuel,* continue-t-il, *est en quelque sorte pris en tenaille entre l'inceste fantasmé et l'inceste génitalement accompli. Son aire, singulière, est spécifique (et plutôt d'une aire, faudra-t-il parler d'une faille ?)*" [Racamier, 1992] (p. 147).

Ainsi se sont dégagées des idées nouvelles qui enrichissent la pratique :

- l'inceste a des équivalents,
- au delà des actes, c'est la relation en sa substance intime qui prévaut,
- l'inceste en action ne se borne pas à sa pratique génitale,
- le psychisme individuel est bâti sur un socle de psychisme groupal,
- l'inceste n'est pas l'Œdipe, il en est même tout le contraire (1980, 1990),
- il existe un point commun entre l'inceste et l'incestuel : c'est l'indifférenciation.

Concernant ce dernier point, J.E. Tesone de son côté, dans une étude portant sur l'inceste père-fille, souligne à travers le discours du père incestueux combien la relation sexuelle est mise au service du déni de la différence des sexes et des générations mais aussi dans la négation de l'autre en tant qu'objet différent de soi. La démarche incestueuse ne consiste pas seulement en un échange corporel, elle correspond surtout au désir omnipotent d'occuper toutes les places à la fois : d'être père-mère-fils-fille en même temps.

Mais si l'indifférenciation est mise au service de l'omnipotence, elle est aussi mise, parfois de manière exclusive, le plus souvent de manière privilégiée, au service de la destructivité (identitaire). L'incestuel en général, et plus particulièrement sous sa forme meurtrière décrite par J.P. Caillot [Caillot, 1997], en est l'exemple le plus démonstratif. C'est ce que nous verrons plus loin de manière plus détaillée.

Qu'il soit présent sous sa forme meurtrière ou génitale, l'incestuel vient nous signaler l'absence de ces deux conflits fondamentaux : le tabou de l'inceste et le "*deuil originaire*" [Racamier, 1992].

"*Le deuil originaire désigne le processus fondamental par lequel le moi, dès ses prémisses, avant même son émergence et jusqu'à la mort, renonce à la possession totale de l'objet, fait son deuil d'un unisson narcissique absolu et d'une constance de l'être indéfinie, et par ce deuil même, qui fonde ses origines, opère la découverte ou l'intervention de l'objet, et par conséquent de soi, grâce à l'intériorisation. Le moi établit ses origines en reconnaissant qu'il n'est pas le maître absolu de ses origines. Il se découvre en se perdant : tel est le paradoxe identitaire.*" [Racamier, 1993] (pp.33-34)

La violence agie (la maltraitance) s'est montrée comme un domaine où la pathologie de l'incestuel est massive, et où les deux organisateurs psychiques individuels et familiaux sont défaillants.

Afin de rendre plus concrète la notion d'incestuel, considéré comme un "*équivalent d'inceste*" par Racamier, j'évoque un exemple de moyen de séduction, utilisé par une mère à l'égard de son fils, qui est d'apparence banale mais qui appartient pourtant à un équivalent d'inceste. C'est de l'ouvrage autobiographique de Georges Bataille que je le prendrai [Bataille, 1966].

"*Ma mère m'aimait*, disait-il, *entre elle et moi, je croyais à l'identité des pensées et des sentiments, que seule troublait la présence de l'intrus, de mon père*" (p.12-13).

Il relate un souvenir :

"*Je venais alors de grandir. Soudain, j'étais un homme : elle me promit de m'emmener bientôt dans un restaurant gai.*

- J'ai l'air assez jeune pour te faire honneur, me dit-elle. Mais tu es si bel homme qu'on te prendra pour mon amant.

- *Je ris, car elle riait, mais je restai soufflé. Je ne pouvais croire que ma mère eût dit le mot. Il me sembla qu'elle avait bu"* (p. 14).

Elle l'appellera encore un jour : "*mon bel amant*".

4.1 La place de l'incestuel dans la pensée psychanalytique

J'ai choisi de me référer à l'excellent article de Gilles Catoire [Catoire, 1999], unique à mon sens à donner à la théorie de Racamier une place fondamentale nécessaire : la place manquante entre Freud et Ferenczi, quant à la théorie de la séduction et à la question de l'inceste, mais aussi quant à la théorie psychique entre l'individuel et le groupal.

Gilles Catoire, nous montre dans cet article, à partir des concepts de séduction et d'incestualité, comment le conflit intérieur de Freud à propos de sa théorie de la séduction "*neurotica*" mais aussi le conflit entre Freud et Ferenczi autour de l'inceste sont repris et réélaborés par Racamier au travers de l'incestualité, et comment Racamier, en arrive à une conception élargie du fonctionnement de l'esprit humain. Il nous explique que c'est parce Freud, n'a pas su proposer une théorie qui articulerait la théorie des névroses et le problème de l'inceste qu'on a dit qu'il n'avait jamais complètement renoncé à la théorie de la séduction. Quant à Ferenczi, il est passé tout près de l'idée de séduction narcissique et du fait que le but de l'inceste n'est pas tant la finalité sexuelle que le besoin de "*s'attacher un enfant*".

4.2 L'incestuel pour articuler la théorie des névroses et le problème de l'inceste (sans quitter Freud ni abandonner Ferenczi)

Comme le fait remarquer Catoire [Catoire, 1999], si Freud, malgré son non renoncement total à sa "*neurotica*", n'a pas su proposer une théorie qui articulerait la théorie des névroses et le problème de l'inceste ; si Ferenczi, en abordant la question, a été tenté de quitter, le développement freudien sur les névroses, Racamier va proposer une articulation entre la théorie des névroses et le problème de l'inceste.

En partant des psychoses, celui-ci va mettre au jour une autre forme de séduction que la séduction sexuelle : la séduction narcissique. Il va proposer un deuxième organisateur du psychisme individuel et groupal : l'Antœdipe. Il va enfin ouvrir le champ de l'incestualité qui est une organisation psychique pathologique non moins redoutable que l'inceste.

Racamier peut ainsi distinguer clairement trois registres :

- l'œdipe, qui est dans le fantasme et qui couvre le champ œdipien ;
- l'antœdipe, qui est dans le non-fantasme (dans le fantasme-non-fantasme) : domaine psychique qui aboutit à l'incestuel dans sa version pathologique ;
- l'inceste, qui est dans l'acte.

Pour revenir à l'incestuel, Racamier, de son côté, dit avoir donné naissance à ce concept *"pour répondre à un flou qu'il a perçu entre le chaos du pré-œdipe, et l'œdipe, et combler la brèche entre les deux"*. Il précise que, c'est à partir de l'observation individuelle dans un registre pathologique, qu'il est parvenu au plan familial ainsi qu'au registre général de la vie psychique : *"Ce sont ces drôles de machines à penser sans penser que sont les schizophrènes qui m'ont mis naguère"*, explique-t-il, *"sur la voie d'une notion nouvelle : celle de l'Antœdipe"* [Racamier, 1989] (p. 10).

Dans le préambule d''Antœdipe et ses destins', il écrit :

"On venait de naître -ou plutôt- n'était-on pas encore né. C'était le chaos. On nous le décrivait tantôt sous les couleurs suaves de la première et plus tendre chambre à coucher du monde (l'intérieur de l'utérus), tantôt sous l'aspect terrifiant d'un magma informe et grouillant, une caverne des monstres" (p. 9).

H. Parat, [Parat, 2004] par son ouvrage "*L'inceste*", montre la place nécessaire de l'incestuel dans la psychanalyse et plus encore dans la société. Mais tout en évoquant ce que Racamier a mis sous le vocable de l'incestuel, elle se contente de décliner le terme inceste au pluriel. Les agirs maternels étudiés par elle, seront appelés incestes maternels.

Ayant décliné le terme au pluriel, elle a pu ainsi y intégrer l'incestualité en se passant de ce vocable. Je la cite [Parat, 2004] : "*L'inceste mère-enfant est rare sous forme d'actes génitaux caractérisés et les relations sexuelles entre un fils adolescent et sa mère sont souvent le fait de mères au fonctionnement psychotique. Mais les troubles de la maternalité en montrent d'autres formes, plus discrètes, et pernicieuses d'une autre façon. L'enfant peut être l'objet sexuel indirect d'une mère, à travers un allaitement addictif par exemple, à travers des soins intrusifs répétés -suppositoires, contrôle de l'hygiène des organes sexuels-, quand il ne s'agit pas de ce qui a pu être nommé 'la branlette des taties', masturbations pour induire le sommeil parfois commises en toute 'innocence'. P. Sabourin*, ajoute-telle, *avait très clairement parlé de ces incestes-là, non pénalisés, et dont la fréquence relativise la dite rareté des incestes mère-enfant*" (p. 99).

Quels sont les territoires cliniques de l'incestuel ?

Je vais circonscrire, avec Racamier, ce que l'incestuel n'est pas, ceci permettra, remarque-t-il "*d'en mesurer les particularités spécifiques*".

L'incestuel, n'est pas l'œdipe, il en est même tout le contraire. Il n'est pas de l'ordre de la représentation du désir, qu'elle soit consciente, inconsciente, et sans doute même préconsciente. Il n'est pas de l'ordre du fantasme. Il ne fait pas alliance avec le rêve. Il n'emprunte pas les voies du symbole.

Quand l'inceste est évoqué, il peut désigner une pratique sexuelle incestueuse ou des désirs et fantasmes incestueux. Ce sont pourtant deux visions fort différentes auxquelles Racamier refuse de donner le même adjectif. Inventer un autre concept pour désigner ce qui n'est pas forcément génital mais ne s'arrête pas non plus au fantasme était pour Racamier une nécessité. *"C'est un registre qu'il désigne -celui de l'incestualité- qui se substitue à celui du fantasme et se tourne vers la mise en actes ; certes il peut inclure l'activité proprement incestueuse, mais cette inclusion n'est ni nécessaire, ni suffisante : non seulement il ne l'inclut pas forcément (c'est même plutôt rare), mais il en déborde et la dépasse"* [Racamier, 1995] (p. 15).

Tout en présentant l'incestuel, j'ai été amenée à évoquer plusieurs concepts proposés par Racamier. J'en donne ici une définition succinte.

4.2.1 L'Antœdipe

Cette notion a d'abord été repérée par Racamier dans la pathologie schizophrénique puis a été intégrée dans une vue plus générale faisant place à un versant universel dans l'organisation du moi. Elle *"désigne l'organisation essentielle et spécifique du conflit des origines en tant que prélude à l'œdipe, qu'elle se situe en son contrepoint (quasi-musical) ou même en opposition radicale (et alors forcément pathologique) à son encontre. Organisation, donc, foncièrement ambiguë, dotée d'un potentiel 'd'assiette narcissique' ou au contraire de folie mégalomaniaque ; au demeurant centrée sur le 'fantasme' d'auto-engendrement"* [Racamier, 1993] (p. 24).

Racamier écrit à propos de l'Antœdipe qu'il appelle 'bien tempéré' : *"Remarquons, et c'est essentiel, que dans cette interaction narcissique mutuelle (car, sauf cas pathologique, jamais le narcissisme ne tourne tout seul), chacun des partenaires procède d'abord à la reconnaissance de l'autre ; cette reconnaissance est qualifiante ; la mère reconnaît son enfant comme être humain, et le bébé se reconnaît à travers ce regard ; mais l'enfant à son tour et de son côté qualifie sa mère en tant que telle. Ainsi chacun des deux reconnaît l'autre : autant que chacun des deux procède à la création de l'autre"* [Racamier, 1992] (pp.134-135).

L'incestuel tient la place d'un fantasme assez particulier que Racamier a été amené à appeler "*fantasme non fantasme*".

4.2.2 Le fantasme-non-fantasme

Pour définir le "*fantasme non fantasme*", Racamier écrit, "*L'inceste n'est pas dans le fantasme. Pour autant il n'est pas nécessairement dans l'accomplissement de l'acte. Alors ? Fantasme, ou non-fantasme ? Cette question, qui dit tout, est à prendre d'un bloc. Car nous sommes ici dans un registre d'une influence singulière, pour laquelle il faut mobiliser un effort de la pensée afin de concevoir quelque chose qui n'est ni vérité, ni réalité, ni délire, ni fantasme, ni rêve. Tel est le fantasme-non-fantasme. [...] Les fantasmes-non-fantasmes ne sont pas de ceux qui font les rêves : au contraire ils les empêchent et même les empêchent-ils de génération en génération*" [Racamier, 1992] (p. 139).

Dans "Cortège conceptuel" [Racamier, 1993], il écrit : "*Le fantasme-non-fantasme désigne une formation psychique très fortement investie, qui du fantasme occupe la place, mais non pas toutes les propriétés et fonctions ; il tend au contraire à déborder du cadre interne de la psyché. [...] Le fantasme-non-fantasme le plus typique est celui de l'auto-engendrement"* (p.40-41).

Nous verrons que si l'incestuel a recours à des représentations, ce sont des représentations bien particulières qui oscillent entre le fantasme et l'éprouvé brut. Elles sont plus proches de l'agir que de la scénarisation. *"Le fantasme-non-fantasme est au registre incestuel ce que le fantasme proprement dit est au registre œdipien"* [Racamier, 1992] (p. 154-155).

En me référant à la littérature psychanalytique pour trouver un exemple de cette sorte de production imaginaire qu'est le fantasme-non-fantasme, je découvre un exemple très intéressant dans la vignette clinique présenté par G. Devereux [Devreux, 1982] :

"Un jeune intellectuel, en analyse, fournit l'information suivante : 'Il y a quelques années [...] n'ayant aucune connaissance de la littérature psychanalytique, cet article (le patient fait allusion à un article ayant trait au complexe d'Œdipe) et les interprétations que j'y trouvai me paraissaient tout simplement délirants. Je me souviens fort bien, sachant combien j'avais détesté ma mère, dure, cruelle et moche, et cela dès ma petite enfance, m'être dit : 'C'est la dernière femme au monde avec qui je voudrais avoir des relations sexuelles' Le même soir, je n'arrivais pas à m'endormir. Pour me détendre, je me suis masturbé et, sans que je le veuille, cet acte a été accompagné du fantasme éclair suivant : ma mère, nue, était couchée sur le dos, ses énormes cuisses écartées, grasse, obscène et répugnante. Tout d'un coup elle me saisit et m'attira si violemment sur elle que ma verge glissa dans son vagin. J'avais le sentiment d'être saisi par un énorme tourbillon, par un maelström, et que j'étais en train d'être avalé par le vagin de ma mère, violente et bestiale. Tout d'un coup le fantasme prit fin et je me suis rendu compte que j'avais eu un énorme orgasme, avec une émission très considérable de sperme. Cet incident est d'autant plus singulier que, menant une vie sexuelle active et satisfaisante, je ne me masturbe presque jamais. Ce fantasme involontaire me persuada que le complexe d'Œdipe existait et que les psychanalystes savaient de quoi ils parlaient" (p. 27-28).

Dans son analyse de cette situation, Devreux n'a pas fait appel à la notion de fantasme-non-fantasme mais propose de l'étudier comme "*une fantasmatique incestueuse envisagée*" par opposition à la "*fantasmatique incestueuse réalisée*" (p. 27).

Comparé au "*petit Hans*" [Freud, 1998], chez qui les fantasmes œdipiens sont présents, le "*jeune intellectuel en analyse*" [Devreux, 1982] manque manifestement de fantasmes appartenant à ce registre.

Hans, "*n'avait pas encore tout à fait trois ans. Il manifestait alors, par diverses paroles et questions, un intérêt tout particulièrement vif pour la partie de son corps qu'il avait l'habitude de désigner par 'fait-wiwi'* (p. 6).

Au même âge, il entre un jour dans une étable et voit traire une vache : 'Regarde, du fait-wiwi il sort du lait' (p. 6).

Il voit à la gare, à 3 ans et 9 mois, de l'eau s'échapper d'une locomotive. 'Regarde, la locomotive fait wiwi. Où a-t-elle donc son fait-wiwi ?' (p. 8).

'Je pensais que, parce que tu es si grande, tu as un fait-wiwi comme un cheval' dit-il à sa mère" (p. 8).

A 4 ans et 9 mois, "*Il se lève le matin en pleurant et dit à sa maman, qui lui demande pourquoi il pleure : 'Quand je dormais, j'ai pensé que tu étais partie et que je n'avais pas de petite maman pour faire câlin*'" (p. 20).

Hans manifeste ensuite une peur qui a inquiété ses parents. Il s'agit de "*la peur que dans la rue un cheval ne le morde*" (p. 19).

Nous retrouvons dans les fantasmes du petit Hans, symbolisme et figurabilité. En revanche, l'exemple, livré par le patient de G. Devereux à son analyste, nous suggère plutôt un fantasme défantasmé, pourrais-je dire, pour emprunter l'expression à Racamier.

4.2.3 La perversion narcissique

La perversion narcissique "*définit une organisation durable ou transitoire caractérisée par le besoin, la capacité et le plaisir de se mettre à l'abri des conflits internes et en particulier du deuil, en se faisant valoir au détriment d'un objet manipulé comme un ustensile et un faire-valoir*" [Racamier, 1993] (p. 59).

Pour présenter l'évolution du concept de la perversion narcissique, je m'appuierai sur l'article de M. Hurni : "*Psychose et perversion dans l'œuvre de Paul-Claude Racamier*" [Hurni et Stoll, 2002]. Celui-ci nous servira de trame de fond sur laquelle nous bâtirons les éléments historiques et le contexte d'apparition du concept de la perversion narcissique.

Ce texte reprend de manière à la fois quasi complète et concise la trajectoire théorico-clinique qui a guidé Racamier vers ce concept, trajectoire que M. Hurni retrace à partir des écrits de l'auteur, en remontant jusqu'à son article paru en 1954 dans la Revue Française de Psychanalyse et qui s'intitule "*Les frustrations précoces*". Ceci est d'autant plus intéressant que les chercheurs qui se réfèrent à la notion de perversion narcissique, reviennent plus aisément à son livre "*Le génie des origines*" paru en 1992 alors que les références plus anciennes restent méconnues. Et pourtant, remarque M. Hurni, "*c'est dans 'Les frustrations précoces' que nous trouvons déjà en germe, une grande partie des ingrédients qui composeront toute son œuvre ultérieure*" [Hurni et Stoll, 2002] (p. 12).

Et c'est en privilégiant essentiellement un registre difficilement pensable à l'époque, qu'il arrive à mieux cerner la complexité intra-psychique. Il s'agit des mécanismes relationnels qui lui ont permis de jeter un regard nouveau sur la question de la psychose puis sur celle de la perversion.

Ce processus s'est déroulé en quatre étapes :

1. Il qualifie la souffrance des schizophrènes, qui le préoccupe avant tout, de souffrance intolérable (1958, à Bruxelles).

2. Après avoir décrit la souffrance intrapsychique il étudie ses mécanismes fondamentaux. Le paradoxal devient son guide essentiel "*le paradoxe central des schizophrènes porte sur l'existence mutuelle de l'objet et de soi, voulant que chacun d'eux ne soit qu'en n'étant pas*" (P.C. Racamier, cité par M. Hurni). Il soulève déjà, à cette étape, l'érotisation de cette paradoxalité et la lie à une souffrance si intolérable qu'elle est transmutée en plaisir.

3. Vient ensuite la question de l'expulsion de la souffrance à laquelle il donne le nom d'expulsion psychique. Trois sous-étapes sont décrites :

   (a) Les mécanismes généraux de l'expulsion sont saisis. Il répond à la question : "Qu'est-ce qui est expulsé ?" Réponse : des contenus psychiques perturbants.

   (b) C'est la question : "Où expulsent-ils ?" qui se pose. La réponse est : dans leur environnement objectal.

   (c) Se posent ensuite les questions : "Comment et pourquoi expulsent-ils ?"

   Différents types d'agression psychique apparaissent. Leur analyse a donné naissance à la mise en place du concept nodal : la perversion narcissique.

4. La perversion narcissique. Sa conception des psychotiques et des pervers ayant bien évolué, il poursuit sa réflexion autour des deux entités en élaborant les liens qu'ils peuvent avoir ensemble.

"*L'intra-psychique et l'inter-psychique : entre le vivant et le non-vivant, l'indicible et le figurable, quelques uns de mes concepts sont tricotés sur ces limites invisibles. C'est là que nous rejoignons un autre principe qui est méthodologique : celui de la jonction de l'individuel avec le familial et le groupal.*" (Racamier, cité par Hurni, p. 20).

Deuxième partie

ILLUSTRATION CLINIQUE

“À choisir, mieux vaudrait avoir à soigner des mères folles de l’être que des enfants fous de leur mère.”

(P. C. Racamier)

Chapitre 5

Le ‘Roman de la Grossesse’ sur le terrain

C’est essentiellement à travers l’évocation par les femmes des différentes étapes de leur devenir mère que les éléments (grossesse, accouchement, allaitement, rencontre du couple) sont recueillis pour constituer un récit, qui, comme nous l’avons déjà souligné, s’est trouvé prendre de plus en plus de place dans nos rencontres.

Il m’a été donné d’effectuer plus de 400 entretiens entre l’année 1999 et l’année 2003. Sur ces 400 entretiens, une soixantaine ont été transcrits. Ce sont les évocations de la rencontre du couple, la grossesse, l’accouchement, l’allaitement, qui ont été prises en notes, en partie en présence du couple parental, complétées généralement tout de suite après la fin de l’entretien. Ces informations ne sont pas systématiquement, mais souvent présentes.

Pour ce qui est de mon statut de chercheur, je l’avais annoncé dans la quasi-totalité des situations rencontrées : “*Je suis en train de faire un travail sur la relation parents-enfants et je serai ame-*

née à citer certaines étapes de mon travail avec les parents et leurs enfants que je rencontre au sein de ce service. Si vous êtes d'accord pour cet usage, je ferai le nécessaire pour que les situations soient méconnaissables".

Par ailleurs, une partie des entretiens cités dans les études de cas ont fait l'objet d'un enregistrement magnétophonique.

Ma surprise était grande quand je pouvais voir ces familles, ces mères en mal de représentations, acquérir une capacité représentative et aller même jusqu'à une certaine activité fantasmatique. La relation mère-enfant, après avoir été beaucoup plus proche d'un investissement narcissique, a pu changer grâce à ces nouvelles représentations et ces nouveaux fantasmes pour aller vers l'objectalité. Tout ceci a eu lieu dans un cadre particulier qui ne s'apprête pas ordinairement aux soins psychiques : l'action éducative en milieu ouvert. Alors que les mères se présentaient pour parler directement de l'agir violent à l'origine de la mesure judiciaire, et de leur relation à leur enfant de manière classique, l'évocation en après-coup de la grossesse, véritable "*instant de dire*" [Del Volgo et al., 1994] inattendu, semble avoir favorisé l'émergence des représentations et fantasmes.

L'accueil qu'a reçu la proposition de faire le récit de la grossesse ayant donné naissance à l'enfant avec qui la mère est en difficulté relationnelle était totalement inattendu.

Il est vrai pourtant que les travaux des cliniciens de la périnatalité (notamment après les thèses avancées et soutenues par Monique Bydlowski [Bydlowski, 1985]) ont largement répandu l'idée que la grossesse permet l'accès privilégié au monde fantasmatique et aux souvenirs lointains de la femme enceinte. Monique Bydlowski décrit ce phénomène sous le concept de "la transparence psychique".

J'ai pu constater que l'évocation de la grossesse qui a donné lieu à ce que j'ai voulu appeler 'le roman de la grossesse' contribue utilement à amener cette forme de transparence psychique nécessaire à l'apparition de souvenirs lointains et au surgissement des affects favorisant l'accès à un certain nombre de représentations nécessaires pour que s'introduisent des changements dans la relation mère-enfant.

Le travail que j'ai pu effectuer auprès de ces familles, m'a donc permis de constater des effets similaires non pas suite à l'état de grossesse mais suite à l'évocation (seulement) de celle-ci en après-coup. La grossesse se montre pour nous en effet, comme le thème autour duquel la mère échappe à son discours construit et favorise un accès plus aisé aux processus primaires. Pour M. Bydlowski, c'est la période de la grossesse qui donne les résultats évoqués.

5.1 Premier aspect : Climat imprégné d'incestualité

Mon contact avec les familles m'a très vite fait penser à ce "*registre spécifique, étrange et cependant repérable*" qu'est l'incestuel et m'a fait vivre ce "*climat où souffle le vent de l'inceste, sans qu'il y ait inceste*" [Racamier, 1995] (p. 13).

"*Pour le détecter,*" dit-il, "*vous avez réuni les membres de la famille. Vous les laissez s'exprimer. Passent quelques banalités. Viennent des informations destinées à situer respectivement les différents membres. Des anecdotes, que vous écoutez attentivement. Mais voici qu'un malaise insidieux s'insinue dans votre esprit. Des doutes flottent. Vous vous prenez à vous demander si cette Jeanne que voici est bien la fille de Justin, ou bien sa sœur. Son épouse, peut-être ? Voyons ! Reprenons. Mais il vous suffira d'une question, et puis d'une réponse, pour vous y retrouver plus mal encore. Et cet Honoré qui revient si souvent sur le tapis, mais toujours absent, est-il bien le jeune malade pour qui l'on vous consulte, ou bien son oncle, qui mourut jadis en Argentine dans des conditions, qui ne furent jamais élucidées ? Tous deux*

-et ce n'est assurément pas par hasard- portent le même prénom, mais on ne vous livre aucun de ces indices qui permettent le plus souvent d'opérer la distinction entre des homonymes. Et si vous poussez l'investigation par quelques questions précises, alors vous allez recevoir des informations évasives ou des diversions qui vous égarent. Tout ce monde baigne dans une atmosphère indécise où s'entremêlent et se confondent de manière étrange les ascendants et les descendants, et les morts et les vifs. Où se trouve dans cette famille la frontière entre le banal et le sexuel ? Existe-t-elle seulement ? L'air qui règne de part et d'autre est le même ? Mais s'il n'est pas de frontière vivante entre ces deux registres de vie, il n'est pas non plus, entre eux, de lien" [Racamier, 1995] (pp. 10-11).

Ainsi donc nous retrouvons dans ce paragraphe les différentes sortes de confusions et d'attaques de la différence qui caractérisent l'incestuel entre les générations, les liens familiaux et les liens amoureux, les absents et les présents, les morts et les vivants, le banal et le sexuel.

Viendra ensuite, sur un second plan, un autre indice en lien avec l'état psychique du clinicien confronté à la pathologie incestuelle : une sorte de malaise insidieux, des doutes dans ses propres perceptions...

Sur un troisième et dernier plan, nous retrouvons les stratégies qui ont pour but d'égarer le clinicien qui se trouve à l'écoute de ces pathologies. Ces stratégies (informations évasives, diversions...) servent à maintenir activement les confusions.

Il existe aussi une autre ambiance qui appartient toujours à ce registre de l'incestuel mais où la forme érotique et sexuelle est soit absente, soit présente de manière discrète, sans occuper le devant de la scène. C'est surtout le 'culte' de l'indifférenciation des êtres et la haine de l'autonomie qui y priment. Le sexuel n'y apparaît pas, à moins qu'il n'y soit déguisé et l'érotique n'y est pas de règle, à moins qu'il ne soit déplacé. Il s'agit essentiellement dans ces cas, d'une disqualification massive déniant l'enfant dans sa différence, dans sa valeur et dans son existence.

C'est dans ce second type d'ambiance, que se situe la majorité des cas présentés.

"*J'ai vu l'incestuel*, écrit P.C. Racamier, *transgresser d'un seul coup deux tabous qui nous sont chers parce qu'ils nous construisent : l'un est celui de l'inceste que l'on connaît assez bien, mais il y a un autre tabou que transgresse l'incestuel qui est beaucoup moins connu et qui m'est apparu comme à la fois évident et essentiel : c'est le tabou de l'indifférenciation des êtres ; un tabou qui interdit de confondre les individus aussi bien sur le plan corporel, psychique que social. Deux tabous transgressés d'un seul coup : quel ravage ! Quel amalgame encore une fois ! Et aussi quelle dévastation !*" [Racamier, 1997] (pp. 13-14).

Les rencontres dans le cadre de mon travail à l'AEMO se trouvaient, dans un premier temps, avoir spontanément ce déroulement (regrouper les membres de la famille, les laisser s'exprimer...) dans le but de l'observation du fonctionnement familial et de la relation parents enfants.

Pour illustrer cette ambiance incestuelle, je présenterai quelques situations en me servant de ce que P.C. Racamier nous a donné comme repères.

J'évoquerai tout d'abord, le cas de Christian, qui regroupe tous les éléments du tableau incestuel. Christian, âgé de 12 ans lors de ses consultations, a partagé le lit de ses parents jusqu'à l'âge de 10 ans. De retour d'un placement judiciaire suite à des violences agies à l'égard de ses parents, il déclare : "*Papa et maman des fois dorment ensemble, c'est avec moi qu'elle dort aussi ma maman et le papa va dormir tout seul. (...) Maintenant,* explique-t-il, *des fois je dors sur un canapé pour que je sois un peu tranquille et que je dors bien. Des fois, quand ça m'excite, je dors avec le chien*".

Dans un discours déniant la différence des sexes, il dit : "*Je sais que je suis un garçon et que si j'étais une fille, je serais pareil.*"

Coupé de la pensée des différences générationnelles et celle des origines, il déclare ses parents comme n'ayant pas d'enfants : "*Mes parents n'ont pas fait d'enfants*" !

"*L'interdit, c'est avoir le droit*", explique-t-il à un autre moment.

Si dans le cas de Christian, les deux incestes existent, le premier, l'inceste (agi) dans la famille de sa mère, et le deuxième, l'inceste non fantasmé dans sa propre famille, nous verrons dans les autres cas cliniques que "*l'inceste dans l'acte, l'inceste génital*" n'est pas fréquent mais qu'"*il est remplacé sans qu'il y apparaisse, par une activité apparemment banale qui en tient lieu*" [Racamier, 1995] (p. 13).

Plus que l'incestuel génital, c'est l'incestuel relationnel qui s'est laissé entrevoir avec ses différentes formes cliniques. Et plus que des traumatismes visibles à l'œil nu, objectivement repérables, ce sont des traumatismes à "hématomes" cachés.

Si cette observation de la présence d'une relation incestuelle s'est imposée à ma perception et m'a fortement interpellée, ce n'est pas seulement à cause de son allure massive. C'est aussi parce que j'étais suffisamment armée pour pénétrer des labyrinthes au-delà des apparences connues et accepter de porter mon intérêt à la fois sur les actes maltraitants et sur ce qui n'est pas dans l'acte mais qui "*pousse ses racines au sein du tissu psychique*" [Racamier, 1992].

Je n'attendais pas à rencontrer l'inceste dans l'acte, ni la violence agie en général pour m'inquiéter sur le sort d'une relation parents-enfants. Je savais, avec P.C. Racamier, qu'un lien incestueux peut être absent dans l'acte mais écrasant dans la relation.

Je ne prenais pas tous les fantasmes incestueux, ni les fantasmes en général qui s'offraient à moi dans la relation parents-enfants, comme des produits de l'activité imaginaire et comme gage de présence de symbolisation. Je savais grâce à P.C. Racamier que certaines productions qui prennent une allure fantasmatique, peuvent appartenir à cette formation psychique singulière qu'est le fantasme-non-fantasme. Harold Searles [Searles, 1965] et Luc Kaufmann [Kaufmann, 1975], ont relevé en l'absence du tabou de l'inceste, l'émergence de 'fantasmes' pseudo-œdipiens à l'état brut.

Je n'accueillais pas les fantasmes incestueux en les prenant pour des "signes" d'un œdipe en pleine effervescence ou en cours de résolution, de manière systématique. Tenir compte de l'organisation générale de la psyché est une précaution que j'ai adoptée. Je ne prenais pas non plus les fantasmes incestueux pour un simple "œdipe" alors qu'ils viennent parfois nous annoncer, non seulement que l'œdipe n'est pas fait, mais qu'il n'est même pas faisable. Je pensais avec P.C. Racamier que "*l'inceste n'est pas l'œdipe*" et qu'"*il en est même le contraire*" [Racamier, 1978] (p. 150).

5.2 Deuxième aspect : Périnatalité particulière

Le deuxième aspect qui caractérise ma population d'étude, est celui de la périnatalité particulière.

5.2.1 Grossesse

Quelques éléments fréquents ont attiré mon attention :
- L'évocation d'une grossesse silencieuse avec une absence des symptômes physiologiques accompagnant habituelle-

ment la grossesse telles que l'aménorrhée et les nausées ou les vomissements.
- La grossesse se présente sans lien avec la sexualité et la procréation.
- A ceci se rajoutera l'évocation d'un bébé inactif et parfois pris pour mort.

Reprenons ces éléments un par un.

Signes physiologiques accompagnant habituellement la grossesse décrits comme absents

"*Au début*, dit Dominique, évoquant sa grossesse qui a donné naissance à Evan, *pas de nausées, rien... j'ai pas pris 100 grammes de plus ! ! L'enfant profitait et moi, je ne grossissais pas*".

"*Pour Patricia, j'ai eu des nausées, jusqu'à la fin. Pour Aurélia, pas de nausées du tout du tout, tout au long.*"

"*... je n'ai jamais été malade pendant les grossesses, dira Régine, pas trop grosse non plus. Pour la première, [...], je suis tombée enceinte et je ne l'ai su que 6 mois après quand le médecin m'avait dit : 'vous êtes enceinte de 6 mois, et vous avez un garçon'. J'étais surprise, c'était une grossesse de 3 mois, si on enlève les 6 mois des 9 quoi (!), je n'étais pas grosse, j'étais normale, j'avais mes règles tout le long... j'avais juste des ballonnements dans le ventre*".

Régine évoque par ailleurs des difficultés liées à la phase pubertaire. Elle présente cette phase comme non acceptée : "*Quand j'ai eu les règles pour la première fois, j'ai détesté ce moment, je me suis détestée, on n'a pas besoin de ça, franchement avoir du sang entre les cuisses pour être femme, je n'en vois pas l'utilité, et quand on m'a dit :'quand t'es enceinte, normalement, tu devrais plus les avoir', je n'ai rien compris, à ce compte là on n'est plus femme ou quoi ?*"

Ces difficultés semblaient venir déjà annoncer à la fois, une certaine indisponibilité pour la reproduction et le devenir mère, mais aussi des angoisses 'déguisées' de l'accession à la maturité sexuelle.

"*Emeric est venu par accident,* dira Anne-pauline, *j'avais 20 ans, j'ai rien senti pendant toute la grossesse. Quand j'étais enceinte, j'étais toute contente de ne pas avoir mes règles pendant 9 mois. J'étais tranquille ; ça m'a fait du bien de rester sans règles.*"

Comment comprendre ? Comment expliquer la présence, voire la fréquence de ces éléments dans cette population ?

Nous savons que l'analyse de l'aménorrhée chez les jeunes filles a permis à Eisler (1923) de mettre en évidence des fantasmes inconscients de grossesse. La continuité de l'écoulement du sang vaginal chez les femmes enceintes peut-elle permettre de mettre en évidence un déni de grossesse ?

Ces mêmes règles que Régine et Anne-Pauline, les femmes mères, disent avoir eues continuellement malgré la grossesse, n'ont pas été accueillies par les jeunes pubères qu'elles étaient. "*Pour le conscient de la fille*", fait remarquer H. Deutsch, "*le début des règles est synonyme de cette accession à la maturité sexuelle qu'elle souhaitait depuis longtemps mais aussi de perspective, de possibilité de porter l'enfant qui compensera totalement ses blessures narcissiques. A l'opposé, cependant, le fait concret de la menstruation laisse la promesse inassouvie au point qu'il est vécu comme une cruelle déception. D'un point de vue biologique, la menstruation est le signe d'une fécondation manquée ; c'est là un fait qui était à peine connu des femmes primitives qui s'accouplaient prématurément et qui étaient donc fécondées sitôt après la première ovulation. Psychologiquement, la menstruation est donc pour l'inconscient ce qu'elle est en fait biologiquement, et elle est plus tard considérée consciemment comme l'occasion manquée d'avoir un enfant. Ainsi devient-elle la deuxième grande déception du point de vue des tendances spécifiquement féminines cette fois*" [Deutsch, 1994] (pp. 32-33).

Que nous prenions cette aménorrhée comme ayant pu avoir lieu réellement ou qu'elle soit le produit de l'imaginaire actuel de la mère, nous pouvons l'entendre comme une manière de porter le signe d'une fécondation manquée, d'avoir la preuve d'une occasion ratée d'avoir un enfant.

D'autres fois, la mère se décrit comme stérile ou dit qu'elle se croyait stérile avant d'avoir découvert sa grossesse. Cette croyance à une éventuelle stérilité n'est en lien avec aucun élément objectif et ne se justifie pas par l'âge avancé lors de la première grossesse. Ceci nous paraît différent du 'déni de grossesse'.

De surcroît, ces femmes présentent des traits de personnalité composée de trois éléments fondamentaux sur lesquels Sylvie Faure-Pragier se base pour décrire les troubles de conception [Faure-Pragier, 2003]. Il s'agit du lien à la mère au premier plan (rébellion ou soumission), de la carence du rôle du père et du défaut de 'censure de l'amante'.

Mouvements fœtaux absents : l'évocation d'un bébé inactif et pris pour mort

Vient se rajouter à cela, une évocation de l'absence de mouvements fœtaux. Celle-ci est d'autant plus intéressante qu'elle coïncide souvent avec une attitude actuelle de la mère vis-à-vis des tentatives d'autonomisation de l'enfant empreintes d'évitement de celle-ci. Telle cette mère qui dira de l'inquiétude qu'elle peut avoir autour de ses enfants dès qu'ils tentent de s'éloigner d'elle : "*Il y a des problèmes qui poussent partout dans notre tête quand on grandit*" et qui, évoquant ses grossesses qui ont donné naissance à ses enfants aujourd'hui grands : 9, 12 et 14 ans, décrit des bébés 'sages comme des images' depuis qu'ils étaient dans son ventre.

Quant à l'évocation de bébé inactif et pris pour mort dans ce contexte, quel sens pourrions-nous lui donner ?

Les travaux de Bibring et ses collaborateurs [Bibring et al., 1961] indiquent que ces mouvements viennent introduire le bébé comme un nouvel objet au sein du Moi. Stern [Stern, 1998] décrit une activité de représentation qui a son apogée durant le 7ème mois de la grossesse et permet à la mère de mieux accueillir l'enfant réel.

Si on accepte avec Bibring de considérer que les mouvements fœtaux viennent introduire le bébé comme un nouvel objet, et avec Stern que ces derniers permettent de mieux accueillir l'enfant réel, on peut dire que leur négation, notamment dans le contexte d'une grossesse se présentant comme déniée, exprimerait un évitement du travail psychique nécessaire à l'un des aspects du processus du devenir mère : la séparation des deux corps et des deux psychismes mère-enfant. Cet évitement du travail psychique pourrait être lié à la menace que représenterait inconsciemment la séparation et par conséquent l'autonomisation de l'enfant. Celle-ci nécessite chez la mère un travail important de décentration narcissique et une organisation œdipienne.

Ce travail de décentration narcissique pourrait commencer à partir des premiers mouvements fœtaux. Les mouvements de ce bébé de la fusion qui, paradoxalement, ne fait que croître en elle pour se préparer à affronter la vie du dehors, ne sont-ils pas signes d'autonomisation et de différenciation ? Ne sont-ils pas porteurs de transitionnalité ?

Pour Bergeret-Amselek [Bergeret-Amselek, 1996], "*le bébé dans le ventre fait l'objet de conflit. Ce conflit est l'expression de préoccupations qui tiennent pour une part à la réalité de la grossesse, et pour une autre part, aux processus psychiques que le bébé en raison de son caractère réel 'sa présence dans le ventre' du fait de la grossesse a mis en œuvre*".

“*La réalité vivante du nourrisson réveille et attire le désir et la peur de l’inceste*” écrit Racamier [Racamier, 1992]. La réalité vivante du fœtus (à travers ses mouvements ressentis par la mère) n’aurait-elle pas le même effet, notamment dans un contexte de pathologie incestuelle, où l’organisation psychique et mentale est antœdipienne ? Racamier n’oubliera pas de préciser que “*désir et peur prendront une acuité redoutable si dans la psyché de la femme, l’inceste n’est pas suffisamment élaboré en termes de fantasmes œdipiens*”.

Dayan [Dayan et al., 1999] de son côté, souligne que “*la grossesse réactive les fantasmes œdipiens susceptibles, dans certaines configurations familiales, d’acquérir une valeur incestueuse et entraîne angoisse et culpabilité à reconnaître le rôle d’un tiers évoquant alors l’imago paternelle et l’inceste.*” (p. 8). C’est que, continuera-t-il “*La rencontre avec le bébé vivant est une expérience radicale venant modifier la relation avec le bébé du fantasme. La réalité de la naissance va progressivement aboutir à la création de l’altérité.*” (p.22).

La représentation d’un bébé actif et vivant n’aurait-elle pas une fonction organisatrice porteuse de transitionnalité et de différenciation ? L’indifférenciation n’est-elle pas mortifère ?

J.P. Caillot [Caillot, 2003] classe toutes les formes de violence physique et verbale dans le registre d’un incestuel auquel il rajoute le vocable meurtrier. Il y intègre “*les manœuvres perverses de disqualifications massive*” et défend l’idée qu’elles “*sont des agirs dont la visée est de créer une indifférenciation ou un renversement générationnels, de provoquer une indistinction entre les êtres et les sexes au service de la formation d’un fantasme de corps commun paradoxal*”

Ce maintien d’une indifférenciation semble être soutenu par des agirs qui appartiennent à la sphère de l’incestuel, qui se situe, rappelons-le, entre ce qu’“*entend le sens commun par le mot inceste : une sorte de monstruosité sexuelle sévissant sur la scène des familles et le sens que donne le psychanalyste à ce terme : fantasme dont l'existence ne se déroule que sur la scène de l'inconscient*". En effet, nous l'avons déjà vu, "*l'incestuel qualifie ce qui dans la vie psychique individuelle et familiale porte l'empreinte de l'inceste non fantasmé, sans qu'en soient nécessairement accomplies les formes génitales*".

Pour Sylvie Faure Pragier, le fil qui relie le matériel clinique des différentes patientes représentant les diverses figures de la stérilité féminine, c'est la lutte de la fille pour conquérir son autonomie vis-à-vis de sa mère. Il s'agirait pour nous de cette même problématique rencontrée chez une femme normalement féconde mais qui se vit comme stérile.

La périnatalité psychique développée par André Carel, confirme l'idée qu'"*un enfant 'se conçoit' autant par l'esprit que par le corps, autant par l'appareil psychique que la biologie*" comme le dit J. Chasseguet-Smirgel en résonance avec les travaux de Sylvie Faure-Pragier.

5.2.2 Accouchement

Certaines femmes supporteront ce moment "séparateur" mère-enfant, d'autres ne s'en sortent qu'au prix d'une dépression connue sous le vocable de dépression du post-partum qui peut prendre différentes formes selon la gravité. F. Dolto, [Dolto, 1984] défend l'idée que "*la naissance constitue, de fait, la première castration*". Elle l'appelle "*castration ombilicale*" (p. 90). Le faire naître n'est-il pas une castration pour la mère ? une "*castration ombilicale*" aussi ?

Certains accouchements sont décrits comme subis, les paroles les évoquant appartiennent au registre de la passivité : "*J'étais endormie dans une chambre particulière*, dit Hélène, *[...] On me l'avait sorti de mon ventre, c'était comme si on m'avait opérée d'une hernie.*"

D'autres évocations paraissent héroïques. Le héros peut être :

- le bébé qui a tout fait pour naître vivant alors qu'il était censé mourir,
- la mère qui a battu les records scientifiques de l'accouchement sans douleur et sans péridurale,
- un médecin magique de grande renommée qui a pu sauver mère et enfant...

5.2.3 Allaitement

Comme pour la grossesse et l'accouchement, l'allaitement sera interrogé non pas comme événement survenu ou pas dans la vie d'une mère, mais dans la dimension symbolique contenue dans les évocations en après-coup autour de la question. L'allaitement est décrit parfois comme accepté, d'autrefois comme évité, empêché voire interdit. L'évitement ne se présente pas en tant que tel, mais est attribué à une raison externe, concernant la qualité du lait : "*Mon lait ne convenait pas. La première semaine, ça allait, et puis comme j'ai eu une dépression, le lait ne convenait plus*" (Chantal). "*Je l'ai allaité pendant 4 mois, au bout d'un mois, j'alternais avec le biberon car mon lait n'était pas assez riche*" (Cécile). "*Ma fille ne voulait plus me voir, elle vomissait ce que je lui donnais, il lui a fallu un lait de régime à cause de l'acidité de mon lait... mon lait était acide à cause du stress, j'ai eu une hernie aussi*" (Maryse).

Que cela soit "*parce que le lait ne convient pas*", "*parce qu'il n'est pas riche*" ou "*parce qu'il est acide*", l'allaitement s'est trouvé rapidement arrêté. Maryse, avoue pourtant n'avoir rêvé que de cela : "*un bébé suçant goulûment le sein de sa mère*" et que le plaisir lui paraissait immense. Peut-être a-t-elle dû entrevoir un désir d'allaitement centré sur son désir de femme donnant le sein plus que sur une expérience nourricière et affective mère-bébé ?

En revanche, la mère de Catherine, chez qui les représentations de tendresse liées à l'allaitement semblent refoulées, n'envisageant ainsi que la valeur nourricière de celui-ci, a décidé de ne pas "*encombrer*" sa fille "*déjà grosse*" par un moyen de nourrissage qui lui apporterait plus de calories qu'un allaitement artificiel : "*Catherine … était la plus grosse de toutes les grossesses (sic)… À l'âge de 6 mois je l'ai mise déjà sous régime, tellement elle avait grossi ; c'est la seule que je n'ai pas allaitée. Elle était grosse et puis comme elle était la dernière, je me suis dit : 'c'est pas la peine que je l'allaite'…* "

D'autres raisons ont amené Joëlle, Géraldine et Christiane à ne pas allaiter : l'une (Joëlle), évoque "*les complications et les problèmes pratiques*" ; l'autre (Géraldine), laisse entrevoir un évitement de la dépendance et exprime sa préférence que son bébé ne s'accroche pas à une seule personne mais qu'il accepte de prendre le biberon : "*Le biberon, tout le monde peut le donner*" précise-t-elle. Lucie dit "*avoir allaité longtemps*" son premier garçon et le regrette un peu parce qu'il lui a abimé la poitrine.

Si ce n'est pas le lait, ce sont les tétons qui sont visés : Fabienne trouve que ses "*tétons ne sont pas assez gros*", Anne fait allusion à "*des touts petits bouts… des tétons insuffisants*".

Quant à Christiane, le conseil de sa mère : "*ne pas allaiter, ça fait des crevasses.*" est venu la guider dans son choix. L'allaitement s'est présenté ainsi comme une interdiction posée par la mère à sa fille d'avoir une relation charnelle, en dehors de celles qu'ont pu partager mère et fille.

Marie-Rose évoque enfin la question du désir même si celui-ci se présente sous sa version négative : "*Il n'a pas été allaité au sein, à cette époque-là je n'avais pas le désir de le faire ; quand j'ai voulu le faire pour la dernière, il n'y avait pas de lait*".

Farida, au contraire, se mettra hors désir et hors décision personnelle : "*Ils ont essayé, mais je n'avais que 40 g de lait, je n'avais pas la force ni la montée de lait suffisante*".

Véronique nous fait visiter, à travers sa déclaration, les confusions de registres ravivées par l'allaitement. Elle a allaité Clara, sa fille, jusqu'à l'âge de 3 mois : "*pourtant, je suis très sensible, ça me fait mal, je préviens avant d'ailleurs que les bouts me font mal quand quelqu'un doit me toucher le sein ; même pour mon copain, je n'accepte pas, j'ai mal.*"

Et voici Andrée qui nous plonge dans toutes les contradictions maternelles et les angoisses archaïques que peut soulever une telle expérience : "*Quand il prenait le sein, il suce, il suce et puis se relâche et tombe de sommeil, moi ça me fatigue, des fois c'est presque énervant, je me dis 'il m'a vidée et il dort' ; là ou je me fâche le plus, c'est quand il dégueule après, enfin il bave... je me dis 'il est gonflé, il me pompe mes forces... et il garde même pas, il jette après'... mais bon, c'est quand même beau de le voir accroché au bout du sein avec ses petites mains dessus*".

La valeur fantasmatique du lait maternel a fait l'objet de plusieurs travaux. Les anthropologues en ont étudié les différentes significations, montrant ainsi comment l'allaitement maternel déborde la dimension biologique. Ils ont notamment repéré des interdits spécifiques dont la parenté de lait. Celle-ci, se soumettant à des logiques de filiation complexes, est portée par des représentations capables de nous informer de manière fine sur la valeur fantasmatique du lait maternel.

Le lait maternel est donc porteur de la prohibition de l'inceste. Les travaux de F. Héritier [Héritier, 1997] le montrent.

Hélène Deutsch [Deutsch, 1994], de son côté, a défendu depuis longtemps l'idée que "*l'allaitement au sein était soumis à toutes les insécurités et à toutes les angoisses associées au sentiment de féminité de la femme.*"

"*L'analogie psychologique complète [...] dans le coït et dans l'allaitement - tient avant tout à ce que la frontière entre le sujet et l'objet est abolie*" ajoute-t-elle (p. 91).

"*Nous savons depuis longtemps*, précise-t-elle plus loin, *qu'il est une étroite corrélation entre les processus associés aux organes génitaux et au sein, tant sur un plan psychologique que sur un plan hormonal. Cette interdépendance réciproque se manifeste de diverses manières. Ainsi, la stimulation des mamelons ne produit pas seulement des réactions dans l'organe stimulé ; cette voie crée des états d'intense excitation des organes génitaux qui peuvent aller jusqu'à l'orgasme. Lorsqu'un bébé est mis au sein pour la première fois, c'est bien connu, il peut y avoir des contractions plus ou moins intenses de l'utérus ; ainsi les processus génitaux exercent-ils une grande influence sur la lactation*" (p. 93).

H. Parat [Parat, 2006] évoque la relation de l'allaitement avec un corps sexué et désirant. "*Le partage du lait, cet impossible et nécessaire partage entre sein maternel et sein érotique, est le fruit de la persistance de désirs et de défenses fondamentaux qui insistent dans les discours médicaux*" (p. 14).

Si derrière le discours d'Andrée se cache un fantasme d'érotisation de l'allaitement maternel, chez Véronique, la mère de Clara, il s'agit d'un fantasme défantasmé, d'un fantasme-non fantasme comme décrit plus haut (voir 4.2.2, page 74). Son bébé accroché à son sein et son amant lui caressant le téton, sont perçus de la même manière sans différenciation.

Si le fantasme d'Andrée évoque un imaginaire maternel incestueux refoulé, donc œdipien, le fantasme-non-fantasme de Véronique évoque la menace incestueuse encore vivace, donc antœdipienne.

Le discours d'Andrée, nous rappelle le passage suivant de Freud : "*Lorsqu'on voit un enfant rassasié quitter le sein en se laissant choir en arrière et s'endormir, les joues rouges, avec un sourire bienheureux, on ne peut manquer de se dire que cette image reste le prototype de l'expression de la satisfaction sexuelle dans l'existence ultérieure*" [Freud, 1962] (p. 105).

5.3 Un troisième aspect : Pathologie de la contenance et relation d'emprise

Une pathologie de la contenance quasi-constante m'a continuellement interpellée.

La grand-mère réelle ou imagoïque a d'ailleurs un poids écrasant sur la mère rencontrée à l'AEMO. Je l'ai vue "*confisquer*" parfois le mari de sa fille en lui retirant le permis de bonne conduite qu'elle lui avait pourtant accordé (comme c'est le cas de Marguerite qui fera partie des six études) ; parfois sa petite-fille en alléguant "*la mauvaise maternité de sa fille*" (cas de Marguerite aussi) ; d'autres fois (c'est le cas de Christiane), empêchant sa fille devenue mère d'allaiter son enfant "*parce que cela fait des crevasses*". Et quand ce n'est pas par sa présence réelle qu'elle suscite la rébellion ou la soumission de la part de sa fille, c'est par ses imagos "*terribles*" telles que les a décrites C. Pigott [Pigott, 1999] que la grand-mère paralyse les désirs féminins de sa fille et capture ses capacités maternelles naissantes. Osera-t-elle l'égaler ?

La mère de Raymonde a choisi d'intervenir sur un autre plan : donner une coloration identitaire différente à sa petite-fille dont le père est d'origine maghrébine. Elle oblige dans un premier temps sa fille à donner à sa petite-fille, au moins deux prénoms. Elle laisse la mère choisir l'ordre et passe discrètement le changer en mettant le nom maghrébin en deuxième position : "*A l'hôpital, ils ont inversé, moi j'ai mis Nacéra en premier et Thérèsa en deuxième, ma mère est allée changer, en leur disant que je m'étais trompée. Après quand j'étais allée à la mairie, ils m'ont dit que c'était trop tard, et qu'il fallait passer par le Juge. À la maternité, la première chose qu'elle avait dite, c'est : 'change de prénom pour elle, elle n'aura pas un bel avenir, ton père va te tuer...' d'ailleurs, mon père ne l'a jamais acceptée ma fille, mon père ne veut pas qu'elle l'approche*".

Cette attitude grand-maternelle ou cette imago maternelle "*terrible*" pour reprendre les termes de C. Pigott, n'est pas sans influence sur la manière d'être et de se comporter de la mère face à son enfant.

La mère d'Aurélia, 14 ans, a décidé d'attaquer sa fille dans sa féminité comme elle semble avoir été attaquée par sa propre mère sur le même registre. Elle apprendra à sa fille à "*ne pas utiliser les 'tampax' parce que ça la déflorerait*", à "*faire très attention de ne pas se tacher avec le sang des règles et, pour cela, il faut avoir les jambes serrées*". Et tout en multipliant les amants qu'elle reçoit chez elle, elle enseignera à sa fille, qu'"*une relation avec un homme n'est que mauvaise aventure et que la grossesse et l'accouchement ne sont que douleur et souffrance.*"

Aujourd'hui, Aurélia est une très belle jeune fille, gracieuse et féminine. Elle est cependant "*terrorisée*" par tout ce qui peut la faire rencontrer un homme, par ce qui peut la rendre femme, et même par ce qui risquera de faire d'elle une mère. Elle doit, pour suivre la consigne de sa mère, se cacher à chaque fois qu'il y a une visite masculine à la maison, de peur que les hommes de sa mère "*ne la regardent autrement*" lui dira-t-elle. Elle lui citera sa devise dont elle doit tenir compte : "*Je sors mon coq, rentrez vos poules*".

"*J'aimerais bien avoir un enfant mais je n'aimerais pas le porter*", dira Aurélia. Elle souffrira de nombreux kystes dans les ovaires, pour lesquelles elle se fera soigner. Le gynécologue lui aurait parlé de la dimension psychosomatique de ses troubles.

Ces expériences précoces traumatiques, mises en place soit lors de la première enfance, soit pour faire face aux défaillance de la période précoce, se manifestent, rejaillissent sous plusieurs forme dans la psyché adulte. Mais nous les verrons aussi se manifester, faire place dans la psyché du clinicien.

Chapitre 6

Observations cliniques

Il est proposé ici de partir de six histoires cliniques, singulières, issues de ma pratique au sein du même service ; des cas singuliers et cependant communs, en ce qu'ils permettent d'aborder la problématique maternelle sous l'angle de l'ampleur des sphères d'indifférenciations par lesquelles est entourée la mère dans ces milieux. Mon attention se portera sur celles qui concernent la relation mère-enfant et celles en lien avec la relation de la mère à sa propre mère. Cette indifférenciation massive apparaît dans un registre d' "*inceste non fantasmé*" (Racamier).

Ces six histoires cliniques forment un ensemble où cette même question se répète. Elles tenteront de présenter d'une manière qui se voudra plus approfondie, les différents points caractérisant ma population d'étude et surtout de décrire les différentes formes cliniques rencontrées.

Ainsi présentées,
- Marie, la poupée russe ou la mère-famille,
- Marguerite, la mère-fille,
- Schéhérazade, la mère morte,
- Reine, la mère nonne,

– Ève, la mère du monde,
– Charlotte, l'a-mère

évoqueront la question de l'inceste non fantasmé ainsi que la question de la dépendance primitive. Elles illustreront ainsi différentes formes de la pathologie de la contenance laissant entrevoir dans la plupart des cas, un miroir primaire abîmé ou brisé et une scène primitive en souffrance ou plutôt en suspens.

Et c'est à travers l'analyse du 'roman de la grossesse' que j'en différencierai les principales formes.

Deux points communs à mes études de cas : une place prépondérante est laissée dans le psychisme de la mère à sa propre mère soulignant la faille de l'organisation œdipienne, sauf pour Charlotte, doublée par la présence d'une organisation antœdipienne pathologique (Racamier) prédominante. Charlotte présente quelques éléments que nous pourrions au premier abord attribuer à une organisation œdipienne malgré une présence d'incestualité massive voire d'inceste dans sa famille nucléaire.

S'y rajoutent selon les cas, une crise d'adolescence silencieuse et la présence de deux fantasmes particuliers : un premier, bien connu, que Guyotat nomme "*fantasme de filiation narcissique*" et un second, que j'ai appelé 'fantasme de stérilité'.

Marie, qui est un cas clinique qui regroupe tous les éléments d'étude cités de manière spectaculaire, me permettra d'aborder ces questions.

Je n'oublierai pas, enfin, Charlotte, qui sur un point particulier ne correspond pas à ce qui pourrait être attendu d'elle, me permettant ainsi d'étudier une configuration œdipienne dans une ambiance d'inceste non fantasmé ou d'inceste agi.

Toutes sont dans une relation narcissique :

– Marie dans un rapport basé sur une relation qui se veut parfaite entre deux partenaires unifiés.

- Marguerite dans une guerre franche menée sur tous les fronts réels et imaginaires contre sa mère et ses imagos.
- Schéhérazade dans une recherche éternelle de son objet perdu ou en mal de construction.
- Reine prend son enfant pour un autre et se fait nonne pour lui.
- Ève, la mère-enfant qui n'a pas encore franchi les étapes de la maternalité.
- Charlotte enfin, grâce à une sphère d'indifférenciations moins chargée et un fonctionnement œdipien prévalent, a pu affronter une relation incestuelle massive de son mari à l'égard de leur fille commune.

A chacune son histoire et à chacune son processus de maternalité.

6.1 Marie, la poupée russe ou la mère-famille

Nous allons suivre à présent les étapes d'un travail d'une durée de 3 ans et demi qui a permis à Marie, une jeune femme de 35 ans, six fois mère, le passage d'un état d'indifférenciation pathologique, d'agirs massifs et d'imperméabilité à toute parole au sujet de sa relation à eux à une période marquée par une plus grande facilité à évoquer des souvenirs d'enfance, une plus grande liberté dans les associations, l'apparition d'une activité fantasmatique ainsi que la naissance d'espaces psychiques différenciés. Ceci a entraîné des changements dans les sphères mentale et comportementale, grâce à une (re)construction identitaire et narcissique permise par une narrativité devenue possible grâce au 'roman de la grossesse', de son histoire de femme, de mère, d'épouse et d'amante, de fille et même de bébé naissant, en attente d'accueil, grandissant... Mais aussi grâce à la fonction de réflexivité favorisée par le lien thérapeutique.

Kamel, 14 ans est l'aîné. Viendront ensuite, Killian, décédé à deux semaines d'une méningite aux dires de Marie ; Marjorie,

10 ans ; Marco, 8 ans ; Nathan, 6 ans et Rose, décédée à trois semaines d'une mort subite du nourrisson.

Marie aura une 7ème grossesse vers la fin de notre travail avec elle.

Quant aux pères des enfants, nous ne disposons que d'informations floues et contradictoires les concernant. Aucun des enfants n'est reconnu par son père. Ils portent tous le nom de leur mère.

Si la pathologie de Marie est particulière, nous verrons plus loin en quoi, il nous a semblé que pour ce qui est de cette relation d'indifférenciation pathologique mère-enfant et d'inaccessibilité au discours socio-éducatif autour de sa relation à ses enfants, elle n'est particulière que pour ce qui est de l'intensité. Et pour ce qui est de l'efficacité de l'intervention avec le cadre et les modalités proposés, les changements ont été tellement spectaculaires que je me suis longtemps posée des questions sur leur authenticité ou leur appartenance à un registre défensif stratégique.

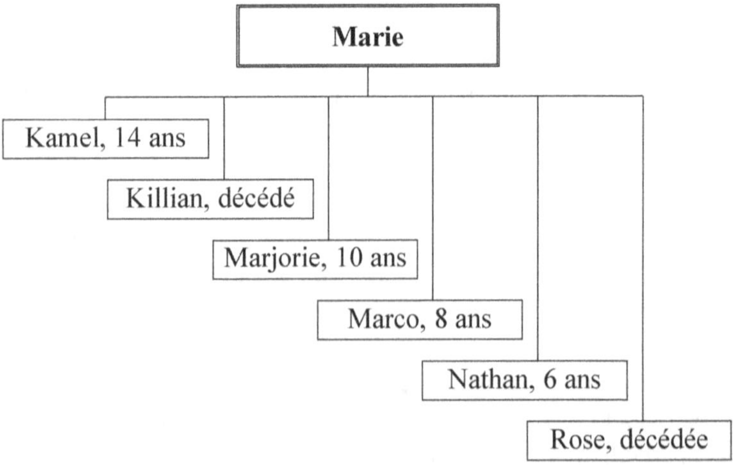

FIGURE 6.1 – Marie et ses enfants. Les âges des enfants sont donnés à l'époque de la première rencontre.

Il s'agit, chez Marie, d'une relation pathologique maltraitante entre une mère et ses enfants sous une forme clinique appelée syndrome de Münchhausen par procuration où une oscillation entre la forme active (quand c'est elle qui provoque les maladies et administre les soins) et la forme passive (quand elle délègue ces soins aux professionnels) se fait sans cesse, mais aussi avec un passage de son propre corps à celui de ses enfants sans transition.

Marie est une femme étonnante autant par son aspect physique que par sa personnalité. Un corps grand de taille, volumineux et une voix forte viennent contraster avec un visage plutôt doux, qui lui donne l'aspect d'une jeune fille studieuse à l'école, une lectrice acharnée avec ses lunettes et sa terminologie médicale développée malgré un cursus scolaire court. Ses larges épaules font contraste avec sa longue et fine tresse de cheveux lancée en arrière.

Elle suscite d'emblée un contact à la fois étrange et familier, désagréable et sympathique. Sa voix rauque avec un fond doux quant le sourire vient accompagner le mot, remplit tout l'espace de la salle d'entretien mais aussi des autres lieux parce que "*quand Madame M. est là, on l'entend*" me disent les collègues. Les enfants, de leur côté, quand ils viennent avec leur mère, vont partout de la salle d'attente à la salle de réunion en passant par les bureaux administratifs.

Marie a fréquenté pendant des années les services de soins avant d'arriver en AEMO. Tout semble s'être passé comme si personne n'avait jamais osé demander un placement pour ses enfants tant elle se montrait dévouée et inquiète pour leur santé.

Chacun des enfants a connu de nombreuses interventions chirurgicales et hospitalisations. Lors de la deuxième hospitalisation de Nathan en 1995, elle a inquiété l'assistante sociale par son absence de visite à son enfant qui a duré une semaine.

Marco, a connu plusieurs hospitalisations dont deux rapprochées en urgence. Suite à la deuxième, l'hôpital a fait le signalement suivant : "*Le personnel est inquiet car le bébé ne s'accrochait pas à la mère et ne réagissait pas au traitement, sa mère avait cessé de l'allaiter et ne venait plus le voir*". Le médecin psychiatre qui l'avait vue à l'époque, avait noté "*une grande détresse chez elle*" et avait attiré l'attention sur le fait qu'elle voyait "*son bébé mort à travers les autres enfants*". Enfin, il a signalé l'"*aspect dénutri de l'enfant : maigreur, visage macéré, pâleur*" et a décrit une mère qui "*paraissait avoir peur de lui parler, de le toucher, qui regardait son enfant avec étonnement en confiant sa crainte de le perdre comme Killian et sa décision de s'interdire de trop s'y attacher*".

Au moment de l'IOE [1], le médecin psychiatre du service parle d'"*une difficulté à capter l'attention du bébé, (Marco)*", 'une "*non-interaction entre sa mère et lui*", "*Le bébé fait beaucoup d'agitation pour capter son attention, la mère envoie beaucoup de messages contradictoires et réduit les actes agressifs à rien*".

Marie est arrivée au service de par une ordonnance d'Investigation et d'Orientation Éducative en milieu ouvert (I.O.E) concernant tous les enfants, suite à un signalement provenant du secteur social, relatant la participation de Kamel, son fils aîné, âgé de 9 ans à l'époque, à un "*saccage*" de plusieurs salles de classes de l'école maternelle qu'il avait fréquentée auparavant. La mesure d'investigation s'est déroulée dans le courant de l'année 1998 et a duré 6 mois. Trois mesures d'AEMO , une première d'un an (de mai 1998 à mai 1999), une deuxième puis une troisième, de deux ans chacune, de 1999 à 2001 et de 2001 à 2003.

J'ai choisi de présenter les séquences cliniques en fonction de trois périodes :

- Une première que j'ai nommée période d'un corps pour tous ou Marie face à une scène primitive impossible. C'est une

1. Mesure d'Investigation et d'Orientation Éducative ordonnée par le juge des enfants et exercée par un service mandaté, concernant un mineur afin d'éclairer sa décision quant à une mesure d'assistance éducative, un placement ou toute autre orientation éducative.

période d'agirs massifs, d'indifférenciation et de confusion des registres.

- Une seconde caractérisée par une apparition des limites et des espaces inter-individuels et intra-psychiques accompagnée d'une activité fantasmatique. Période que j'ai appelée un corps pour chacun ou Marie crée-trouve une scène primitive
- Entre les deux, se situe une étape intermédiaire que j'ai appelée étape de réduction des agirs ou Marie à la recherche d'une scène primitive.

6.1.1 Première étape : période d'un corps pour tous ou Marie face à une scène primitive impossible

La situation de Marie m'a plongée à maintes reprises dans un univers empreint de mécanismes pervers.

Quand j'évoque la perversion ici, c'est à la perversion narcissique telle qu'elle a été élaborée par P.C. Racamier et développée par les théoriciens qui ont continué dans sa lignée, notamment, pour ce sujet, M. Hurni et G. Stoll, que je fais allusion.

Ce n'est pas tant en analysant des éléments de la personnalité de Marie, qu'en repérant des "*mouvements pervers*" [Racamier, 1992] (p. 280) qui l'animent, que j'évoque la perversion, "*Le plus important dans la perversion narcissique, c'est le mouvement qui l'anime, et dont elle se nourrit*". Quant au mouvement : "*tout comme il en va (parait-il) pour faire décoller une fusée, il faut, pour mettre en place un mouvement pervers, que se combinent étroitement deux forces motrices : un fort reliquat d'une séduction narcissique jamais vraiment estompée, mais au contraire active, et une nécessité défensive puissante et spécifiquement organisée*" (p. 281).

Cette défense spécifique chez Marie est faite de déni de séparation sous toutes ses formes.

C'est sa pensée perverse : "*une pensée qui ne s'intéresse ni aux fantasmes, ni aux affects, et cela ni chez soi ni chez autrui*" [Racamier, 1992] (p. 295) et l'abondance de ses stratégies et de ses agirs qui m'ont orientée.

L'éducatrice en charge de la situation à l'époque décrit chez elle un discours cohérent et construit et des interventions très posées qui ne reflètent jamais un mouvement d'humeur : à l'agressivité ou la colère des enfants, elle répond sur un ton égal. De même, leur agitation, leurs cris et bagarres semblent la laisser indifférente. Elle la décrit comme "*intarissable sur leurs problèmes de santé*" et trouve que les longues et nombreuses explications médicales qu'elle donne finissent souvent par lui faire perdre l'objectif de la visite.

Marie en effet excelle dans les descriptions médicales, le seul registre sur lequel elle peut évoquer ses enfants et son lien à eux. Dès la première rencontre, elle évoque l'hématome à l'oreille gauche de Kamel, la greffe d'osselet au niveau de l'oreille droite, la très forte baisse d'audition et le problème de vue, ses troubles du langage pour lesquels il a une rééducation orthophonique de deux fois par semaine et ses troubles d'apprentissage qui ont nécessité la mise en place d'un soutien scolaire en français et en mathématique, à cause notamment, précise-t-elle "*de la règle de trois qui lui pose problème !*" Elle mentionnera qu'"*il a aussi un problème cardiaque et un problème de diabète et d'obésité*".

Elle passe ensuite à Nathan, âgé de 5 ans, à l'époque, chez qui elle décrit : "*une atteinte congénitale de l'oreille gauche et une oreille droite parfaite*".

Elle enchaîne sur Marco qui va bientôt se faire greffer d'osselet. Il est suivi lui aussi par une orthophoniste. Il a failli mourir. Il a une déficience pancréatique "*qui nécessite un régime très méticuleux que la mère semble entreprendre parfaitement*" écrit le médecin.

Quant à Marjorie, elle est décrite comme étant "*la seule qui n'a pas de problèmes*", "*à part une petite baisse d'audition*".

Autant Marie se montre sourde à son monde interne, autant ses antennes tournées vers l'extérieur fonctionnent avec efficacité. "*Le pervers substitue à une réalité psychique interne une réalité externe qu'il cherche sans cesse à manipuler à sa guise. Propulsé dans l'action, il devient un artiste de la manipulation du concret*" [Hurni et Stoll, 1996].

Quelque temps après le début de la mesure, une période de flux des signalements vient contraster avec la toute première période où tout paraissait bien aller de l'extérieur : la voisine de Marie pour "*enfants livrés à eux-mêmes, qui doivent se prendre en charge tout seuls, même pour se faire à manger...*" ; l'école primaire pour dénoncer "*la tenue très sale et très négligée de Marjorie (8 ans) et la prolifération de grossièretés, ses retards fréquents et inexpliqués, l'absence d'affaires scolaires et surtout une baisse de ses résultats liée à une difficulté à apprendre malgré de bonnes capacités*" ; l'école maternelle s'inquiète des "*oublis répétitifs de la mère à venir chercher ses enfants*" et signale "*le comportement régressif de Marco*" ainsi que "*l'importante dégradation de sa tenue*". Le collège où Kamel (12 ans) est scolarisé signale la nécessité de l'orientation de celui-ci en SEGPA [2], et la contestation de la mère qui se montre persuadée que son fils avait le niveau pour suivre une classe de 6ème générale. Le collège s'inquiète aussi du "*comportement très impulsif de Kamel*" et de "*l'expression d'un malaise général*".

Menacée par l'accumulation de ces signalements à son encontre, Marie tente de tourner l'objectif de la caméra vers Kamel en évoquant ses "*mensonges, ses vols, ses attitudes sexualisées*" vis-à vis d'elle-même et ses manifestations "*exhibitionnistes devant ses frères et sœurs, notamment devant Nathan*

2. Section d'Enseignement Général et Professionnel Adapté : au collège, les sections d'enseignement général et professionnel adapté accueillent des élèves présentant des difficultés d'apprentissage graves et durables.

envers qui il a par ailleurs des réactions violentes". Elle parle elle-même à son égard de "*pédophilie*" et de "*zoophilie*" demande enfin son placement, à nouveau, ce qui lui a été accordé. Kamel a déjà été placé suite à la demande de sa mère, quelques jours avant la naissance de Killian, le deuxième enfant de Marie qui mourut quinze jours après.

Avant ce nouveau placement, la terreur régnait à la maison, Marie ne s'endormait qu'après avoir fermé la porte de sa chambre à coucher à verrous, mais aussi celle de Marjorie qui se plaint en même temps des visites nocturnes de son frère. Celui-ci, viendrait "*l'ennuyer*" et parfois la griffer en utilisant un objet familial curieux, baptisé par tous "*la griffe de Freddy*", composé de lames en métal qui piquent et que la maman préfère garder précieusement parce que c'est un cadeau. Elle explique que Freddy est "*quelqu'un qui va manger chez les autres pour prendre leur énergie, soit il fait ça, soit il meurt*" !

Quant à ses agirs, elle décide par exemple de changer ses enfants d'école en plein milieu de l'année scolaire. Les raisons invoquées comme étant à l'origine de sa décision, c'est que Nathan a été frappé par son institutrice et par l'aide maternelle et que Marco s'adapte mal à cette école dans laquelle, il entame sa première année de maternelle. Ce dernier, aux dires de Marie, "*a régressé et a arrêté de parler*". Nous apprenons quelque temps après qu'une enquête de police avait été ouverte à la suite de révélations concernant des attouchements sexuels commis par Kamel sur une petite fille scolarisée dans la même école et gardée de façon habituelle par Marie. Pour devancer la situation, Marie viendra parler de différends qu'elle avait avec la mère de cette petite fille, à cause de sa soi-disant manière défaillante et non protectrice de s'occuper de sa fille.

A la même époque, elle accepte la prise en charge de Kamel en rééducation orthophonique, le bilan psychomoteur de Marco et le suivi psychothérapeutique de Nathan dans une structure de soins spécialisés. Quelques mois après, elle fait un autre déménagement et arrête toutes les prises en charge.

Marie a une manière de soumettre plusieurs aspects de sa vie à ce que je voudrais appeler la loi de la concrétude. Nous la verrons, dans l'exemple qui suit, donner une explication spatiale à un fait, le dénudant ainsi de son aspect relationnel et amoureux : Kamel est issu de sa relation amoureuse avec un homme d'origine étrangère. Elle présente la mixité de Kamel comme une mixité spatiale, géographique "*Il a deux sangs du fait qu'il est mixte… C'est un mélange, il est conçu entre deux, sur le bateau*". Je reprends cette expression d'entre deux en guise de relance. Elle explique que "*comme c'était sur le bateau*", c'était entre son pays à elle et celui de son compagnon qu'elle appelle "*le papa*". Son fils a "*deux sangs*", il est "*un mélange*", mais ce n'est pas parce qu'il est le produit de la relation sexuelle entre un homme et une femme, c'est parce qu'il est conçu alors que le bateau était à mi-chemin entre la France et le pays natal de son compagnon et père de son enfant.

A une autre occasion, évoquant encore sa relation avec le père de Kamel, elle dit qu'elle continue à le recevoir épisodiquement chez elle et précise par ailleurs, "*Il n'y a pas d'arrière-pensée derrière les papas, d'ailleurs quand ils viennent chez moi, la chambre à coucher reste ouverte*". Nous comprenons donc que les papas comme elle les appelle, partagent son lit, quand ils viennent. Nous pouvons en conclure qu'elle entretient une relation amoureuse avec eux. Mais Marie semble vouloir qualifier d'arrière pensée l'idée qui consiste à dire que partager son lit avec "*des hommes-pères*" puisse avoir une connotation sexuelle ! Elle semble vouloir exclure l'idée d'une retrouvaille amoureuse et sexuelle avec ces derniers, du fait qu'ils sont pères. Et pour preuve, elle laisse la porte ouverte !

"*Cette altération sous forme de jeu à la fois destructif et compulsif avec la réalité, peut prendre diverses formes. La plus patente est la falsification de données d'information*" [Hurni et Stoll, 1996] (p. 77).

Les données autobiographiques fournies par Marie, en effet, varient en fonction des périodes mais aussi des intervenants auxquels elle s'adresse : nous ne saurons jamais quelle est la composition réelle de sa famille d'origine du fait de la différence des versions : "*J'ai deux frères et une sœur avec qui j'ai une bonne entente*" dit-elle à l'enquêteur social ; "*On est deux filles et un garçon*" dit-elle un jour. "*Il n'y a que des filles à la maison*" précise-t-elle encore une autre fois.

Quant à sa famille actuelle, la question des pères reste énigmatique aussi bien pour les interlocuteurs que pour les enfants eux-mêmes :

Évoquant les pères de ses enfants, Marie utilise l'expression : "*le papa*" (au singulier) tout en affirmant que "*le papa n'est pas le même pour tous*".

A plusieurs reprises, cette question rejaillit dans mon esprit de manière confuse : "*A-t-elle dit le papa ou les papas ? Parle-t-elle de son papa ou du/des papa(s) des enfants ?*" je pose une question : "*De quel papa parlez-vous ?*" Et je reçois une réponse : "*le papa, c'est pas le beau-père*". Le malaise est encore là, et le doute encore présent. Je demande des précisions : "*Quand vous dites le papa, vous parlez de qui ?*" Elle me répond que le papa dont elle parle n'est pas le même pour tous, et elle revient au père de Kamel qu'elle évoque d'une manière confuse pouvant concerner à la fois le père et le fils : "*Il est resté jusqu'à ses deux ans avec nous*".

Elle dit que Killian est mort d'une méningite à l'âge de 14 jours. Dans d'autres sources d'information, il était question de trois semaines ; Marjorie, sa fille dira que son frère est mort quand il avait trois ans.

Si la pensée de Marie tend à s'accrocher au concret, elle agira de la sorte avec ses enfants en déconstruisant leurs tentatives imaginatives. À titre d'exemple, Marjorie a voulu un jour montrer à sa mère le dessin qu'elle venait de faire en séance. Il s'agissait du dessin de sa chambre idéale. Sa mère s'étonna alors de la présence d'une armoire qui n'existait pas dans sa chambre réelle. C'est à une sorte de déconstruction fantasmatique que nous venons d'assister dans cet exemple.

Les stratégies confusiogènes ou confusionnantes

"*Les stratégies confusiogènes ou confusionnantes, [...] créent, chez l'objet, la confusion entre des ordres ou des registres habituellement différenciés*" [Caillot et Decherf, 1989].

Une confusion identitaire et de filiation est claire chez Marjorie : Elle donne des prénoms différents de son père, en fonction des moments. Elle le présente parfois comme étant aussi le père de Kamel, parfois comme le sien et celui de ses autres frères, en disant que le père de Kamel est différent. Elle dira aussi : "*Mon papa, il n'y a que ma maman qui le voit... il n'a pas de femme*". Et à d'autres moments, exprimant ainsi ses troubles de l'identité originaire : "*Mon papa et ma maman ... ne peuvent pas avoir d'enfants, parce que les enfants c'est quand on est marié, eux ils sont pas mariés, ils sont juste ensemble*".

La confusion et la pensée paradoxale de la mère sont aussi présentes chez Marjorie qui s'exprime ainsi : "*Kamel me déteste parce que quand il rentre des vacances et tout, il m'adore, il m'offre des cadeaux*". Elle se montrera à d'autres moments incohérente. Et dira par exemple : "*moi, j'ai un chien, Marco et Nathan, un chat mais c'est Kamel qui a un chien. Marco et Nathan ont le poisson*".

Nous entendons par pensée paradoxale ce que P.C. Racamier définit ainsi : "*une formation psychique liant indissociablement entre elles et renvoyant l'une à l'autre deux propositions, ou injonctions, inconciliables et cependant non opposables*". "*Quant à la paradoxalité, elle se définit tout à la fois comme le fonctionnement mental, le 'régime' psychique et le mode relationnel dont le paradoxe est le modèle*" [Racamier, 1992] (p. 395).

Marie ne cesse de semer les confusions autour d'elle, telle celle-ci qui a causé d'énormes perturbations chez son fils :

- Quelques jours avant l'accouchement qui donnera naissance à Killian, elle envoie Kamel en famille d'accueil.
- Quelques jours après cette naissance, au retour de Kamel qui accourt pour voir son frère nouveau-né, elle lui présente le fils d'une voisine en remplacement de son frère, celui-ci étant décédé entre-temps. Cette tromperie durera pendant plusieurs semaines.

Un état post-entretien caractérise mes premières rencontres avec elle et même les temps de travail en équipe autour d'elle : des maux de tête et une sorte d'épuisement me gagnent. Des noms de spécialistes de différentes branches, des termes savants résonnent en moi. Des informations médicales non assimilées pour lesquelles je ressentais le besoin d'en savoir plus : ouvrir un dictionnaire, téléphoner à un ami médecin pour lui demander ce qu'était cette maladie (il s'agit des différentes maladies évoquées pour ses enfants) et s'il était possible d'avoir tout cela en même temps ! Des données biographiques, qui me semblaient pourtant avoir été mises à ma disposition s'évaporaient aussitôt leur détentrice partie. Bien sûr revenir au dossier était possible mais le dossier était encore plus confusionnant.

Marie conteste l'évidence : à chaque fois qu'une manifestation de mal-être de l'un de ses enfants lui est signalée, elle sort avec habileté de sa poche quelque chose pour dissuader l'interlocuteur. À l'institutrice qui lui conseille une consultation d'un spécialiste pour une éventuelle rééducation orthophonique qui serait destinée à Kamel (âgé de 11 ans à l'époque), elle émet un autre diagnostic : son fils"*a un problème d'acuité visuelle qui a déjà nécessité l'intervention d'un spécialiste* ". À l'éducatrice, en charge de la situation qui a observé durant son intervention, Nathan (4 ans et demi à l'époque) et a signalé à la mère l'agitation de son fils, sa dispersion et ses troubles de la communication, elle répondra : "*Il a des troubles d'audition. Il n'a rien d'autre*", troubles pour lesquels elle effectuera plusieurs consultations en une année. Ces consultations, n'ayant pas confirmé son diagnostic, elle lui fera subir un bilan complet et de multiples interventions chirurgicales.

La mère affirme d'ailleurs ne pas reconnaître ses enfants dans la description que donnent d'eux les autres. Elle trouve Nathan par exemple différent à la maison et résumera ainsi ses problèmes dans une question de simple différence de point de vue ou de différence de comportement de l'enfant en fonction des lieux et des personnes. Elle dira : "*s'il est capable d'être autrement à la maison, c'est qu'il n'a rien de ce qu'ils disent*". Elle s'étonnera des observations faites autour de Marjorie comme étant une petite fille "*gentille et enjouée*" ; "*elle, c'est la crasse dans le dos. Elle se défile et veut toujours avoir le dernier mot*".

Marie ne semble pas percevoir ses enfants, ni avoir fait la conquête de l'enfant réel de chacun d'entre eux : elle décrira Kamel "*brun comme son père*" alors qu'il est clair de peau et a les cheveux châtains. Elle n'a pu lui trouver de prénom que quand "*il est venu au monde* ". "*Pour Marjorie*", dira-t-elle, "*je pensais que c'était un garçon, elle a failli s'appeler Miloud.*"

Par ailleurs, elle semble peu capable d'empathie. Elle offre par exemple un épouvantail à Kamel en guise de cadeau pour son premier anniversaire !

Marjorie évoque souvent des maux de tête suivis de vomissements et de malaises. Elle dit trouver des fois au réveil "*plein de sang*" sur son oreiller qui nécessite l'application de petits bandages par sa mère. Ses frères et sa mère sont sujets à ces mêmes manifestations et malaises. Elle a vu sa mère et ses frères tomber tout d'un coup et ne plus pouvoir marcher. Ceci m'a fait penser au syndrome de Lasthénie de Ferjol.

Rappelons que "*Lasthénie de Ferjol est l'héroïne de 'l'Histoire sans nom' de Barbey d'Aurevilly (1846) qui, le premier, a décrit cette maladie que les médecins retrouvent un siècle plus tard. Il s'agit d'une anémie ferriprive due à des saignements provoqués (ou des prises d'AVK -médicaments antivitamine K- associés à des scarifications) par la patiente elle-même. Le diagnostic est évoqué devant la normalité des examens et la résistance au traitement martial.*" [3]

Le syndrome de Münchhausen par procuration

Petit à petit l'idée qui germait dans mon esprit que Marie serait atteinte du "*syndrome de Münchhausen par procuration*" a pris forme. J'ai été aidée pour cela par plusieurs éléments provenant non seulement des entretiens effectués, mais aussi de quelques événements décrits dans le dossier et de quelques observations citées dans les anciens rapports rédigés par les travailleurs sociaux. Mais je ne néglige pas non plus l'importance des points qu'il m'a été donné d'élaborer en équipe.

Ces événements décrits et ces observations ont suscité en moi un étonnement : comment se fait-il que cette situation ait échappé à un signalement ? En effet, il a fallu attendre l'incendie provoquée par le fils aîné de Marie dans son ancienne école maternelle.

J'ai décidé, après concertation en équipe, d'adresser un rapport au juge pour lui faire part de mes observations. La survenue d'une deuxième mort d'enfant chez Marie a été d'une stimulation brûlante. Rose est décédée à trois semaines d'une mort subite du nourrisson, à peu près à l'âge où Killian, le deuxième enfant de Marie était décédé lui aussi dans des circonstances peu claires.

Avant d'envoyer mon rapport au juge, j'organise une rencontre avec Marie afin de lui parler de la nécessité de ce rapport et de

3. http://www.psy-desir.com/site/article.php?id_article=0927

lui indiquer les points que je trouvais très inquiétants. Je lui avais fait part de quelque chose que je pensais profondément : que cela faisait très longtemps qu'elle exprimait (à travers ses comportements) sa difficulté à être bonne mère et même à être mère tout court et que nous n'arrêtions pas de lui demander de le devenir comme si nous étions sourds, comme si nous avions les oreilles coupées.

Marie, comme soulagée d'être reconnue dans cette difficulté, me regarde et contrairement à mes craintes, et à ma grande surprise, je vois ce jour-là son visage sortir de son imperméabilité affective et émotionnelle. Elle pleure pour la première fois en me disant : "*... c'est quoi alors ce qui est conscient ?* (Marie fait allusion à une phrase que je lui avais formulée de la même façon que je l'avais écrite au juge, postulant que dans ses agirs maltraitants, il y aurait une part qui lui échappe et une part consciente...) "*Mais jusqu'où je suis consciente alors ? J'aimerais bien travailler là-dessus...* "

Une légitimation de sa difficulté à être (bonne) mère en naîtra.

Je lui fais part de mon accord pour un tel accompagnement et je lui précise que le travail que nous ferons n'est pas à prendre au même titre que l'obligation qu'elle a face à une certaine forme de collaboration avec le service et avec l'éducateur, mais que par ailleurs, je travaille aussi en équipe et que je pourrais être amenée à communiquer à celle-ci les grandes lignes de mon parcours avec elle, non sans l'en informer.

Les éléments qu'il m'a été donné d'élaborer en équipe, même s'il m'est souvent arrivé de me retrouver seule face à la défense d'une observation, sont les suivants : présence d'éléments de personnalité et de pensée perverse, son goût pour le savoir médical et son intérêt pour toutes les techniques de soins (savoir faire les piqûres... consultation dans les bibliothèques des dictionnaires médicaux...), sa fréquentation "*nomadique*" des médecins et des structures hospitalières, l'induction de certaines maladies et malaises chez ses enfants (comme "*Lasthénie de Ferjol*" même si ce syndrome reste hypothétique), la survenue de deux morts d'enfants dans sa famille, les stratégies perverses qu'elle déploie avec une grande finesse et les inductions psychiques sous forme de disqualifications, clivages et dénis, d'interdiction de la pensée, caractérisant parfois notre pensée d'équipe et enfin ses éléments "*biographiques*" qu'elle manie et remanie en fonction des circonstances.

Il s'agit dans le cas de Marie d'un syndrome de Münchhausen (par procuration), présent chez elle, en réalité, sous ses deux formes : en tant que syndrome concernant "*les adultes qui inventent de fausses anamnèses et fabriquent des symptômes physiques qui donnent lieu à des investigations médicales à répétition*", comme il a été décrit pour la première fois par R. Ascher (1951), mais aussi sous la forme présentée par Meadow (1982) et appelée : syndrome de Münchhausen par procuration décrivant "*une forme de maltraitance de l'enfant où les médecins se retrouvent maltraitants par délégation*" (ces deux définitions sont citées par Hélène Suaz-Labat [Suaz-Labat, 2001], p. 124).

Je ne présenterai ici que la partie du rapport rédigée par moi-même et qui a été adressé au juge en même temps que le rapport d'évolution de l'éducatrice.

Précisons qu'en ce qui me concerne, ce rapport est une exception dans ma pratique au service. Le psychologue amené à intervenir en assistance éducative (quand il s'agit d'une AEMO, contrairement à l' IOE), n'envoie pas de rapport. Il fait part seulement à l'équipe des grandes lignes de son travail avec les enfants, les parents ou la famille.

Ayant jugé qu'il était nécessaire dans la situation de Marie et de ses enfants de mettre des mots sur ce qui restait jusque là non nommé et d'essayer de penser et d'aider à penser ce qui serait resté impensable pendant des années, j'ai décidé en tant que psychologue de décrire les formes de maltraitance de Marie à l'égard de ses enfants, mais aussi sa propre difficulté à être mère. Je pensais que cela aiderait Marie et ses enfants même s'il fallait en passer, comme je l'ai proposé au juge, par le placement de tous les enfants.

Voici mon rapport :

"Depuis des années, Mme M. utilise une "technique efficace" et socialement bien vue : les soins médicaux, quelquefois psychologiques et mêmes chirurgicaux. Elle nous a toujours montré combien elle est soucieuse de la santé de ses enfants !

En effet, des soins et des interventions extrêmement importants et particulièrement impressionnants sont prodigués aux enfants depuis leur naissance. Ces derniers sont ainsi conduits de consultation en consultation, pour y être soignés, ou plutôt réparés morceaux par morceaux (les oreilles, les yeux, les dents, l'estomac, mais aussi les cellules et leur métabolisme). Jamais leurs organismes n'ont failli à "avouer" ce que Mme M. avait préparé comme diagnostic, ce dernier étant confirmé par le médecin qui constate effectivement les manifestations nécessaires.

Autodidacte exceptionnelle et absolument étonnante dans le domaine médical, utilisant toutes les branches de la médecine, Mme M. est devenue une familière du milieu médical et de ses professionnels, qui, de leur côté, n'ayant que des bouts de l'histoire de Mme M. (qui change souvent de médecin...) n'ont pas pu avoir l'occasion d'émettre cette hypothèse. Quant à nous, qui connaissons Mme M. depuis quelques années maintenant, nous ne pouvons continuer à juger inquiétants ses comportements auprès de ses enfants sans les désigner par le nom que certains spécialistes attribuent à ces manifestations psychologiques et comportementales ; et ceci non pas pour le plaisir d'utiliser un terme technique mais pour nommer la gravité de cette "maladie", aussi bien pour la personne concernée que pour son entourage. Il s'agit du syndrome de Münchhausen par procuration, défini par les spécialistes comme une "maladie de l'enfant provoquée, inventée, aggravée ou simulée par un parent, le plus souvent la mère et dont les déclarations et les comportements conduisent son enfant à des hospitalisations répétées, à des prises inconsidérées de médicaments nocifs, parfois à des actes de chirurgie mutilatrice et dans certains cas à la mort". En effet, la vie de Mme M. ou plutôt celle de sa progéniture est pleine de ce genre de situations.

Toute particulière que soit l'expression de sa souffrance psychique, Mme M. n'en demeure pas moins une femme dont le fonctionnement mental l'a amenée et l'amène encore à avoir besoin du rôle de mère qui ne vit la maternité qu'en la déléguant et les soins maternels qu'en les détournant et les déviant.

Il est donc moins question de la condamner que de l'inviter à aborder ses propres problèmes loin des enfants et de permettre aux enfants d'être protégés de tout ce qui la traverse depuis des années sans qu'elle ait eu l'occasion de le transformer psychiquement.

Et pourtant, si Mme M. est sourde à sa propre douleur et rend les enfants sourds à la leur (étant coupés de toute authenticité de leur vécu interne) nous ne pouvons, nous, rester sourds à tout cela.

A chaque fois que nous avons essayé de l'entendre, nous sentions nos oreilles obstruées parce que nous avions évité de prendre au pied de la lettre le cortège de maladies.

Aurait-elle espéré qu'on l'entende un jour, tout en souhaitant qu'on n'y arrive pas ? Que l'on parle des retentissements de tout ceci sur le versant somatique ou que l'on s'intéresse davantage aux problèmes psychologiques des enfants, le danger est là criant fort. Une fois sa responsabilité établie et sa "culpabilité" légitimée, serait-elle rassurée ? Ses enfants, ses symptômes, qui sont mis au premier plan dans le but de masquer les difficultés sous-jacentes de la relation mère-enfants sont bien là pour pointer une situation grave. D'autant que le but de son comporte-

ment reste probablement inconscient (et donc lui échappe), même si elle continue à chercher invariablement à se retrouver dans un rôle d'instigatrice à la fois de la douleur et de ses "remèdes" douloureux à leur tour d'une manière obstinée et répétitive, ce qui n'empêche pas la coexistence d'un côté volontaire, conscient, opéré en vue d'obtenir une satisfaction précise.

Nous pensons que le placement des quatre enfants M. aujourd'hui s'impose et qu'il n'y a plus de travail possible sans cette séparation à la fois protectrice et qui aura peut-être des visées thérapeutiques. L'amélioration de l'état de Kamel après le placement est un bon indice.

Mme M. aurait pu choisir son propre corps et en faire l'objet d'attention et de soins médicaux, quitte à se mettre en danger, mais ce sont les corps de ses enfants qui sont mis en avant scène et non directement le sien.

Mme M. a besoin d'être accompagnée de façon régulière, et ceci ne sera possible que si le miroir ne lui montre que son propre corps et ses propres angoisses une fois que les corps de ses enfants seront "entre les mains" d'autres personnes qui s'en occuperaient d'une manière enveloppante et contenante.

D'autre part, si les motivations de cette recherche du statut de malades pour ses enfants lui demeurent incompréhensibles, il n'en demeure pas moins que nous pensons que cette forme de comportement est une maltraitance suprême, d'autant plus qu'elle comporte un côté conscient et volontaire en vue d'obtenir une satisfaction précise (satisfaction qui serait à 'réfléchir').

Nous rappelons au Magistrat que dans ce court rapport, nous n'avons abordé que la partie concernant cet aspect de la personnalité de Mme M. ainsi que cette forme de maltraitance qu'elle inflige à ses enfants. Les autres aspects ont été mentionnés dans les écrits précédents."

Analyse et commentaires

Cette première étape a fait apparaître une tendance à l'indifférenciation pathologique.

"*La tendance à l'indifférenciation*, écrivent Jean-Pierre Caillot et Gérard Decherf [Caillot et Decherf, 1989], *donne naissance à une relation 'd'objet-famille' narcissique ayant pour effet une indifférenciation individu-famille pour chacun des membres. Quand cette tendance domine de façon pathologique*, rajoutent-ils, *il n'y a d'espace psychique propre, ni pour le couple parental, ni pour la fratrie, ni pour l'individu ; tout est au profit de la famille vécue comme une fratrie*".

Il s'agit en effet, dans le cas de Marie, d'une problématique d'espaces psychiques indifférenciés doublée par une problématique d'espaces corporels indifférenciés. Ceci évoque pour nous l'observation faite par Simone Decobert [Decobert, 1998] citant les propos exprimés par une mère en consultation familiale à sa thérapeute "*Notre famille est une pieuvre dont nous sommes tous les bras, avec nos bouches comme ventouses*". Et Simone Decobert de commenter : "*Il ne s'agit pas dans cet exemple d'absence d'individuation psychique seulement mais aussi d'une absence d'individuation corporelle*" (p.19).

Cette absence d'individuation corporelle peut créer "*un individu-famille*" au sens de J.P. Caillot "*où les corps et les psychés s'entremêlent*" [Caillot et Decherf, 1989].

Marie parle pour tous. Elle ne fait usage que du prénom indéfini : "*on*" ; ni le je, ni même le nous n'apparaissent. Des sauts d'elle à ses enfants, d'un enfant à l'autre, de sa famille nucléaire à sa famille élargie sont à l'œuvre sans frontières.

Un climat de corps commun dans lequel Marie tient la place centrale se dégage dès la première rencontre. Une pathologie qu'elle relate d'emblée semble les unir et est bizarrement décrite comme si elle appartenait à un corps unique : il s'agit de la baisse d'audition. Sa fille Marjorie, (âgée de 7 ans à l'époque), me dira : "*j'ai des appareils dans les oreilles parce que ma mère n'entend pas bien*". J'apprendrai par ailleurs, que Kamel, à l'âge de 4 ans a mis le feu dans l'oreille de son nounours, provoquant ainsi un incendie dans l'appartement.

Je verrai Marie, lors de la deuxième étape de mon travail avec elle, prendre le soin de me détailler la pathologie familiale commune localisée dans les oreilles : "*Les diabolos en fait, on en a tous*", et de préciser : "*On les appelle diabolos, en termes plus simples, sinon c'est des aérateurs. Ils permettent au liquide pourri derrière les oreilles, de couler à l'extérieur au lieu de rester dedans. Après, il faut qu'ils pompent avec un aspirateur, ça fait très mal. Ce liquide pourri derrière les oreilles, c'est de la mastoïdite. Ils enlèvent l'oreille, et ils vont tout aspirer ce qu'il y a dedans, ils grattent les os, la mastoïde, c'est un petit trou, ils remettent l'oreille, ils recousent, ça permet au gamin d'entendre, c'est plus complexe que la pose de diabolo qui se fait sans ouvrir, ça fait une boule derrière l'oreille*".

Les identifications projectives sont massives chez elle. Elles appartiennent au registre pathologique.

Hinshlwood développe un ensemble de caractéristiques qui nous font considérer une identification projective comme "*pathologique*", à savoir "*le degré d'agression et de violence que l'intrusion véhicule dans le fantasme de la mère, ainsi que le degré de clivage ; la qualité du contrôle omnipotent et de la fusion avec l'objet qui en résulte ; la quantité de "moi " que la mère perd dans la projection ; le but spécifique d'empêcher la communication et la prise de conscience, en contraste avec l'identification projective normale au service de l'empathie.*" (cité par Manzano [Manzano et al., 1999], p. 21-22). Nous verrons que les projections opérées par Marie ne manquent pas d'éléments de la sorte, notamment pour ce qui est du contrôle omnipotent et de la fusion avec l'objet.

C'est Kamel qui semble l'enfant identifié massivement à l'objet perdu de la première enfance de la mère. Un phénomène de communication, sous une forme que nous pourrions appeler selon la terminologie comportementaliste 'écholalie comportementale', est en œuvre entre les deux.

Parfois, les comparaisons entre elle et lui s'établissent à un niveau conscient, dans son discours comme quand elle dit : "*Kamel est greffé d'osselet... moi aussi j'ai un problème d'oreille... Il a un problème... d'obésité... moi aussi, j'étais boulimique, j'étais très forte déjà petite*" ou encore "*Nous sommes tous les deux diabétiques, Kamel et moi. Nous avons des excès de diabète en même temps*". Parfois en l'associant à ses propres sentiments comme dans la phrase suivante : "*On a supporté le décès de Killian tous les deux, Kamel et moi*".

A d'autres moments, ces comparaisons s'inscrivent dans un registre inconscient qui apparaît dans ses projections.

Le jour où Kamel a cessé d'être le miroir à travers lequel elle se regarde, Marie se dit perdue : "*Il ne fait pas, il ne fait plus pareil que moi, je suis perdue*". Il y avait en effet une relation qualifiée de mimétisme par le premier enquêteur social. Kamel avait 3 ans et demi, quand sa mère, enceinte de Marjorie, le conduit au service de la PMI (Protection Maternelle et Infantile) pour un bilan "*parce qu'il a pris du poids, dira-t-elle*". Il réagit en effet à chaque grossesse de sa mère par une prise de poids, relation de mimétisme qui concerne aussi les gestes et les expressions aussi bien verbales qu'infra-verbales.

Par ailleurs, grâce à une sorte d'échange entre sa mère et lui (par contagion psychique...), Kamel exprime des inquiétudes en lien avec des problématiques maternelles autour de la mort et de la séparation : à l'occasion de l'hospitalisation de Nathan qui venait de naître, Kamel fait des crises violentes spectaculaires en criant son refus de voir son frère se faire hospitaliser "*parce que les médecins font mourir les bébés*". C'est au cours de cette hospitalisation que Kamel a mis le feu dans l'appartement.

Parlant de Marjorie, un jour où il y a confrontation entre mère et fille à cause d'une signature que celle-ci a apposée à la place de sa mère pour que l'école autorise son frère à sortir plus tôt, Marie déclare avoir eu l'impression, au moment où elle a vu sa fille rentrer de l'école accompagnée d'une copine, "*de voir l'autre gamine en double*". En quelque sorte, Marie ne reconnaît plus sa fille puisqu'il s'agit d'une "*autre gamine en double*", mais elle voit aussi sa fille comme son double en face d'elle donc comme une autre elle-même, et ceci n'est pas envisageable pour elle : "*[...] on a fait un mot, on a signé à la place de la maman, une fois elle a signé un mot d'excuses... ça me perturbe tout ça, tout ce que je lui demande c'est d'être elle, c'est tout*".

Marie me dira un jour de sa fille : "*elle est dans une grande recherche d'intérêt et dans un évitement de parole sur le sexe*" (Marjorie avait 7 ans). Elle ira même jusqu'à l'envoyer chez un sexologue pour qu'il l'aide à sortir de ces blocages. Elle parlera aussi de sa fille bébé en ces termes : "*Elle avait besoin de quelque chose qui existe dans la composition chimique du lait en poudre et qu'on ne pouvait pas mettre dans le lait maternel*" (Marjorie avait quelques mois).

Ces identifications projectives pathologiques concernent aussi, de manière moins condensée, les autres enfants. Marie dira en parlant de Nathan : "*Nathan n'aime pas aller chez ma mère à cause de sa voix... ça doit le brusquer à l'intérieur*" ; elle enchaîne : "*ça m'est très désagréable, une voix qui porte, ça énerve.*"

Marie et sa famille se présentent en une seule pièce ou comme des moitiés qui ne peuvent se sentir entières qu'en utilisant les autres moitiés. Marjorie dira un jour, évoquant sa biculturalité et celle de sa fratrie : "*Dans la famille, on est tous des moitiés.*"

Tentant de dessiner une famille, Marjorie se perd dans le dessin d'une grande bouche occupant une bonne partie de l'espace pictural et de commenter : "*Je ne peux pas dessiner une famille, j'ai raté la bouche*". Elle nous apprendra ensuite qu'il s'agit de la bouche de sa mère, symbole d'une mère-bouche dévorante.

La pathologie familiale commune semble appartenir à un procédé de sauvegarde de la "*clôture narcissique*" (Racamier) pour éviter toute excitation externe et interne. En effet la relation de Marie à ses enfants semble viser à "*évincer ou tout au moins à neutraliser les excitations émanant du dedans et les stimulations émanant du dehors, tant elles risqueraient de venir troubler (à la façon dont se trouble une eau pure) la sérénité narcissique idéale.*" [Racamier, 1992]. Il s'agit d'une question de vie ou de mort pour elle. Ses enfants ont une fonction vitale. Elle s'exprimera un jour ainsi : "*On ne peut exister que quand on a des enfants*" ou encore comme suit : "*Je suis toujours intéressée d'être enceinte,... ça me travaille d'avoir un bébé.*"

Comment pourrions-nous comprendre cette problématique d'indifférenciation massive chez Marie ?

Voici une proposition de réponse qui va parfaitement dans le sens qui se laisse entrevoir à travers cette situation : je la prends à nouveau chez Racamier qui décrit ainsi une relation qu'il appelle de séduction narcissique :

"*Commençons encore par la mère. [...] Son attente narcissique propre est grandiose et reste toujours béante. Lui parviennent quelques morceaux d'œdipe, mais pas coordonnés ou plaqués : l'image paternelle sera lointaine, dérangeante et souvent escamotée. Dans la relation avec le bébé, l'insatiable exigence narcissique donne à la séduction narcissique une puissance extrême [...] ; il deviendra le fournisseur attitré du narcissisme de sa mère [...]. Ce sera l'antœdipe extrême. Ici va régner le fantasme-non-fantasme d'auto-engendrement absolu... Ici va régner le déni des origines ; la pensée des origines ne pourra pas naître.*" (1992, p. 187-188). L'enfant sera ainsi, "*l'objet-fétiche*" de la mère [Kestemberg, 1978], le "*figurant prédestiné*" [Racamier, 1992], il assurera une fonction de garantie narcissique (psychiquement voire physiquement) vitale pour elle.

Marie se trouve ainsi dans une constellation antœdipienne (furieuse ou extrême dans la première étape, peut-être quelque peu tempérée dans la deuxième, pour utiliser les deux figures de l'Antœdipe). Rappelons que l'antœdipe est pour Racamier "*un préalable obligé de l'œdipe et en même temps son contrepoint*" (p. 121). "*Il organise*, précise-t-il, *au sein de notre âme le sens des origines*" [Racamier, 1993] (p. 121).

6.1.2 Deuxième étape : étape intermédiaire. Réduction des agirs ou Marie à la recherche d'une scène primitive

Cette étape correspond à la période qui couvre les deux dernières AEMO de deux ans chacune.

Remarquons aussi que j'ai appris à cette étape que mon observation n'a pas été appuyée par l'expert-psychiatre désigné par le juge des enfants, suite à mon rapport. Le rapport d'expertise (décembre 2001) auquel j'ai eu accès sur autorisation du juge des enfants et de Marie, cite quelques éléments qui sont en faveur d'un SMPP (syndrome de Münchhausen par procuration), comme :
- l'intérêt toujours présent de Mme M. pour tout ce qui est médical,
- une enfance difficile avec une mère autoritaire et des relations mère-fille faite de domination et de soumission, avec rejet de sa propre mère au cours de son enfance,
- et surtout, un premier enfant qui a nécessité des soins O.R.L et psychologiques dès l'âge de 9 ans, commettant des actes graves de vandalisme.

En revanche, le rapport insiste sur le fait que Mme M. ne semble pas concernée par ce syndrome très rare qui se trouve aujourd'hui à la mode. Et pour étayer son point de vue, l'experte cite le fait que Mme M., lors de l'hospitalisation de l'un de ses enfants, n'est plus revenue voir son bébé malade alors que les mères atteintes de ce syndrome restent au chevet du malade (!).

"*La petite maison*" : le début d'une rencontre

Cet entretien vient après celui du mois de septembre où j'ai signalé à Marie mon rapport au juge et qui a constitué un premier tournant dans la qualité de sa participation et apporté une implication nouvelle de sa part.

Une joie enfantine sur le visage de Marie s'affiche quand je l'accompagne de la salle d'attente à la salle d'entretien. C'est un endroit riche en jouets et joliment aménagé où nous avons dans le service l'habitude de recevoir surtout les enfants. Elle va s'asseoir et d'un air joyeux, dit : "*Marjorie est déjà venue ici*". En effet Marie a déjà accompagné sa fille pour un entretien avec moi dans 'la petite maison'.

Elle accepte, sur ma sollicitation, d'évoquer le passé : "*Parlez-moi de vous, mais pas de vous maintenant seulement, de vous avant, de vous il y a longtemps, quand vous étiez enfant par exemple.*" "*C'était une enfance à la campagne où mes parents ont toujours une maison*, dit-elle, *Il y a aussi mon frère et mes sœurs, mes oncles et mes tantes... Toute petite, même bébé, je me souviens de la première maison que mes parents habitaient... Les grandes pièces, immenses... Le salon, la salle à manger, séparés par un rideau...* ".

C'est la première fois que j'entends Marie parler ainsi avec une certaine fluidité et un ton varié même si elle n'hésite pas à reprendre, tout de suite après, sa manière de parler teintée de confusion et de paradoxalité.

Après avoir évoqué des souvenirs de sa puberté, de son adolescence, elle revient aux enfants pour décrire des événements factuels. Je lui demande de me parler de ses enfants, en précisant : "*Parlez-moi d'eux depuis qu'ils étaient tout petits et même avant, depuis qu'ils étaient à l'état de projet dans votre tête*".

Le premier souvenir qui lui revient, c'est qu'elle était surprise lors de la première grossesse parce qu'elle se croyait stérile : "*Au moment de l'écho, ils m'ont dit que j'étais enceinte de 5 mois, il n'y avait pourtant pas de grossesse, même avec la prise de sang, elle était négative... en fait je ne devrais pas avoir d'enfants, je n'avais plus d'ovaire ni de trompe... l'ovaire gauche était pourri... On m'a dit : 'vous n'aurez jamais d'enfants', j'ai pensé à une grossesse nerveuse...*"

Plusieurs mois plus tard, elle reprendra cette question de stérilité : "*Kamel est né en 88 ; pourtant en 86, j'ai eu l'avis de trois médecins qui disent : 'pas d'enfants'*" et elle associe cela à "*une crise néphrétique*" qu'elle réctifie ainsi "*c'était plutôt une forte crise d'appendicite, tournée en péritonite*" qui a nécessité une opération urgente "*On m'a fait l'échographie et une prise de sang. J'avais le sang qui avait des plaquettes purulentes, pleines de pus, ils m'ont passé une cœlioscopie, espèce de mini caméra dans le nombril, l'appareil était passé derrière l'ovaire et la trompe et avait tout pourri. Ils ont opéré tout de suite, ils ont enlevé l'ovaire et la trompe, et ont sectionné l'ovaire côté droit*".

Dans le même entretien, à quelques minutes d'intervalle, elle revient à sa première grossesse. La même annonce de stérilité est présente mais de manière différente : "*... Je fréquentais le père de Kamel, il voulait un bébé, je suis allée voir un gynéco... Il m'a dit : 'l'ovaire gauche ne fonctionne pas', l'autre ovaire ne fonctionnait pas depuis l'opération. Ça a duré 5 ans, j'ai passé des tas d'examens, c'était : 'vous êtes stérile'. On a attendu deux ans. Deux ans après, je suis allée passer un examen... Je devais avoir la tête d'une femme enceinte, le médecin l'a compris, il l'a tout de suite vu. Au lieu de la radio, il m'a fait une écho, j'étais* *enceinte de 4 mois. Je suis retournée voir la gynéco, qui m'avait dit que je n'aurais jamais d'enfants... elle ne me croyait pas, elle disait : non, c'est une grossesse nerveuse [...]*". Marie continue ensuite avec un air défiant : "*J'ai eu Kamel, j'ai eu Killian*", mais elle ne citera pas les autres.

Et sans tenir compte du récit précédent, elle donne encore un autre scénario du même événement. Pourtant, c'est toujours de la même grossesse qu'elle parle, de sa première grossesse, de celle qui a donné naissance à Kamel.

Constatant qu'elle me raconte la grossesse de manière abstraite, comme s'il n'y avait qu'une grossesse toujours la même, une sorte d'état physiologique répétitif sans aucune particularité de vécu ni même de déroulement événémentiel, je l'invite à les différencier et à me parler des grossesses une par une. Elle acquiesce et après avoir pris le soin de rajouter quelques détails concernant le bébé : "*Kamel n'a bougé qu'à 6 mois, je pensais qu'il était mort...* ", "*j'ai pas eu de vomissements, pas de fatigue quand j'étais enceinte de lui* ", "*Il a mis 3 jours pour accoucher (sic). (Il est né avec 3 kg 580, et mesurait 54 cm)*". Elle reparle ensuite de la prise de conscience tardive de cette grossesse : "*Comme je ne suis jamais malade pendant la grossesse, j'ai attendu longtemps, je ne savais pas que j'étais enceinte*".

Il n'est pas question de crise néphrétique ni de péritonite. Il est question de vertèbres cervicales cette fois-ci : "*je me suis retrouvée à l'hôpital pour une radio des vertèbres cervicales... Je suis restée presque 3 semaines en traumato... Ils m'ont mis la minerve, j'ai eu la 6ème et la 8ème vertèbre cassées* ". Elle ajoute : "*je ne comprenais pas, enceinte de quoi avec qui, je ne vivais plus avec.*"

Évoquant les accouchements avec des généralités, je l'invite à me préciser de quel accouchement elle parle tout en lui indiquant qu'elle n'est pas obligée de suivre un ordre particulier, qu'elle pouvait prendre celui qui se présente à son esprit mais en essayant de préciser à chaque fois que c'est possible, de quel enfant elle parle. Elle dit se rappeler d'avoir fait une péridurale, une seule, c'était pendant l'accouchement qui a donné naissance à Kamel. Suivent quelques souvenirs (en tout cas qu'elle présente en tant que tels) autour de cette naissance : "*j'avais perdu les eaux, c'était un accouchement à sec, il n'y avait plus de liquide amniotique... Le liquide est sorti entre le mercredi et le jeudi... comme c'était le premier... je ne savais pas trop... on m'avait dit : 'vous allez avoir mal dans le ventre', moi, j'avais mal aux reins, j'avais mal surtout dans le dos.*"

Marie continue encore, dans un autre entretien, à puiser dans sa fertilité imaginative au sujet de sa grossesse, faute de pouvoir se sentir fertile physiologiquement. Elle évoque la question de manque d'enfants ! Que signifient donc ces multiples grossesses dans sa vie ? Ne jamais être en manque d'enfants ou prouver sans cesse sa capacité à enfanter ?

Elle relate encore un scénario : elle avait 18 ans, elle a subi une coelioscopie, elle avait un problème de diabète et a eu une hospitalisation d'urgence.

Elle exprime son étonnement d'avoir pu tomber enceinte malgré les prédictions médicales négatives à travers une parole (imaginée ?) d'un médecin : "*vous êtes enceinte, c'est pas possible !*". Et elle explique que le médecin a fait son diagnostic à la vue de la tête qu'elle avait. Elle s'étonne alors cette fois-ci non pas à cause du défi médical qu'aurait fait son corps, mais à cause du défaut d'une origine sexuelle à celle-ci : "*mais enceinte avec quoi alors ? avec qui ? je comprenais pas...*"

Un effet inattendu arrive : l'histoire des maladies des enfants qui était présentée à chaque fois comme une histoire concernant un corps malade de ses différents membres, devient une histoire organisée autour des maladies spécifiques de chacun. C'est en partant de la question de l'allaitement de ses enfants et après avoir dit : "*Ils ont tous été toujours allaités, pour très longtemps*" que

Marie se rappelle que "*vu les problématiques spécifiques d'insuffisance pancréatique de l'un, de rota virus pour l'autre, l'allaitement n'a pas duré de la même manière*". Marie m'étonne même un jour où elle dit se souvenir d'avoir des rendez-vous pour des soins concernant ses enfants, mais elle ne sait plus qui va chez quel médecin et pour quelle maladie : "*Je ne sais plus si c'est pour Marjorie ou pour... Si c'est un rendez-vous pour un bilan orthoptique, ou peut-être pour un bilan... Il y a aussi le rendez-vous avec la psychologue, mais alors pour Marjorie ou pour Nathan... Ah oui, Marjorie de toute façon, a un rendez-vous orthoptique, c'est pour les yeux, elle n'a pas vu qu'elle a des problèmes de convergence, elle inverse les phrases, elle met le dessus à la place du dessous*".

Voici comment Marie décrit les maladies de ses enfants au cours d'un seul entretien. Je les présenterai sans faire les va-et-vient de l'un à l'autre auxquels elle se laisse aller pendant l'entretien, mais en regroupant tout ce qui concerne chaque enfant en un paragraphe spécifique.

Kamel : "*A eu des régurgitations à 15 jours ; bronchite sur bronchite, rhino-pharyngite, sinusite, les premiers mois de sa vie ; surcharge pondérale et problème de vue, à partir de l'âge de 3 ans. À la même époque, un problème au niveau des oreilles, ça coulait, ça suppurait puis ça s'infectait. Vu sa surcharge pondérale, on a contrôlé le diabète dans les urines. Il lui a fallu un régime sans sucre, un régime assez serré pendant 6 ans. Pour cela, on utilisait le dextro, un petit appareil avec une baguette, on prend une petite goutte de sang et on met dessus ; ça donne le taux de sucre, il faut attendre 30 secondes, ça nous permet d'éviter une prise de sang. Maintenant, il y a des appareils plus sophistiqués. À 4 ans, on a fait un travail sur le comportement, les morsures et tout ça, après c'était l'orthophonie, il y avait un moment où il avait un problème avec la règle de 3, et plus grand c'était le psychologue pour calmer ses pulsions et contrôler les impulsions qu'il avait*". Elle cite ensuite l'accident provoqué par lui alors qu'il était en petite section de maternelle : "*un jour il a mis le feu dans l'oreille d'un nounours et l'a jeté sur la penderie où il y avait des habits et des cartons* ". Elle continue : "*L'an dernier, c'était l'otospongiose : ce sont l'enclume et le marteau qui restaient soudés, mais il y a une usure du cartilage entre l'enclume et le marteau. Normalement, il doit y avoir un mouvement comme deux 'boulets' mais lui il ne l'a pas à cause de l'usure. Nous, on entendait, Kamel n'entendait pas ce que nous on entendait, ça lui faisait un brouhaha très gênant, il avait une perte d'équilibre.*"

Killian : "*Hospitalisé une quinzaine de jours après la naissance, il était coloré jaune à l'accouchement déjà, ils ont fait l'analyse du placenta tout de suite après l'accouchement, ils ont prélevé un morceau de peau dans les narines, enfin une sécrétion nasale appelée nique. Il avait 14 jours quand je suis sortie de la maternité, je suis rentrée avec, je l'ai gardé un jour seulement et c'est fini, il a eu la méningite. On avait l'impression qu'il avait toujours froid.*". Et tout d'un coup, elle évoque un point concernant la grossesse qui a donné naissance à Killian : "*Il y avait l'infection urinaire aussi pendant la grossesse, j'étais hospitalisée pendant 15 jours quand j'étais enceinte de 6 mois. J'urinais pas assez, je buvais beaucoup, ça partait pas.*"

Marjorie : (Marie a toujours dit que Marjorie est la seule dans la famille qui n'a pas de problème de santé). La voici donc parler d'elle : "*Elle est allaitée jusqu'à l'âge de 9 mois. Pendant la grossesse et l'allaitement, j'ai eu une rétention d'eau dans la cheville, j'étais toute gonflée... Autrement en temps normal, je mange pas de sel... Je manque de sel dans le sang, il faudrait que j'en mange, quand ça arrive trop bas, on prend les petits comprimés de chlorure de sodium pendant un mois, ça remonte. Elle avait des régurgitations par jet des trois quarts des repas, il lui fallait à chaque fois rajouter un épaississant : du Gumlik et la Génopectose au bout de deux mois ou peut-être un mois d'allaite-*

ment... Elle a une petite myopie, ça c'est de chez nous, ma maman, ma grande sœur, moi, ma petite sœur et Kamel, elle a eu aussi une luxure de hanche à 18 mois, son appendicite en CP, une paracentèse à 6 ans. Au CP aussi, on a enlevé les amygdales, on a laissé les végétations. Elle a eu aussi des aérateurs, à cause d'une perte d'audition et des petits diabolos qui se forment dans l'oreille. Là, elle a passé le contrôle, nickel, les aérateurs s'en vont tout seuls, on les met pour un an ou deux, les aérateurs, ce sont des petits machins en bleu ou en blanc qui s'en vont tout seuls, des fois on les retrouve, on regarde, on fait le contrôle, si tout va bien on n'en repose pas."

Nathan : *"A été hospitalisé une quinzaine de jours après la naissance. Il a été allaité tout le temps, pendant 9-10 mois, il y avait des graisses dans le lait, il supportait pas, Il m'a fait une bonne bronchite à 14 jours, il est resté un mois à l'hôpital, puis il m'en a fait des bronchites à répétition. Une fois, il m'a fait une bronchiolite. Il a une déficience pancréatique, mais il a été hospitalisé surtout à cause de son appareil pulmonaire, il est astigmate, pas myope. Il a été hospitalisé pour déficit du pancréas au niveau des graisses, il ne prenait pas de poids, pendant les 3 premiers mois, il a été très souvent à l'hôpital... Il a eu aussi une opération du phimosis l'année dernière. Son zizi n'était pas à zéro, on n'arrivait pas à le décalotter complètement, on a tout enlevé... Un phimosis, c'est une petite nervure sur le sexe, on doit décalotter le gland, le bout... l'année dernière, il a eu une paracentèse aussi, c'est tout. Les problèmes c'est surtout la première année, puis avec l'âge ils s'immunisent. Il a eu aussi des allergies aux acariens et tout ça. Maintenant, il a des croûtes dans le nez, on donne de la polaramine, c'est un antihistaminique et des 'anoflex', petits clips dans le nez, comme les croûtes bouchent le nez, on est obligé de les tirer. En fait, deux semaines avant, on a un ou deux saignements dans le nez, après il y a des croûtes* *qui se forment, on fait les anoflex (pendant huit jours seulement) et polaramine pendant trois semaines.".*

Marco : *"A été hospitalisé une quinzaine de jours après la naissance. Il a été allaité tout le temps, 9-10 mois, il y avait des graisses dans le lait, il avait un rota virus, il n'acceptait plus l'alimentation... Il avait aussi une petite fatigue au niveau des yeux. En ophtalmo, on considère fatigue ce qui fait un petit trouble momentané..., c'est différent de la myopie, ça se remet très vite. Et donc pour éviter la surfatigue, il leur faut des lunettes, pour la télé et tout. Il a été hospitalisé 3 mois et demi pour une déficience pancréatique, on a traité ça avec le médecin. Il lui fallait du lait sans graisse. On a donc été obligé d'interrompre l'allaitement maternel. Il a pris pendant 6 ou 7 mois du lait qui a un drôle de goût. ! Il a aussi les croûtes dans le nez et les diabolos dans les oreilles."*

Après cette étape, Marie me fait part de son désir de venir une fois par semaine plutôt qu'une fois par quinzaine. Elle dit que cela lui fait du bien et l'aide beaucoup.

Cette régularité en effet semble lui aller parfaitement. Marie fait le lien d'une séance à l'autre et entre quelques pensées en séances et d'autres hors séances. Un jour férié, par exemple, qui tombe un jour où nous avons l'habitude de nous voir, elle viendra me dire après : "*j'ai pensé à la séance, je me suis dit : si ce n'était pas férié j'aurais été en séance avec vous.*". M. Berger qualifie la régularité comme : "*La trace de soi laissée dans la psyché de l'autre [...] le respect du rythme des rencontres, quel que soit leur espacement [...] permet le souvenir et l'anticipation*" [Berger, 1999] (p. 15).

Lors de la rencontre qui suit, Marie se présente avec une autre allure : belle et élégante et elle se mettra à introduire de la différenciation dans ses différents récits de grossesse :

"Quand je suis tombée enceinte de Kamel, ça faisait 6 mois que je n'avais pas de règles, on a fait un examen pour les hormones, le médecin a dit 'c'est déréglé', il n'a pas pensé à la grossesse, il m'a donné la pilule, j'ai continué 3 mois avec la pilule, je ne savais pas que j'étais enceinte... Pour Marjorie, j'avais pendant tous les 6 premiers mois les règles, on ne pensait pas du tout à la grossesse, elle n'apparaît même pas avec la prise de sang et le dosage hormonal, les hormones descendent au lieu d'augmenter, ça fait comme si j'étais pas enceinte. Pour la dernière, la prise de sang était négative, pourtant, j'étais enceinte de 3 mois... les premiers mois, j'ai rien ressenti, le médecin dit : 'Tu ressens ?' Je dis : 'Non rien', j'ai pas de changement, à part le sommeil qui arrive, une sorte de coup de barre qui dit qu'il y a quelque chose en plus et le mieux-être à l'intérieur."

Analyse et commentaire

Marie se présente comme une femme qui ne devait pas avoir d'enfants puisqu'elle est censée être stérile. Nous pouvons penser qu'elle est atteinte du syndrome de négation d'organes, appelé aussi syndrome de Cotard : "*Je n'ai ni trompe, ni vagin*". Elle évoque par ailleurs "*un bébé qui n'a pas bougé dans son ventre*" et qui a été "*pris pour mort*". J'ai proposé lors d'une intervention au SIUEERPP[4] le lien de cette problématique avec un incestuel meurtrier et l'interprétation de cette représentation de bébé mort comme "*un fantasme non fantasme*' selon l'appellation de P.C. Racamier [Racamier, 1992], venant en lieu et place d'une représentation de fœtus actif et vivant dans le ventre.

Rappelons que "*Le fantasme-non-fantasme*", est "*une représentation incomplète, une non représentation*" et serait selon lui à l'origine de l'agir.

4. Séminaire Inter-universitaire Européen d'Enseignement et de Recherche en Psychopathologie et Psychanalyse.

Le syndrome de Münchhausen par procuration évoque, comme l'écrit H. Suarez-Labat, la problématique précoce parentale "*où le corps de l'enfant se retrouve être le représentant du corps de la mère*". Un corps qui sera comme l'énonce Micheline Enriquez [Enriquez, 1980], "*non identifié, sinon comme objet nécessaire à l'autre et possédant pour ce dernier une fonction identifiante primordiale*" (Citée par [Suaz-Labat, 2001]).

Quant à l'absence de "*preuves*" de grossesse chez elle, (l'analyse de sang était négative à ses dires), elle me semble évoquer plus qu'un déni de grossesse. Le tableau se présente comme différent de ce que nous avons l'habitude de mettre sous le vocable de "*déni de grossesse*", une sorte de fantasme de stérilité, à moins que cela ne soit aussi un fantasme-non-fantasme de grossesse, fait de ressemblances avec ce que S. Faure-Pragier [Faure-Pragier, 2003] décrit concernant la femme stérile qu'elle préfère appeler inféconde. Plus qu'un déni de grossesse, il s'agit d'une grossesse présente, reconnue mais qui vient étonner, surprendre, démentir une pensée de stérilité jusque-là présente.

Les éléments apportés par S. Faure-Pragier [Faure-Pragier, 2003] et sur lesquels elle fonde sa théorie fort intéressante de l'inconception, "*versant psychique de la stérilité organique*" sont tous présents : le lien à la mère au premier plan exigeant la soumission de la fille ou sa rébellion, la carence du rôle du père et le défaut de 'censure de l'amante' (voir 5.2.1 page 92). Ce tableau rappelle celui de l'incestualité comme elle le fait remarquer elle-même.

6.1.3 Troisième étape : étape des différenciations. Apparition de différenciations interindividuelles et d'espaces intrapsychiques ou Marie crée-trouve une scène primitive

Tout en relatant ses récits de grossesse, d'accouchement, d'allaitement, Marie quitte de plus en plus son discours organisé autour de son sujet privilégié, les maladies de ses enfants et les soins que ces maladies nécessitent, pour parler et associer autour des différentes étapes de son devenir mère et de l'accueil de ses bébés. C'est autour de ce "*roman*", le 'roman de la grossesse', que différentes représentations naissent.

Nous assisterons à cette étape à l'apparition d'une différenciation des espaces psychiques (individuels, pour le couple, pour la famille), accompagnée de délimitations intrapsychiques entre notamment, l'être femme, l'être mère et l'être épouse et amante.

Les changements étaient spectaculaires concernant le souci autour de sa féminité et de son aspect extérieur. Par ailleurs, à cette étape, l'éducatrice note que Marie a plus de facilité à imposer des limites à ses enfants, qu'elle s'organise beaucoup mieux chez elle et qu'une prise en charge stable de ses enfants a remplacé la prise en charge chaotique. Elle note aussi que ses fréquentations des médecins et des structures hospitalières se raréfient considérablement.

Je vais évoquer maintenant les représentations, telles qu'elles sont apparues dans les différents récits de Marie. Je les présenterai en respectant l'ordre de leur apparition.

Représentation d'identification à la mère

Quand elle tentait de parler de sa mère, Marie abandonnait sa nature loquace au profit d'un mutisme proche de la sidération. Les étapes qui l'ont amenée d'une image maternelle terrifiante à une image ambivalente sont longues. Après avoir montré une impuissance à parler de sa mère "*Décrire ma maman… !* (Silence)… *décrire ma maman… Je sais qu'elle était là, qu'elle était toujours présente, c'est tout*". À un stade plus avancé du travail, Marie évoque la voix de sa mère ou plutôt la représentation d'une mère-voix : "*Ma maman, c'est une voix perçante et aiguë*". Elle passera tout d'abord par son amant ; c'est à lui qu'elle attribuera un rôle maternel et c'est encore lui qu'elle utilisera comme support identificatoire : "*Je fréquentais le père de Kamel, c'est lui qui m'a expliqué que j'aurais mal dans le ventre et que ce que je sentais, c'était pas pour faire pipi debout, mais c'était le bébé qui allait venir ; lui il sait comment ça se passe parce qu'il a déjà eu deux enfants, il a eu deux filles*".

"*Pour les règles, c'était un peu brusque... je me prenais un peu pour un garçon, vu que je faisais beaucoup de travaux de garçons. Pour me sentir plutôt femme, c'était le père de Kamel qui m'a aidée, il me disait : 'ne porte pas toujours des pantalons et tout', j'étais toujours en short et torse nu jusqu'à très tard... j'étais formée très jeune, j'avais même pas dix ans, ma mère m'a dit : je comptais pas que tu sois femme, elle m'a donné une serviette en vitesse...*".

Elle vient ensuite exprimer ceci : "*... J'aime pas y ressembler, comment elle fait pour vivre comme ça ?... J'aime pas quand on gueule, quand quelqu'un lève la voix... je dis tu la rabaisses ou... ça c'est un truc qui m'est resté... Avec les enfants quand j'élève la voix, ça ne marche pas, je vais les chercher pour leur parler, mais je les appelle pas... hurler, ça sert à rien... Nathan d'ailleurs, quand je lui parle de loin, il fait le sourd, je l'appelle, il n'entend pas, je vais le chercher, ça va, quand c'est une voix calme, il accepte, il entend... il ne veut d'ailleurs pas voir ma mère, il dit qu'elle gueule... Il n'aime pas la voix de sa maîtresse non plus, c'est vrai qu'elle a une voix stridente... ça doit le brusquer à l'intérieur...*".

Quelque temps après, elle évoque son père, ouvrier d'usine, comme s'étant occupé d'eux plus que leur mère malgré ses heures de travail qui dépassaient les horaires de son épouse, épisodiquement agent d'entretien. Mais elle se reprend après cette comparaison entre ses deux parents pour dire : "*Je pense quand même qu'elle nous a éduqués dans le droit chemin, la politesse, se tenir à table [...]. Pour se laver, se brosser les dents, l'hygiène cor-*

porelle, dentaire, et tout ça, c'était bien mais bon, c'était toujours des leçons de morale quoi... Il faut pas, il faut pas, il faut pas".

Au même moment, elle me fait part d'une réflexion qui suggèrera par la suite, une certaine gratitude à mon adresse et à l'adresse du service : "*Ça va bien, très bien, beaucoup mieux qu'avant, beaucoup de choses ont changé... Je vais mieux que l'année dernière pour moi pour les enfants, tout est beaucoup plus calme, avant je me fâchais à un quart de tour... Depuis que je viens ici... c'est vrai que ça m'a aidé à trouver des souvenirs...*"

Elle tente ensuite de trouver des souvenirs en lien avec sa mère : "*Les beaux souvenirs avec ma mère, je n'en ai pas trouvés, à part les ballades à vélo... Depuis l'adolescence c'était dur. C'était une maman mais guère de contact... porter ou quelque chose comme ça, je me souviens pas de ça, j'essaye de me souvenir, quand on faisait la luge, des contacts physiques non, câlins et tout ça... elle, c'est gueuler, c'est plus à la voix, d'ailleurs je supporte pas la voix aiguë, dès qu'on monte le ton, j'aime pas... Ma mère, à part les interdictions comme par exemple de ne pas retourner dans l'eau après le repas... je ne me souviens pas. Les seules choses c'étaient les interdictions, même les devoirs à l'école, c'était mon papa qui les faisait avec nous*".

Elle commencera même à chercher des ressemblances et des dissemblances entre sa mère et elle : "*J'avais 17, 18 ans... ça doit être à cause d'elle que je ne prête pas d'argent... ma maman nous disait toujours : 'ne prêtez pas d'argent, on vous le rend pas'...*".

Après avoir évoqué des souvenirs en lien avec son accès à la puberté, elle décrit une certaine réconciliation avec sa mère dans la mesure où elle lui reconnaît une fonction de transmission et évoque symboliquement le sens de la dette à travers le devoir de payer ses factures : "*C'est vrai qu'elle nous a appris des choses quand même, des choses sur notre éducation... sur l'organisation... elle nous a appris qu'il faut toujours payer les factures...*"

Elle tentera de trouver les points positifs chez sa mère malgré "*son sale caractère*" : "*Au point de vue budgétaire, c'est positif, ce que je fais comme elle, elle disait toujours, trois choses sont importantes : loyer, électricité et assurances. Ça je l'ai appris d'elle, elle m'a éduquée là-dessus, elle m'a éduquée sur l'avenir : 'ne te laisse pas marcher dessus sinon tu risques de plonger'... Maintenant il y a quand même une inversion de ce que je sentais sur moi en tant que mère et en tant que tout, je me dis : 'Tu vas y arriver', je sens qu'il y a quand même une différence*".

C'est ainsi qu'elle parle de sa fille, de ses liens en tant que mère à l'égard de sa propre fille et fait des rapprochements entre ce qu'elle vit aujourd'hui avec sa fille adolescente et ce qu'elle a pu vivre elle en tant qu'adolescente et a pu faire vivre à sa propre mère : "*C'est dur pour Marjorie, elle n'a que moi comme référence, elle n'a que mon autorité... Elle arrive à un âge où elle a besoin d'autre chose... Je ne pourrais pas... je ne voudrais pas ressembler à ma mère sur ce point de vue affectif ... avec Marjorie, j'ai peur de la rejeter comme moi avec ma maman à l'adolescence*".

Et la voici enfin quelques séances après, évoquer d'abord la question du rêve en général et puis retrouver un rêve, le premier depuis le début de notre travail : "*Quand j'habitais dans l'autre maison, je rêvais souvent de la mer.*" A ma question "*de quelle mer (mère) rêvez-vous ?*" elle dit : "*la mer, l'eau... je devais être en vacances... je ne savais pas avec qui j'étais... j'étais bien... Je rêve beaucoup de l'eau, des fois, c'étaient plutôt des cauchemars, c'étaient des tourbillons dans l'eau, après je me retrouvais dans le lit... je traversais un pont, on voyait l'eau. C'était dans un village où on habitait*".

Elle m'apporte ensuite des éléments sur l'existence d'un pont dans son village.

Je lui fais remarquer à la fois son attirance et sa peur de la mer. Elle associe : "*Quand j'étais dans la mer, avec des amis, on n'a pas fait gaffe, il y avait une marée, elle s'est éloignée, on aurait pu mourir, la mer m'inquiète moins quand je suis dedans... le pont c'est mou, pour moi, y a pas de pont dans la mer... j'aurai pu me noyer, ça m'a pas fait peur, on a peur quand on voit pas le fond*".

Ensuite le rêve prend une place nouvelle dans son fonctionnement et vient annoncer le déclenchement d'une activité fantasmatique et le déblocage de ses affects. Elle raconte un jour le rêve suivant : "*En fait, je traversais un pont... ça me fait penser à ce pont que je devais traverser tous les jours dans mon village quand j'étais petite et qui me faisait peur parce que je me disais à chaque fois : 'et si je ne pouvais plus le repasser et si je ne pouvais plus revenir parce que je suis attirée par l'eau... ?'. Cette-fois-ci je l'ai traversé... Je me suis dit : il y a la mer d'un côté et la terre de l'autre, de toute façon, je ne peux pas rester dans la mer puisqu'il n'y a pas de pont, enfin le pont doit être mou...*".

Elle viendra la séance d'après avec le souvenir de la séance précédente et en faisant le lien avec la dernière partie de l'entretien :

"*On commence par où on s'est arrêté la dernière fois... On a parlé de ma maman pendant ses grossesses... j'ai parlé avec elle, elle se sentait bien... j'ai pu pour la première fois parler avec ma mère de tout ça... elle n'a pas connu de problèmes de grossesse, mais d'accouchement... Pour moi, ma mère a eu un rejet après ma naissance. Avec mon frère elle a eu un accouchement normal. Pour ma petite sœur, c'était très facile, elle est passée comme une lettre à la poste m'a dit ma mère, le temps qu'elle arrive sur la table, la petite est vite sortie... Pour ma naissance, elle m'a rejetée. Ils ont installé une autre dame à côté d'elle, comme elle venait d'accoucher. Ils lui ont fait croire que le petit de la dame à côté, c'était le sien. L'infirmière l'a fait croire que le bébé de l'autre dame, c'était le sien, pourtant, il a le sexe opposé... Elle ne voulait pas me prendre, mon père lui a dit : 'il faut que tu la ramènes à la maison'.*"

Je lui fais part d'une information que j'avais, d'un événement concernant Kamel à une époque où il a commencé à aller mal et que l'enquêteur social avait cité : la mère avait préféré présenter à Kamel qui était en famille d'accueil, l'enfant des voisins en faisant croire que c'était bien Killian qui pourtant fut né puis mort en l'absence de son frère (voir page 116). Après s'être montrée étonnée de cela, elle en parle à la séance suivante :

"*J'ai recherché un peu ce que j'avais pu dire à Kamel au moment du décès de son petit frère. Ça m'a retravaillé le fait que vous m'aviez rappelé ce que j'avais peut-être dit à Kamel, en fait le petit Salim, je l'ai pris pour moi et puis j'aurais laissé Kamel penser que c'est son petit frère...*"

Nous remarquons dans ses propos : 'je l'ai pris pour moi', le rapprochement entre "*un échange d'enfant*" où l'un peut remplacer l'autre qu'elle attribue à sa propre manière d'être venue au monde en étant prise pour une autre par sa mère et en étant rejetée par elle comme elle le répètera plus loin. En agissant de la sorte elle devient active dans ce qu'elle pense avoir subi passivement.

"*Je me dis que c'est pas possible, que j'ai dit ça* ", continue-t-elle, "*que j'ai dit que ce gamin remplacerait son petit frère, parce qu'on peut pas remplacer un bébé qui est décédé par un autre. C'est impossible surtout que ce n'est pas le mien en plus. Je me dis que j'ai peut-être laissé penser ou laissé croire Kamel que le petit va remplacer son petit frère, mais ça m'a travaillé toute la semaine ça, je me dis que c'est pas possible que je me sois pas rendu compte.*". Elle reprend un peu plus loin : "*Je ne me suis pas rendu compte que j'étais accrochée à ce petit, ce n'est pas mon enfant ni rien du tout hein, il n'a rien à voir avec nous, c'est le fils d'une autre amie, le fils d'une copine qui avait à peine 15 jours d'écart avec Killian et qui venait aussi à la maison, je le gardais quand sa maman allait faire ses courses. Et c'est vrai que je m'étais accrochée à ce petiot... j'avais le manque d'enfant et c'est qu'inconsciemment que c'est arrivé [...] Est-ce que inconsciemment j'essayais de faire comme sa propre mère, et que j'ai interprété le fait de m'en occuper comme de lui donner naissance, je me rappelle que j'avais dit à sa mère : 'il faut plus me le ramener parce que je m'accroche trop à ce petit', il avait presque deux ans... et je m'y accrochais encore comme si c'était le mien... C'est moi qui l'ai pris pour le manque de bébé qui était décédé, c'est la partie maternelle je crois, la partie du manque de s'occuper du bébé... Inconsciemment, en me comportant comme une maman pour le petit, est-ce que j'ai laissé croire justement pour Kamel que ce petiot pourrait remplacer son petit frère [...]. Il était en vacances quand Killian est né, Kamel il ne l'a pas vu du tout, il ne l'a pas vu, ni en réa, ni à la maison, donc il ne l'a pas connu du tout."*

Et puis elle se met à parler de Killian, le bébé décédé : "*c'est un petit brun, aux yeux bruns... On dit que tous les bébés se ressemblent, mais ils se ressemblent pas tous. Ils ont chacun leurs petits traits... Il m'a fallu du temps pour rebondir normalement après le décès de Killian, je l'entendais pleurer, c'était toutes les trois heures, c'était plus fort que moi, c'est toutes les trois heures au moment des tétées quoi... Après le décès de Killian, j'avais les montées de lait pour moi toutes les trois heures, exactement comme s'il était encore là. Mais j'allaitais pas l'autre gamin, j'avais énormément de mal à passer la période de baby-sitter* (?), *j'étais toute seule... J'ai eu personne pour m'aider à ce moment-là, on a passé tout seul ce moment-là.*"

Invitée ensuite à chercher un lien entre ces deux histoires : l'une ancienne et l'autre plus récente (presque actuelle), elle dit : "*Pour ma mère, c'est le rejet quoi, le rejet à la naissance, alors que moi je rejetais pas le bébé... Je sais pas comment dire, ça me manque, c'était le manque de bébé, les 15 jours à la maternité puis le retour à la maison, et puis les 15 jours en réa, le bébé était là*, dit-elle avec insistance, *j'avais besoin de le toucher, de le sentir. Pour moi c'était l'inverse. Elle, quand je suis née, elle voulait pas me voir quoi, alors que moi, j'avais plus besoin de la présence de ce bébé, de le toucher et tout, ça s'était bien passé et puis le fait qu'il tombe malade c'est petit quoi, c'est vraiment un petit bout, les petits bouts, c'est fragile, dès qu'ils sont malades, une fois qu'ils sont dans le ventre ils sont tout à nous, mais là c'est... c'est à nous parce qu'on les porte et qu'on les sent vivre, mais moi je sais pas quand ils naissent, c'est assez personnel, la première année quoi, je suis très, très couveuse, très mère poule quoi... Mais c'est pas pareil entre elle et moi, c'est pas pareil parce que le sien n'était pas mort, même si on lui a dit que c'était pas le sien, c'était le sien quand même* (rire), *c'était quand même moi qui étais dans le landau, dans le berceau de l'hôpital, c'était moi qui étais dans le berceau... Moi, je me suis accrochée à un bébé qui me manquait et qui serait plus jamais là,* (pleurs)*... Mais je pense quand même qu'elle m'a entourée d'amour, quand même petite parce que je me souviens, j'ai des souvenirs de tout petit, mon landau j'étais dedans, j'étais quand même au ciel*".

Je lui propose l'idée suivante "*C'est comme si vous deviez lutter contre l'idée ou l'envie de rejeter vos enfants pour qu'elle n'apparaisse pas, ni pour vous ni pour les enfants*". Elle répond : "*Oui j'ai peur de sentir tout ça, j'ai peur qu'on le voie... Avec Marjorie, j'ai peur d'être autoritaire, j'ai peur de la rejeter. [...] Elle est comme moi je l'étais avec ma maman à l'adolescence... moi, je faisais le garçon manqué... le fait qu'elle ne s'affirme pas en tant que Marjorie, c'est comme si elle était garçon manqué comme moi... être elle c'est tout ce que je lui demande... moi, à l'adolescence, ma mère ne m'a rien expliqué, elle m'a renvoyé une serviette hygiénique au nez. Avec Marjorie, il y a eu toute une préparation... j'aime pas quand elle dit : c'est toujours moi qui prends, ça me rappelle moi, ce que je ressentais avec ma mère*".

Après avoir pu pour la première fois, évoquer les trois générations sans se sentir menacée, elle arrive à établir des liens entre sa manière d'être mère et celle de sa propre mère à l'égard de ses enfants : "*Moi mère, j'aimerais être plus câline, d'ailleurs, ce que j'essayerai d'améliorer c'est d'avoir plus de contact, plus de câlins avec mes enfants, je me sens en décalage avec les petits, j'ai l'impression de les repousser, je regrette des fois... quand l'un des enfants vient vers moi pour un petit câlin, des fois ça va passer, des fois non, je dis que j'ai pas le temps, que je suis occupée, que je suis entrain de repasser ou... un câlin ça prend quoi 5, 10 minutes..., ça je voudrais le changer, je me sens pas bien à l'intérieur...*"

La voici donc exprimer une des délimitations les plus importantes : dedans/dehors et soi/non-soi.

Représentation du couple parental (de ses parents)

Elle arrive maintenant et pour la première fois, à évoquer le couple de ses parents en en faisant une description comparée :

"*Mon papa était assez cool, assez peu autoritaire, ma maman, c'est une gueularde, c'est ma maman qui prenait la place, parce qu'on le voyait pas, il y avait le manque de papa quand même à la maison... c'était un peu mon confident... Mon papa, je l'ai vu une seule fois fâché, il a quitté la table. Ma maman était assez froide, elle avait un problème nerveux, gueuler c'était un peu normal pour elle, c'est tout ce qu'elle savait faire pendant des heures. Elle gueulait pour un petit truc pendant 3 heures à table [...]. De petites anecdotes la faisaient partir, elle a du mal à accepter le jeu... la chasse aux têtards, par exemple... Quand on y jouait, la petite* (il s'agit de la sœur de Marie) *rentrait mouillée, elle se fâchait*". Et elle continue : "*c'est vrai qu'après on y réfléchissant, je pense qu'on peut tomber malade en jouant mais à ce moment-là on n'y pensait pas, maintenant j'ai compris.*" "*Maman a la voix stridente, mon papa, parlait fort, mais c'était le bruit de l'usine, il cause fort*", dit-elle en insistant sur 'causer', pour bien le différencier de crier, "*des fois, il n'entend pas, il a une petite baisse d'audition, il a la voix grave, papa cause fort, maman, c'est strident,... pour elle, elle crie pas. Quand on est chez elle, Nathan lui dit qu'elle crie trop, Marco, n'ose pas trop bouger... ça m'est désagréable, une voix qui porte. Ça énerve. Quand elle est calme, elle va causer, ça doit bouillonner à l'intérieur chez elle*".

Cette représentation du couple de ses parents faite de deux êtres différenciés, va l'aider à aborder une problématique œdipienne bien gelée auparavant. Son père qui était peu autoritaire et mou devient beau et coureur de jupons : "... *C'est pas pareil mon papa et ma maman, ils ont un caractère différent... mon papa avait la réputation de coureur de jupons ; il était beau, il n'a guère changé d'ailleurs, encore maintenant, il est bon vivant... Ma mère était grosse, le poids était une obsession pour elle*".

Je lui formule l'idée de l'inversion de rôles entre les deux parents.

"*Pour moi*, dit-t-elle, *le papa c'est plus l'autorité, la maman c'est plus câlin, chez mes parents c'était l'inverse. L'autorité c'est plus ma maman qui me l'a donnée, c'est elle qui gérait tout, elle gère le salaire de mon papa.*"

Et ajoute "*J'aurais bien aimé que le papa des enfants soit comme mon papa*".

Représentation d'un couple amoureux

Elle évoque d'abord son amant d'une manière confuse et paradoxale : "*On s'est séparé quand il avait 6 mois*" ;

Ensuite, c'est autour de la grossesse qu'elle le réintroduit dans le discours. Par ailleurs, après avoir parlé d'une grossesse qui ne semble liée à rien d'autre qu'à une opération magique et hasardeuse, Marie commence par évoquer d'abord une scène où elle occupe le rôle de celle qui surprend le couple amoureux : "*Je l'ai trouvé dans le lit* (il s'agit du père de son premier enfant) *avec ma meilleure copine Mira ; le pire c'est qu'on était toutes les deux enceintes de lui à un mois d'intervalle, on l'a obligé à choisir entre les deux : Mira et moi*".

Au delà des différentes significations symboliques que peut avoir ce scénario qui prend l'allure d'une scène primitive, nous remarquons que c'est la première fois qu'elle donne une place pour l'amant dans sa vie de femme, mais aussi de mère, en se disant enceinte de lui. Elle marque ainsi sa sortie de cette grossesse sans origine qui donnait lieu à une "*filiation narcissique*" comme l'écrit Guyotat [Guyotat, 1978].

Sexualité et procréation sont désormais liées puisqu'elle viendra ensuite à un autre entretien dire : "*Pour la dernière* [grossesse], *je ne prenais pas de pilules, mais je faisais attention*". Si la grossesse ne se présente pas directement comme le fruit d'une relation amoureuse, la relation sexuelle se présente comme risque de tomber enceinte.

Apparaîtra suite à cette représentation de couple, une différenciation entre le couple "*conjugal*" ou amoureux et le couple parental : "*J'ai invité le papa des enfants et mon ami actuel, on a fait les présentations*". Et à un autre moment, elle dira : "*Pour le père des quatre, lui, il faut que j'insiste pour qu'il apporte sa graine de sable*".

Ce faisant, Marie devient de plus en plus féminine et soignée. Des changements s'opèrent dans les différents registres de sa vie de femme, de mère et d'amante. Elle continue à s'organiser de mieux en mieux et les enfants également.

Elle parle de sa vie amoureuse qu'elle dissocie de sa vie de mère. "*Avant, 'je t'aime' c'était un gros mot pour moi, maintenant, il y a plus de contact entre mon ami et moi, on parle plus d'autre chose que des questions d'élevage* (sic), *je pense plus à nous deux... avant on ne pouvait pas discuter, sauf sur le plan matériel, pas sentimental*".

Elle exprime un bien-être général : "*Je vais mieux que l'année dernière pour moi, pour les enfants, tout est beaucoup plus calme, avant je me fâchais à un quart de tour, […]*". Et un souvenir jaillit : "*En 6ème, j'avais un problème avec le pluriel des mots*". Je lui formule l'hypothèse que c'était pour elle "*comme si c'était pareil : un et plusieurs*", que c'était "*comme si elle prenait un pour tous et tous pour un*". Elle associe : "*Je mangeais pour tous, quand quelqu'un mange une assiette avec moi, moi il m'en faut 3 ou 4… Je me suis toujours débrouillée toute seule, à deux c'est moins difficile que toute seule, j'aimerais bien que leur papa les prenne les week-ends au moins*".

Représentation d'une famille : d'un "*objet-famille*"

Une famille en tant qu'objet psychique est née. Marie peut se retrouver dans un trait de caractère de son frère ou sa sœur, ne pas se retrouver dans l'autre, décrire quelques aspects qu'elle présente comme caractérisant la famille et d'autres qui semblent particuliers à chacun. Marie décrit enfin une famille composée de plusieurs individus et unie à la fois. Elle développe les ressemblances et les dissemblances de chacun et chacune :

"*La grande, qui a un an de plus que moi, est très différente de nous. Elle faisait la vaisselle avec les gants… encore maintenant, elle se regarde six fois dans la glace, elle est toujours entrain de se maquiller, se parfumer etc. Encore maintenant, elle ne supporte pas une tâche, alors que nous on s'en fout. Elle est très maniaque, chez elle pas de poussière, rien, chez moi, c'est pas pareil*".

"*Ma mère dit que la grande pleurait tout le temps, et c'est avec elle qu'elle s'entend le plus ; moi je ne criais jamais et ça va pas entre nous… La grande, elle la portait… elle pleurait tout le temps, moi, c'était juste pour manger…* ".

"*Ma petite sœur a failli mourir. Elle a pesé 2 kg 260. Elle est née à 6-7 mois. Elle a eu une toxicose. Elle ne supportait pas le lait. Ma mère se faisait du mauvais sang pour elle. Elle ne savait pas si elle allait s'en sortir.*

Différences entre ses enfants

"Le grand, lui, il peut être assez rapide, il pense tout le temps, il me ressemble sur ça, il va toujours réfléchir avant de faire, pour ne pas faire d'erreur. Nathan, c'est l'écolo... les deux garçons sont plus nature que Marjorie. Sur les traits de caractère, Kamel, il n'aime pas se retrouver tout seul... Moi, petite, j'étais assez dans mon coin... à l'école primaire, pas de copains, et copines, à part les gens du voyage ; j'avais une copine qui venait à l'école, deux mois dans l'année. Je participe à des jeux collectifs, mais jamais trop de compagnie. J'ai pas fait de maternelle, il n'y en avait pas à cette époque... ma mère non plus... Tous les quatre sont très pâtisserie, ils aiment en faire, la manger... autrement pour m'aider pour le ménage non, je leur demande rien à Marjorie par exemple que son lit, Nathan, il m'aide..."

Et des souvenirs de jeux et de partage de moments de plaisirs en famille, lui reviennent :

"Avec mon frère et mes deux sœurs, on s'éclatait à la campagne. En ville on peut pas faire la même chose... on jouait avec plein de choses, et puis il y avait les grenouilles, les escargots... on ramenait les bestioles à la maison... j'adore les bestioles, il n'y a que les chiens que j'aime pas parce que j'ai été mordue par le chat, oh la-la, le chien j'en ai horreur..." Comme on peut le remarquer, il n'est pas rare que le discours globalement cohérent de Marie se laisse traverser par des passages dépourvus de cohérence.

"Moi, je ne pourrais pas dans ce sens là, je ne voudrais pas lui ressembler sur ce point de vue affectif, je ne pourrais pas rejeter même un bébé ou un enfant, par contre couver un enfant oui. Avec Kamel et Marco, j'ai du mal à faire la séparation, à couper le cordon, pour moi c'est comme une séparation. C'est une séparation, dit-elle en insistant. *J'arrive mieux à dire non sans me sentir*

coupable comme je l'étais avant qu'ils aient l'impression que moi je les rejette. La culpabilité commence à se tasser... avec Marjorie, j'ai peur d'être autoritaire ; on arrive à aborder le sujet. Avec Marjorie, j'ai peur de la rejeter comme moi je l'étais avec ma maman à l'adolescence. Le fait qu'elle ne s'affirme pas en tant que Marjorie, c'est comme si elle était garçon manqué comme moi, être elle...ça me perturbe".

"*Avec Marco, il n'y a pas de coupure... Pour lui, je ne savais pas si c'était une grossesse ou une gastro... À la première écho, j'ai vu son état physique, osseux. À la dernière écho, je voyais son profil. Pour Rose, au début, je ne voyais même pas sa tête de bébé*".

Espaces psychiques individuels

"*Peut-être que le fait que je viens un peu plus au service, je me vois plus moi, ce que je suis*".

"*Pour Nathan, j'avais peur, il était tellement petit, il pesait 2 kg 560 g et mesurait 46 cm, c'est le premier petit bébé*[5]*, je me suis trouvée au dépourvu devant le bébé... j'ai dit : j'ai peur de le casser, c'était moi qui avait peur, c'était déjà du poids, j'avais l'impression de tenir une petite plume.*"

"*Ma souffrance intérieure, je la remets sur les enfants... que je puisse faire souffrir les enfants par rapport à moi*" déclare-t-elle dans un entretien familial.

Elle m'apprend ensuite le décès du père de Kamel suite à une embolie. Je lui dis qu'on pourrait avoir l'impression que la mort rodait autour d'elle. Elle acquiesce et semble émue par ma remarque.

5. Marie veut sans doute dire que c'est le premier de ses bébés qui est de petite taille.

Représentations autour de sa naissance et ses origines

Racamier évoque l'importance de pouvoir fantasmer autour de ses origines, une pensée qu'il appelle "*la pensée des origines*" qu'il considère comme "*l'une des conditions essentielles de toute vie psychique possible dans les familles*". "*Lorsque ce fil est rompu,* écrit-il, *quelque chose se brise ou se tord dans le moi des sujets car le moi, qu'il soit individuel ou familial, se réfère et s'attache à deux dimensions : le réel et l'originaire*" [Racamier, 1992].

Marie évoque les circonstances de sa propre naissance, du moins telles qu'elle peut aujourd'hui les penser :

"*Quand elle a accouché de moi, elle ne voulait pas me voir, c'est elle qui me l'a dit, à l'âge de 5, 6 ans. C'est ça ce qui est remonté depuis l'enfance... Enceinte de moi, elle voulait un garçon. À ce moment-là, il n'y avait pas d'écho, le médecin lui a dit 'c'est un garçon'... elle avait du mal à me lâcher de son ventre. La sage-femme lui a dit : 'si vous n'accouchez pas, j'ouvre le ventre et je la sors... je vous monte dessus, comme ça, ça s'ouvre... il faut faire en sorte qu'elle vienne au monde, je vais vous sauter sur le ventre...* "

Représentation d'une expérience sentie d'avoir été enceinte et la représentation d'une expérience sentie d'avoir porté un bébé actif et vivant

Marie viendra parler de sa nouvelle grossesse : "*Je suis allée chez le médecin pour un frottis vaginal, ce dernier a vu que j'étais enceinte, il y a son cœur, ce bébé bouge déjà, je le sens... Les autres ont bougé aussi mais j'avais pas le ressenti*".

Et dans un fantasme d'identification projective à son bébé, elle confie : "*Quand je suis enceinte, je suis bien à l'intérieur, sentir la vie à l'intérieur, c'est un peu moi, il y a l'eau du liquide amniotique, le bébé lui doit voir le fond [...]*".

"*Je me suis toujours demandée ce qu'un bébé peut voir dans le ventre de sa maman, ça doit être assez clair, assez lumineux. Je ne pense pas que ça soit lumineux, mais c'est rose, la peau, l'intérieur du ventre, la membrane du placenta assez claire. Quand ils naissent, ça doit être assez dur, tout est en bruits sourds dans le ventre, pas de bruit vif à l'extérieur... dans le ventre, ils sont calmes, ils sont un peu agressés quand ils viennent au monde.*"

Je tente de l'inviter à explorer son imaginaire autour du bébé qu'elle fut. "*Je devais être bien, j'ai jamais réfléchi à ça, on n'en a jamais parlé avec ma maman... de tout ça... de la grossesse... je sais que la naissance s'est mal passée parce que j'étais une fille mais la grossesse bien, je pense.*"

Représentations autour de la mort

"*Ce pont, ce tourbillon, je l'ai fait jusqu'à 16, 17 ans... Je préférais l'oublier celui-là, c'est toujours le même, toujours la même chose qui se passait, je finissais de toute façon par tomber dans ce tourbillon et en tombant c'était la fin. Quand j'étais avec le père de Kamel, je voyais un cheval blanc... mais ce pont, je ne sais pas ce qu'il faisait là... le cheval, c'est plutôt agréable...* ".

"*Ma maman est malade. Elle est hospitalisée depuis trois semaines. Marco est très inquiet... la mort ça le taquine à l'intérieur. Il dit : 'le bébé va peut-être mourir' ; je le rassure[...]. Je lui dis : 'il bouge le bébé' [...] quand il bouge un peu moins, je pense qu'il a un problème ; c'est une angoisse qui est à l'intérieur.*"

"*J'avais pas le souci de la mort... avant je ne pensais pas que ça pouvait arriver sans maladie... pour moi c'est quelqu'un de malade qui meurt, je ne pensais pas qu'on pouvait mourir comme ça, avant le décès de la petite... Pour moi elle n'était pas malade, c'est pas possible qu'elle soit morte... Avant dans la famille, il y avait plus de cancer et tout : quand on part à l'hôpital, c'est pour mourir...*"

"*Avec le bébé, c'est la coupure quand il commence à être autonome ; quand je suis enceinte, je suis bien à l'intérieur, sentir la vie à l'intérieur... c'est un peu moi... je suis pas pareille quand j'ai accouché, c'est une autre... Le bébé est là à pas bouger... il est là à... c'est à moi ce moment là, quand il est dans le ventre ; après c'est le partage entre deux.*".

Nous pouvons à présent mettre en lien la question de l'apparition de ces différentes représentations avec l'apparition d'une représentation de base que nous pouvons considérer avec R. Roussillon comme fondamentale : "la représentation de l'objet absent" [Roussillon, 2002].

"*L'objet absent perceptivement mais présent ailleurs, s'il est représenté auprès d'un autre, n'est plus un objet perdu, ou plutôt il est perdu-retrouvé, il est absent-perdu dans la perception et re-trouvé dans la psyché, présenté dans celle-ci, rendu présent 're-présenté' grâce au tiers*".

"*La continuité psychique est à ce prix*", ajoute-t-il plus loin. Elle est donc au prix de cette "*capacité à penser et à représenter que l'objet absent est présent ailleurs, auprès d'un autre objet, que l'objet absent prend du plaisir ailleurs, prend du plaisir avec un autre objet. [...] Mais elle suppose aussi [...] que le sujet ne soit pas radicalement absent, à son tour, de la pensée de l'objet absent, qu'il puisse penser qu'il n'est pas radicalement absent de la pensée de l'objet 'ailleurs et avec un autre objet', qu'il ne soit pas 'perdu' dans la psyché de l'objet.*"

6.1.4 Commentaires et conclusion

J'ai tenté de décrire comment Marie a évolué d'une mère qui ne se sentait pas et qui ne sentait pas non plus ses enfants, figurant ainsi le niveau le plus grave de la "*défaillance représentative*" telle que décrite par Maurice Berger [Berger, 1990] (p.42) à une mère qui peut se penser, sentir et se voir agir avec son enfant.

Nous avons suivi tout le long des différentes étapes, le passage de Marie d'une constellation foncièrement antœdipienne à une constellation où l'œdipe fait son apparition suivie d'une activité fantasmatique. Ce faisant, sa mère passe à ses yeux à une mère-corps après avoir été présentée comme une mère-cri-strident (rappelant l'objet sensation décrit par JP Caillot), ensuite à une mère qui crie (mère-objet). Un cri strident certainement pas sans lien avec les multiples interventions chirurgicales que Marie et tous ses enfants ont activement subies.

Jean-Pierre Caillot nous explique que "*l'investissement de certaines sensations se fait sous le mode de l'objet : l'odeur de la mère, la voix du père, la qualité de la peau, les investissements tout à fait primitifs des premières sensations.*". Il s'agit ici de la voix de la mère.

Julia Kristeva écrit (1989) : "*Par sa dépendance de l'organisme, notamment des sphincters glottique et anal, la voix est tributaire du corps et de l'affect antérieur à la représentation : elle demeure rebelle à la symbolisation, au sens, à la signification. Hétérogène, elle peut être pensée au titre d'objet partiel, mais aussi comme ce que Lacan appelle un 'réel-impossible' et cependant déjà noué au symbolique et à l'imaginaire*" (citée par J. Abécassis [Abécassis, 2004], p. 35).

"*Pas de deuil à subir*" semblait-elle dire, par ailleurs, mais des opérations chirurgicales qui sortaient ce qui suppurait de l'intérieur vers l'extérieur. "*Pas de ponts à franchir*" entre la mer (la mère) et la terre, le pont est mou, rappelant le placenta.

Comme pour rester dans une organisation prénatale où règne l'unique et l'indifférencié, Marie luttait contre toute apparition de limites et de différenciations.

L'histoire de Marie nous a fait penser sur un certain nombre de points à l'histoire de l'enfant figurine citée par Racamier. Il s'agit d'une grand-mère qui avait la garde d'un petit garçon abandonné par ses parents, qui pour sauver son amant devenu tuberculeux, "*se mit en tête de 'transférer' la maladie de son amant dans le garçonnet. Pour ce faire elle recourut au procédé magique bien connu qui consiste à planter des aiguilles dans une figurine de cire censée constituer un déversoir ou représenter un adversaire, et à laquelle on entend ainsi inoculer la maladie. Ici, cependant, c'est le corps même de l'enfant qui fut directement pris pour déversoir. La grand-mère entreprit donc de lui planter dans le corps toute sorte d'aiguilles acérées qu'elle avait préalablement enduites de la salive du malade. À la différence des acupuncteurs, elle laissait les aiguilles là où elle les enfonçait.*" [Racamier, 1992] (p.96-97).

Nous avons pu suivre le processus de développement et de structuration du groupe-famille dans ses différentes délimitations : groupale, individuelle et familiale avec l'apparition des différentes représentations du couple de ses parents et de son propre couple.

N'avons-nous pas assisté aussi, dans la deuxième étape, à l'apparition d'une ambivalence envers ses enfants, à quelques prémisses, aussi faibles soient-elles d'une sexualité adulte avec le réveil d'un certain désir d'amante... ? Ce qui est plus évident, c'est qu'elle a commencé à accepter de croître et de laisser croître ses enfants.

Certes, un état pathologique aussi grave que celui de Marie, ne peut se résoudre au cours d'un parcours aussi limité que celui que j'ai pu accomplir avec elle. Ses traumatismes profonds nécessitent un parcours plus approfondi. Mais aujourd'hui, ses enfants sont reconnus dans leur altérité et leur corps n'est plus directement pris comme déversoir.

6.2 Marguerite ou la mère-fille

Nous allons suivre le parcours de Marguerite, une mère longtemps empêchée de l'être, qui a du lutter constamment pour tenter de sortir d'une relation d'emprise et de paradoxalité avec sa mère la ligotant en tant que fille, femme, mère et amante. Nous la verrons affronter, tant bien que mal, aussi bien sa mère réelle que ses "*imagos terribles*" [Pigott, 1999].

J'ai travaillé avec Marguerite de l'année 1999 à l'année 2003. Nous avons effectué onze entretiens dont trois dans le cadre de l'IOE (un avec elle seule, un avec sa fille Jeanne, et un troisième avec les deux ensemble) et huit dans le cadre de l' A.E.M.O. (cinq avec Marguerite et trois avec Jeanne).

J'ai choisi de présenter la situation en deux périodes : Marguerite, la fille de sa mère et Marguerite, la mère de sa fille.

C'est une jeune femme de 35 ans. Elle est mère de trois enfants : Jeanne, âgée de 16 ans, issue d'une première union ; Armand et Noé, âgés de 5 et 3 ans, issus d'une seconde union.

Toutes les étapes de sa vie de femme, mère, amante et fille sont traversées par des disqualifications de différentes natures et une intrusion dévorante de sa mère dans la vie privée de sa fille prolongées par des attitudes appropriatives envers sa petite fille, Jeanne.

A l'âge de 15 ans alors qu'elle était plutôt mince et élancée, Marguerite fut appelée "*maigriotte*" par sa mère, prédiction qui finit par être réalisée puisqu'elle dit avoir connu un moment qui nous a fait penser à une période anorexique qu'elle évoque ainsi : "*J'ai connu une bonne période d'amaigrissement où je mangeais très peu,*" dit-elle tout en donnant une précision-dénégation : "*mais je ne vomissais pas*".

Alors qu'elle fut amoureuse de celui qui devint son époux et père de sa fille, elle se confronta à la dépréciation, voire au dénigrement de sa mère sur ce choix amoureux : "*il est lourd et grossier*", dépréciation qui se transforma en admiration aussitôt sa fille décidée à le quitter : "*c'était la crème des hommes, c'est toi qui n'a pas su le garder*". Accueillant son premier enfant, Marguerite s'est entendu dire par sa mère que "*ce n'était pas n'importe qui, qui pouvait élever une fille*" et en passant, elle lui citait l'inadéquation de ses moindres gestes maternels à l'égard de Jeanne, sa fille.

L'histoire se termine ou plutôt commence par une demande de la grand-mère de Jeanne, la mère de Marguerite, adressée au juge, de la nommer comme tiers digne de confiance. Nous pouvons nous demander pourquoi une grand-mère aurait besoin d'une telle reconnaissance de la justice pour s'occuper de sa petite fille.

Ensuite sa demande se précise, notamment au moment de la mise en ménage de sa fille avec un homme qui lui plait encore moins que le premier. Elle adresse cette-fois-ci une demande

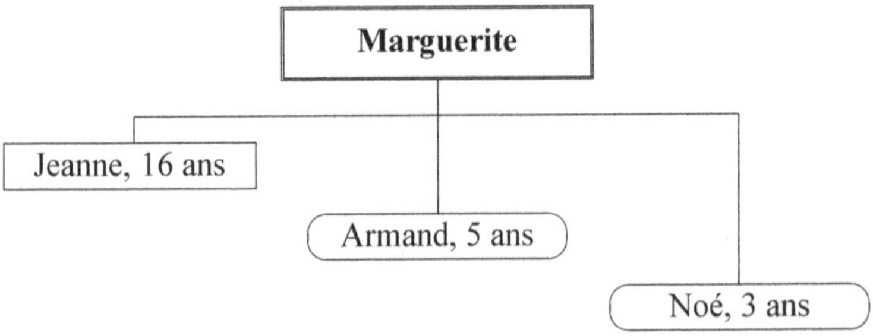

FIGURE 6.2 – Marguerite et ses enfants. Les âges des enfants sont donnés à l'époque de la première rencontre. Le cadre carré correspond à l'enfant du premier mariage. Les cadres aux coins arrondis correspondent aux enfants issus du second ménage.

de délégation de l'autorité parentale, alléguant que sa fille est dans l'incapacité de s'occuper de sa propre fille et insinuant que l'homme choisi par sa fille est potentiellement dangereux pour sa petite-fille. Elle ira même jusqu'à dire à Jeanne : "*ta mère l'a préféré à toi !*"

Marguerite reste tiraillée pendant longtemps entre deux positions : ne rien dire afin de recevoir l'approbation de sa mère ou s'affirmer et affronter ses peurs de déplaire à sa mère ainsi que l'éventualité de ne plus être aimée par elle. Elle finira par assumer en partie la deuxième position en s'adressant au juge des enfants pour dénoncer l'"*intrusion*" de sa mère dans sa vie et celle de sa fille. Ce qui entraîna une mesure d'IOE, suivie de plusieurs AEMO.

6.2.1 Marguerite-fille de sa mère

Marguerite face aux manœuvres perverses de sa mère appropriative

Lorsque j'ai rencontré Marguerite et sa fille, lors des trois premiers rendez-vous, Jeanne habitait chez sa grand-mère maternelle.

Au début de la première étape de mon travail avec elle et malgré sa plainte adressée au juge des enfants dénonçant "*sa mise à l'écart*" en tant que mère et soulignant un éventuel danger pour Jeanne, elle exprime rapidement ses doutes sur elle-même, ainsi que ses difficultés à se percevoir comme une bonne mère : "*Je ne sais pas comment m'y prendre pour aborder le problème avec ma fille, mais aussi avec ma mère ; c'est pour ça que je m'adresse au juge*", "*je ne sais même pas s'il va me donner raison. C'est vrai que ma mère s'est beaucoup occupée de ma fille quand j'étais chez elle, elle faisait beaucoup de choses pour elle, plus que moi...*" Son désir de revoir sa fille retourner chez elle paraissait inexprimable tant elle craignait d'être jugée incapable de s'en occuper et tant elle semblait adhérer à un sentiment d'illégitimité de sa demande.

Restée longtemps béate face à des manœuvres de nature perverse [6] de sa mère, sa tentative de sortir de sa sidération et d'affronter la situation paraît sincère, mais reste molle. Elle laisse entrevoir un grand besoin de contenance. Quand je la rencontre en entretien lors de l'étape de l'IOE, Marguerite parle avec beaucoup d'hésitation. Elle n'a pu dire : "*je voudrais récupérer ma fille*" qu'après avoir perçu auprès de moi une certaine empathie.

Elle arrive ensuite à s'étonner de sa passivité qui a duré plusieurs années face à l'attitude intrusive et appropriative de sa mère et relate chez celle-ci, un certain nombre d'agirs révélateurs d'une personnalité perverse : "*Ce qui a fichu tout en l'air,* dit Marguerite, *c'est que je puisse tenir tête à ma mère. Avant, je lui laissais tout, mais c'était un manque de maturité, de ma part. Elle s'occupait déjà de ma fille pour l'habiller, pour tout... ça ne me gênait pas à l'époque... je ne pensais pas qu'elle allait avoir de l'emprise affective.*"

Marguerite commence à dénoncer petit à petit, certaines manœuvres de sa mère :

- Elle reçoit par exemple, une facture d'un service d'urgences médicales concernant sa fille. Elle apprendra ensuite que celle-ci s'y était présentée accompagnée de sa grand-mère. La mère n'a été mise au courant ni du jour ni du motif de cette consultation. Elle apprendra aussi que le médecin aurait voulu la garder une demi-journée en observation et que la grand-mère s'y était opposée.
- À un autre moment, la grand-mère coupe sa ligne téléphonique pendant plusieurs mois réduisant voire annulant les moyens de communication de sa petite-fille avec sa mère.

---

6. Au sens de la perversion narcissique telle que la décrit P.C. Racamier [Racamier, 1992] et ensuite, dans la même lignée, M. Hurni et G. Stoll [Hurni et Stoll, 1996]. Nous l'avons définie plus haut à la section 4.2.3 page 77.

> Pour pouvoir parler à sa fille, Marguerite doit donc appeler chez les voisins afin d'organiser les visites de celle-ci chez elle. Un jour, où elle décide de se rendre directement chez ses parents, le grand-père, épaulé par la grand-mère qui faisait "*le souffleur*", est sorti lui dire que sa fille "*ne voulait pas la voir*", alors que la rencontre mère-fille précédente s'était très bien passée. Elle est donc repartie.

Parmi les manœuvres perverses de la grand-mère, notons aussi la construction d'une image négative de la mère auprès de l'enfant et des agirs pour se faire valoir à sa place. Elle se positionne comme une "*sauveuse*" de sa petite fille d'un certain nombre de malheurs qui risquent de lui arriver avec sa mère dangereuse pour elle.

Jeanne nous apprendra, lors d'un entretien, que quand elle arrive à lier sa souffrance à son éloignement de sa mère, en disant à sa grand-mère : "*je suis triste et je pleure... je crois que c'est parce que ma mère me manque*", la grand-mère lui affirme qu'"*il n'est pas possible que ceci la fasse pleurer à son âge*" et que "*si c'était le cas, il suffit de ne plus y penser*". C'est ainsi qu'elle dit "*se rendre compte, que finalement, sa mère ne lui manque pas*".

Par ailleurs, la grand-mère a très peur de tout ce qui peut "*faire partir*" Jeanne de chez elle : le retour même provisoire de celle-ci chez sa mère, la fréquentation normale de l'école sont appréhendés et font que Jeanne, entièrement sous l'emprise de sa grand-mère, se fait inconsciemment complice de toutes ces méfiances et ces appréhensions et développe de temps à autre des malaises et une importante surcharge pondérale qui semble entretenue par la grand-mère, ainsi qu'une phobie scolaire responsable d'un absentéisme massif.

L'IOE s'exerce dans une ambiance conflictuelle, annoncée déjà à la première audience chez le Juge où Marguerite se présente toute seule. Sa fille et les grands parents ont refusé de s'y rendre. La grand-mère exprimera ensuite à l'éducateur son étonnement face à l'attitude de sa fille qui "*vient perturber la quiétude de tous*" et déranger un fonctionnement familial, qui, à ses yeux, "*ne posait aucun problème.*"

Marguerite semble décrire un fonctionnement familial fait de "*vivre ensemble nous tue, nous séparer est mortel*" (J.P. Caillot et G. Decherf, 1989). C'est toutefois la rupture relationnelle avec la grand-mère qui viendra arrêter ses tentatives d'intrusion dans la vie privée de ses autres enfants : un frère et une sœur de Marguerite. À chaque fois que l'un d'eux a voulu maintenir l'unité de sa famille, il a du s'éloigner de sa mère. Le frère de Marguerite et son épouse ont décidé d'éloigner leur enfant pendant des années et le beau-frère de Marguerite, a décidé de ne plus accompagner son épouse chez ses parents et de ne plus rester à la maison quand sa belle-mère vient en visite.

Pourtant, c'est un moment de grandes retrouvailles et de vie commune quasi-quotidienne qui les rassemblera par la suite comme si de rien n'était. Et étrangement, ce renouement entre la grand-mère et ses deux autres enfants ne put avoir lieu que quand il y eut rupture avec Marguerite.

L'étape de l'IOE finit habituellement par un rapport au juge. Je lui signale que "*le fait que la grand-mère ait fait du droit qu'elle a naturellement envers sa petite fille, un droit qui, du même coup, présente un déni du droit de la mère à s'occuper de sa fille (en demandant à être nommée tiers digne de confiance), nous met devant deux droits qui se présentent comme s'opposant entre eux, donc devant une prise de position nécessaire.*" Je prends après plusieurs temps de travail en équipe, d'échanges et de mise en commun de nos observations, la position suivante :

"*Nous proposons à Mme le Juge des enfants de pouvoir statuer sur la question de la place de la mère qui, derrière sa demande laisse entrevoir aussi bien la perte de sa place symbolique que pratique dans la mesure où elle a perdu le pouvoir et la possibilité d'exercer son autorité parentale. Et ceci en lui permettant de "récupérer" sa fille à qui une partie de la filiation semble "confisquée" et en organisant un droit de visite et d'hébergement au profit de la grand-mère pour que la rupture ne soit pas brutale pour Jeanne, moins culpabilisante pour la mère. Quant à la grand-mère, cela serait une façon de reconnaître sa place filiative ainsi que sa participation à l'éducation de Jeanne.".*

Et j'ai eu le plaisir de lire le jugement suivant : "*Attendu que cette situation anormale met en danger l'équilibre de Jeanne et la fait souffrir et que l'absentéisme scolaire, les somatisations, le mal-être général en sont des symptômes. Qu'il est urgent que Jeanne retrouve sa place d'enfant.*"

"*Attendu que Mme S., grand-mère, maintient sa petite fille à son domicile sans droit, ni titre ; qu'elle ne peut être en aucun cas instituée tiers digne de confiance ; qu'il convient que Jeanne soit à la charge de sa mère et qu'elle y ait sa résidence, comme le jugement de divorce des époux F. l'a prévu. Attendu qu'il y a lieu d'instaurer une courte mesure d'AEMO dont l'objectif sera d'aider les parties au retour de Jeanne chez sa mère et à l'instauration d'un droit de visite pour les grands-parents maternels [...]*".

6.2.2 Marguerite, mère de sa fille

Nous verrons Marguerite tenter tant bien que mal d'élaborer certaines étapes "*escamotées*" de son devenir mère. Pour cela il lui a fallu affronter une montagne : "*l'emprise affective*" de sa mère selon sa propre expression.

Une relation incestuelle semble caractériser la famille de Marguerite. En dehors des éléments cliniques incestuels particuliers que nous analyserons ci-après, des "*véhicules*" classiques de l'incestualité selon P. C. Racamier, viennent témoigner de cette relation. Il s'agit de la confusion et de l'interchangeabilité générationnelles :

- Marguerite et Jeanne se présentent en effet parfois comme deux parties de la même personne ; parfois, Jeanne se présente comme étant la sœur de Marguerite où fille et mère se trouvent comme deux sœurs ayant pour mère, la grand-mère : "*c'est elle qui nous a élevées toutes les deux*" ajoute Marguerite à propos d'elle et de sa fille en évoquant sa mère.
- D'autres fois, c'est Jeanne qui se présente comme étant la mère de Marguerite. Celle-ci dit par exemple, avoir eu du mal à informer sa fille de la grossesse qui a donné naissance à Armand, une grossesse qu'elle qualifie par ailleurs de "*pas attendue* " : "*J'ai mis un certain temps pour lui dire, j'avais l'impression de devoir lui rendre des comptes comme pour ma maman*".

Une proximité physique mère-fille qui oscille entre le trop et le trop peu

Jusqu'à l'âge de 6-7 ans, Jeanne a partagé le lit avec ses parents : "*elle venait entre nous, son père lui laissait la place et allait dormir sur le canapé... Ensuite, comme avec mon ex-mari on ne dormait plus ensemble, je l'ai mise avec moi dans mon lit. Après la séparation avec mon mari, elle a dormi avec moi jusqu'à l'arrivée de Philippe* (le concubin actuel de la mère). *quand elle a eu, 6-7 ans, à l'époque où Philippe est venu vivre avec nous, je lui ai dit : 'maintenant tu dors dans ta chambre' elle m'a dit : 'puisque tu me demandes de dormir dans mon lit, eh bien ramène-moi chez mamie'. Là-bas,* continue Marguerite, *elle est sûre d'être dans le lit de sa mamie : le papy et la mamie ne dorment plus ensemble.*"

Cette grande proximité physique entre fille et mère, se transforme en gêne face à tout geste affectueux. Marguerite dit même se sentir empêchée d'exprimer sa tendresse à sa fille depuis l'arrivée de son compagnon : "*J'ai très envie de la prendre dans mes bras et de lui dire à quel point je l'aime. Mais quelque chose m'empêche depuis qu'il y a ma mère entre nous et depuis que mon compagnon est là.*"

Nous verrons circuler entre les membres de la famille des fantasmes partagés où père et fille fuient "*la mauvaise odeur de la maternité*". Jeanne vit cette fuite plus intensément et la renforce par ce qu'elle appelle "*la phobie des bébés*". Quant à Marguerite, c'est "*le bébé monstrueux*" dans son ventre qu'elle craint et qui semble investi de pouvoir destructeur. Un bébé toujours là, siégeant dans sa gorge, formant une boule : "*Mais j'ai eu l'impression que tout ça, ça allait partir après l'accouchement, en fait c'était resté là, comme si j'avais un mécanisme là, tout raide*, dit-elle en me montrant sa gorge.

Evitement du deuil et angoisses massives de séparation

Plusieurs courtes séparations suivies de reprise de la vie commune ont jalonné la vie de son premier couple : "*Avec mon ex-mari, je n'ai jamais eu de couple stable... On s'est marié, j'étais enceinte assez vite... ça allait mal, j'ai demandé le divorce, il est parti, puis il est revenu, on s'est réconcilié, j'ai retiré la demande de divorce, il revient tout sage et tout ça, et puis ça reprend, et puis il est parti de nouveau*".

Elle continue : "*Jeanne avait 5-6 ans. Je crois qu'elle n'a pas compris que son père est parti pour de bon, parce qu'il partait et revenait. Quand je m'étais mise avec Philippe, elle m'en a voulu, c'était pour elle comme si j'étais encore avec son père et que je le trompais avec un autre. Elle disait : 'si papa venait tu dirais quoi'... Je crois qu'elle n'avait pas bien compris, moi aussi j'étais gênée par rapport à ça, il était parti, mais c'était comme si ça ne se faisait pas, surtout par rapport à ma fille... En fait, quand il est parti, elle ne lui a pas dit au revoir, lui non plus, peut-être moi non plus d'ailleurs* ".

Marguerite manifeste par ailleurs, une grande angoisse face à toutes les occasions de séparation de ses enfants et face à leurs tentatives d'autonomisation qu'elle vit comme des situations de danger et des risques de mourir. Cette difficulté à supporter leur autonomie évoque la fonction anti-séparatrice corporelle et psychique telle que décrite par J.P. Caillot dans "*les formes meurtrières de l'incestualité*" [Caillot, 1997].

À une autre occasion, elle dira : "*Après le départ de mon mari, j'ai beaucoup maigri et j'ai eu beaucoup d'angoisse... une angoisse très forte... ça me rappelle l'angoisse que j'ai eue au moment de la grossesse de Noé. C'était le jour où j'étais chez le juge, quand le bébé s'est retourné*". Marguerite fait allusion à une rencontre-confrontation avec sa mère dans le bureau du juge où elles étaient convoquées toutes deux, mère et grand-mère, pour défendre chacune la légitimité de sa demande : Marguerite réclame le retour de sa fille chez elle, et la grand-mère défend 'bec et ongles' le maintien de Jeanne chez elle.

Marguerite dit avoir senti quelque chose dans le ventre quand elle a rencontré sa mère en précisant que cela s'était passé "*dans le couloir du juge, avant-même d'aller dans son bureau*" : "*C'était le bébé qui s'est retourné prenant la position siège et depuis n'a plus bougé à cause d'elle*".

Pour Marguerite, le monde extérieur se présente comme "*pas fiable*" : "*J'aimerais aller dans un lieu sûr*, dira-t-elle, *un lieu où il n'y a pas de soucis, pas de problèmes... dans la famille, ça serait l'idéal... mais pas dans sa famille à lui, dans la mienne*". Après avoir relaté une invitation de la grand-mère adressée à son petit-fils par l'intermédiaire de Jeanne, elle dit : "*Je ne l'ai pas laissé y aller, logiquement c'est avec moi qu'elle doit renouer et pas avec Armand... pour moi, ça ira mieux, ça ne peut aller que si elle oublie le passé.*"

La grand-mère semblait s'étonner continuellement du comportement de sa fille : "*pourquoi veut-elle changer ce qui a toujours bien fonctionné entre nous ?*"

Je reprends avec elle cette question de passé commun entre les deux femmes : la grand-mère et la mère. Ceci la fait plonger dans la question des grossesses de chacune des deux femmes. Je peux maintenant l'inviter à me parler de Jeanne non pas seulement en relatant les conflits actuels qui envahissent l'histoire mère-fille mais de Jeanne avant sa propre naissance et depuis qu'elle a commencé à germer en tant que projet dans la tête de sa mère. C'est ainsi que Marguerite exprime à sa manière non seulement un retour à jamais interdit dans le ventre maternel, mais aussi une sortie à jamais interdite. "*Rester à l'intérieur toute une vie, ce n'est pas une vie mais sortir, il y a des dangers partout aussi. Peut-être d'ailleurs qu'on peut mourir des deux* ".

Je la fais revenir à cette idée de mourir à l'intérieur d'un espace enfermé et se perdre ou mourir de se perdre dans un espace trop grand... Elle évoque plusieurs phobies et arrive à celle du milieu aquatique : "*L'autre jour, j'ai eu même peur de remonter dans la baignoire, j'avais peur de l'eau, ma mère était comme ça, elle étouffait, elle suffoquait dans l'eau. Un jour, elle a failli se noyer dans sa baignoire...*"

Autonomie = Séparation = Mort

"*J'ai peur de la mort, c'est affreux, c'est un bon signe, non ? C'est qu'on aime la vie ?*". Ceci évoque pour nous la formule de Colette Chiland : "*On peut vouloir donner la vie parce qu'on a aimé la vie, ce qui est mieux que de vouloir la donner parce qu'on a peur de la mort*" [Chiland, 1989] (p. 15). Marguerite continue : "*Avec Jeanne, j'avais peur quand elle a commencé à grimper. Armand aussi, j'étais tout le temps derrière lui pour le surveiller, pour qu'il tombe pas, j'avais tout, Arnica, et tout ça... Ma mère était comme ça je crois. S'il arrive quelque chose à mes gosses, je ne sais pas ce que je ferai... j'ai des phobies...*"

Confusion de registres

A la naissance de Noé, Marguerite était prise par une sorte de crise d'exaltation face à l'arrivée de son bébé, elle l'a "*empoigné chaleureusement*" selon ses termes et a commencé à lui dire : "*je t'aime mon amour, je t'aime mon amour*"... au point que le personnel, inquiet de l'intensité de cet accueil, a décidé de lui retirer le bébé pendant un certain temps !

Toute seule face à Noé, en l'absence de sa mère et de son concubin, Marguerite semble s'être confrontée à une "*exaltation amoureuse*" ou à "*une réincarnation de l'objet primordial*". Cette mise en lien de l'exaltation amoureuse avec une 'réincarnation de l'objet primordial' est empruntée à Didier Anzieu cité par J.P. Caillot. "*Pourquoi vit-on en couple ? La raison originaire semble être la peur de la solitude, le besoin archaïque d'un étayage des fonctions psychiques sur un objet primordial, la nécessité de parer l'angoisse d'un retour à l'état de détresse lors des frustrations, des échecs, des stress de l'existence. L'objet primordial est celui qui a jadis protégé de cette détresse. L'énamouration apporte la révélation, au sens quasi religieux du terme, que cette personne-ci est une réincarnation de l'objet primordial*" [Anzieu, 1986].

Elle évoque par ailleurs "*un petit geste de tendresse*", sans préciser lequel, qu'elle n'a pu accepter de sa fille parce qu'elle était envahie par une grande gêne : "*J'étais très gênée, pourtant, je n'attendais que ça. Moi, j'ai pas ça, on ne s'embrasse pas avec ma mère, pourtant j'aime bien, quand mon ami me prend comme ça quand je pleure, ça soulage... Avec ma mère je n'ai aucun souvenir de bisous...*".

Evocation des autres grossesses

Les rencontres qui font partie de cette étape coïncident avec le retour de Jeanne chez sa mère et le maintien d'un droit de visite et d'hébergement organisé. La 'récupération' de Jeanne a permis à Marguerite de se déprendre du poids du réel et de l'actuel.

Contrairement à Marie, les grossesses de Marguerite se présentent d'emblée comme différenciées. Elle citera chacune d'entre elles en nommant les particularités de l'événement et de son vécu.

À cette étape, la première grossesse qu'elle évoque est celle qui a donné naissance à son dernier enfant Noé.

Après avoir parlé de son état actuel : "*Je suis dans un état stressant, je prends des antidépresseurs... j'ai des spasmes, j'ai l'impression d'avoir besoin de prendre de la respiration. Je ne sais pas si c'est de l'angoisse ou quoi... C'est pas facile d'avoir des problèmes comme ça avec sa mère*". Rappelons que Marguerite était enceinte de Noé quand elle a du affronter la procédure judiciaire engagée par sa mère demandant la délégation d'autorité parentale.

Elle décrit, par ailleurs, des mouvements fœtaux intenses et une attention particulière apportée à ces mouvements.

Elle aborde ensuite la question de la mort de manière plus consciente et semble affronter la pensée autour de sa propore mort, ce deuil majeur, nécessaire à l'être humain pour mener une vie supportable : "*je pense à la mort, à la vieillesse, c'est vrai que voir ses parents vieillir, c'est pas simple, je m'imaginais pas un jour comme ça... un jour où je vais vieillir... où je vais mourir, quoi !*"

À un moment plus avancé, je lui demande comment elle imagine que sa mère s'est occupée d'elle. Elle répond : "*J'essaye de me dire qu'elle a été bien, je ressens un manque affectif... surtout quand on accouche, ça fait mal tout ça.*"

Je reprends le travail quelques mois après sous forme de rencontres avec la mère et d'autres avec la fille séparément. Le contexte général de l'étape suivante se présente comme suit : fille et mère ont du mal à communiquer ensemble à cause notamment d'une attitude générale de Jeanne qui reproche à sa mère de l'avoir "*amenée en justice*". De son côté, la grand-mère, après avoir tenté la demande d'une reconnaissance en tant que tiers digne de confiance, passe à la demande d'une délégation de l'autorité parentale en préparant un dossier bourré de pièces, de certificats et d'attestations en sa faveur et à l'encontre de la mère. Ceci en visant la complicité de Jeanne qui a dorénavant un avocat mis à sa disposition par la grand-mère afin de "*l'aider à défendre ses intérêts face à sa mère* ". Par ailleurs, la grand-mère, dépasse largement ses droits de visite et d'hébergement, et met à mal ainsi l'organisation de sa fille et sa petite fille.

Je rencontre d'abord Marguerite pour la mise en place d'un certain nombre d'entretiens avec elle et avec sa fille.

La première rencontre de la série des entretiens individuels envisagés avec Jeanne se fit en présence de l'éducatrice. Le but était d'aborder le problème de communication entre fille et mère. Jeanne ne se montre pas prête à comprendre que la demande de délégation de l'autorité parentale de sa grand-mère a, sinon pour but, du moins pour résultat, d'annuler l'autorité parentale accordée à la mère. Elle se perçoit même comme ayant été "*traînée en justice par sa mère*" et ne semble pas percevoir ceci comme un désir de sa mère de la voir revenir vivre chez elle. Une telle position peut être favorisée par la place qui lui est accordée dans le psychisme de sa mère ; une place qui lui fait occuper parfois celle de la grand-mère.

"*Ça me met en colère,* dit Jeanne tout en posant sa main sur sa poitrine, geste habituel chez sa mère quand celle-ci évoque devant moi sa propre mère, *je ne l'aime pas comme ça, quand elle est énervée, elle a une dent de travers, c'est vrai que c'est pas de sa faute, elle montre ses dents pour un tout pour un rien, je ne l'aime pas du tout.*"

Jeanne reprend ensuite un point qui semble avoir été déjà parlé avec l'éducatrice : une question qui la dérange et qu'elle appelle : 'la phobie des bébés' : "*J'ai la phobie des bébés, mais bon maintenant ça va mieux, avant c'était la haine, maintenant je ne veux pas les toucher seulement. C'est depuis longtemps que j'ai cette phobie, peut être depuis 5 ans, je me souviens qu'un jour, j'étais avec ma mère et elle avait touché un bébé pour dire : 'il est beau', je ne supportais pas... même avec ma grand mère, quand elle touche un bébé, je lui dis : 'lave-toi les mains'... maintenant je me reproche ça... mais bon, c'est comme ça, c'est comme ceux qui n'aiment pas la carotte... je ne pourrais pas prendre un bébé dans mes bras, quoi...*".

Elle revient ensuite à sa mère : "*Moi je l'aime pas... c'est pas une histoire d'elle, c'est ce qui s'est passé... ce qu'elle a fait pour me reprendre, c'est cette haine, j'avais peur d'elle, j'avais peur de la voir, quand je n'allais pas en cours, c'était à cause d'elle... elle disait beaucoup de mal de moi.*"

Quand je reprends avec Jeanne la différence entre une mère qui "*amène sa fille en justice en déposant une plainte contre elle*" et une mère qui demande de l'aide à la justice pour rétablir une relation entre sa fille et elle, elle semble découvrir une possibilité nouvelle.

Par ailleurs, l'âge de Jeanne à l'époque où je l'ai rencontrée (12 ans), en pleine puberté, m'a aidée à aborder avec elle la question de ses projets féminins et maternels. Elle répond tout en semblant agréablement surprise : "*Je n'imagine pas encore tout ça : me marier devenir mère et tout ça...*"

Nous verrons que ceci permit à Jeanne d'aborder la question du couple de ses parents et de celui de ses grands-parents. Elle tenta de savoir comment ils se sont rencontrés, ce qui fut un moment de rapprochement entre Jeanne et sa mère.

Quant à la 'phobie des bébés', elle m'a amenée à proposer un lien à Jeanne : la relation amoureuse et l'acte sexuel nécessaire à la procréation. Et Jeanne d'associer : "*Je ne voulais plus aller chez elle, parce que lui je l'aimais pas ; j'aime pas ses mots comme par exemple quand je dessine, il dit : 't'as oublié les moustaches Hi ! Hi ! Hi !'... Et puis j'ai entendu un jour le bruit des lits, ça m'a marquée, j'ai crié pour qu'ils s'arrêtent. Je n'ai jamais compris qu'est-ce qu'il faisait cet homme, rien j'ai toujours rien compris. Quand il était arrivé, j'ai pas compris pourquoi il était là... en plus, je pensais pas qu'elle allait avoir des enfants et tout ça... moi, j'ai participé à rien du tout, j'étais tout juste informée... pour Armand, elle m'avait appris qu'elle allait à l'hôpital, j'ai craqué en larmes.*" tout en pleurant elle continue : "*J'ai même entendu des relations sexuelles, ça m'a fait beaucoup de mal*".

À un autre moment, je revois Jeanne. Elle me raconte ce qui suit : "*La dernière fois, on a parlé de la relation de moi et ma mère, de ce qui n'allait pas, j'y avais pensé après quand j'étais toute seule à la maison... J'avais un flash, je devais avoir à peu près 4 ans, c'était dans la maison où j'habitais avant, où il y avait mon père, quand ils étaient ensemble... je veux pas mentir, mais je pense que c'est mieux comme ça... depuis que je suis née, à chaque fois que je les vois ensemble, c'est pour se disputer... je ne les ai jamais vus se tenir la main, c'était pas affectif, c'était pas de l'amour, en même temps si... Il était parti quand j'avais 5 ans, je ne l'ai pas vu vraiment quoi, je ne sais même pas comment ils se sont rencontrés. J'ai déjà posé la question à ma grand-mère : 'comment vous vous êtes rencontrés...' à d'autres amis aussi, jamais à ma mère, sauf hier... j'ai pensé aussi à la peur de toucher les bébés, c'est depuis le procès quand ma mère voulait me conduire en justice*". Et tout en pleurant, elle continue : "*Ca m'a... ça m'a... pourquoi elle m'a fait ça... Je ne suis pas une coupable, je suis plutôt une victime... je l'ai vu crier très fort, je n'ai rien fait pour mériter un procès... je suis pas coupable, j'ai pas fait de mal, j'ai eu un éducateur à cause d'elle... elle avait son copain, je sentais qu'il y avait plus de préférence pour lui que pour moi...*" Je travaille donc avec Jeanne sur toutes ces aires d'indifférenciations de registres en l'amenant à chaque fois à penser la différence.

Je rencontre ensuite Marguerite, elle vient avec Noé dans son landau, et laisse Armand et son père dans la salle d'attente. Marguerite m'apprend que Jeanne est rentrée de ses vacances avec ses grands parents "*pas très enchantée*". Elle dit ensuite avoir remarqué que sa fille a plus envie de venir vers elle et de parler avec elle. Elle lui dit pour la première fois après lui avoir demandé son avis sur quelque chose : "*C'est toi qui décides*".

Jeanne dit même à sa mère en accompagnant ses mots d'un petit geste de tendresse : "*je sens que t'es avec moi et que tu me soutiens*". De ce geste de tendresse, la mère dira : "*ça m'a fait très plaisir, mais ça m'a angoissée en même temps*". Jeanne déclare encore à sa mère : "*Je suis allée au spectacle pour toi, pour te faire plaisir*". Il s'agit d'un spectacle de chant et de danse auquel Jeanne a participé paraît-il avec succès et "*tout le monde était content d'elle ce soir là... elle a été félicitée par tout le monde garçons et filles.... Là elle redevient un peu comme elle était*", me dira Marguerite.

Le redevenir comme elle était me permet de réévoquer la question de la croissance et de l'autonomie des enfants, des deuils et des séparations des parents, ce qui semble la soulager.

Marguerite a même l'occasion de parler à Jeanne de son père et de la rencontre amoureuse qui les a unis : "*L'autre jour je parlais de ma rencontre avec son père, elle était contente, elle m'avait dit : 'je ne savais pas tout ça'*". Elle ajoute que sa fille s'occupe d'elle maintenant, et tient à faire attention à ce qu'elle mange, ce qui est nouveau.

Cette étape constitue, en effet, un véritable tournant dans la relation mère-fille.

Je revois Jeanne. Elle dit : “*La dernière fois, j'ai beaucoup réfléchi... surtout à 'la phobie des bébés'. J'en ai parlé à ma mère, à ma grand-mère et à ma tante pour comprendre pourquoi je suis comme ça... de toute façon, ce n'était pas un secret, tout le monde le sait*”. La réponse de la grand-mère fut sous forme de question commentée : “*Pourquoi tu es comme ça par rapport aux bébés, pourtant on t'a pas fait peur des bébés !*”

“*Mais quand j'ai réfléchi*, continue Jeanne, *je me suis dit que c'est peut-être une histoire d'odeur*”. Elle se rappelle ensuite que sa mère lui a raconté que quand elle était née, son père disait à sa mère qu'elle sentait la maternité tout en exprimant un dégoût olfactif.

Jeanne se rappelle enfin la première fois où elle a manifesté un dégoût : “*À la maternité, je suis déjà allée pour ma mère quand elle a accouché, et puis pour ma tante aussi... ça me fait peur, ça me fait penser à mon passé... maintenant ça va beaucoup mieux, avant j'arrivais même pas à le voir le bébé.*”

Je lui propose de s'interroger sur le rapprochement des deux événements qui se sont passés d'une manière concomitante : ne pas supporter de voir les bébés d'un côté, ne pas supporter d'imaginer la proximité physique et amoureuse de sa mère et son beau-père. Elle répond qu'effectivement les deux la dérangent, mais elle ne sait pas dans quel sens. Penser au bébé, c'est aussi penser qu'il est le fruit d'une relation sexuelle entre un homme et une femme. Jeanne semble avoir du mal à imaginer sa mère amoureuse d'un autre homme que son père. Mais elle n'imagine pas non plus sa mère et son père amoureux et ayant été unis par une relation sexuelle qui a donné lieu à sa conception, la grossesse de sa mère, puis sa propre naissance.

Je revois Marguerite. L'air joyeux, elle entame le dialogue facilement : "*On parle beaucoup mieux maintenant Jeanne et moi de choses importantes : de la mort, des bébés...*"

Appuyée par les ordonnances judiciaires qui confirmaient sa position, Marguerite a pris une assurance incontestable face à sa mère et devant l'exercice de ses rôles maternels : "*Le juge a prévu une visite une fois par mois à ses grands-parents. En plus je suis souple, je la laisse aller voir la tante... Elle voyait sa mamie aussi chez sa tante en dehors des jours de visites accordés par le juge à la mamie, elle n'en parlait pas, elle me cachait ça, elle croyait que c'était interdit. Maintenant elle en parle, ça l'a libérée de comprendre.*"

Fille et mère ont des échanges de plus en plus naturels. Les malentendus s'estompent de plus en plus et une relation de confiance s'installe : "*Entre nous, en tout cas, ça va mieux... Jeanne a même gardé Armand deux matinées... Je crois qu'elle commence à penser que si un jour elle se marie avec quelqu'un qui aime les enfants, elle en aura et puis elle voudra s'en occuper et elle ne voudra pas qu'on le lui prenne.*"

La relation incestuelle se dénoue progressivement. Jeanne prend la place générationnelle qui lui revient : "*J'avais l'impression de ne pas avoir à lui montrer mon bonheur, à lui montrer que ça allait bien entre son beau-père et moi, maintenant, ça s'est arrangé quand même entre nous... avant, elle ne comprenait pas, quand elle rentrait de chez sa mamie, elle tenait à venir dormir avec moi, ce qui obligeait Philippe à aller dormir sur le canapé. Quand j'ai commencé à lui dire : 'maintenant tu dors dans ta chambre', ma mère n'a pas accepté, elle disait à Jeanne que ce n'était pas normal que j'envoie ma fille dans sa chambre... Maintenant elle comprend qu'on a aussi notre vie de couple*".

Après avoir pu mettre au travail les morceaux épars en lien avec le vécu de la première grossesse qui a donné naissance à Jeanne, Marguerite se laisse raconter les autres. Évoquant sa dernière grossesse qui a donné naissance à Noé, elle dit : "*A ce moment-là, ça allait très mal après ma grossesse, euh... je veux dire mon accouchement... J'ai donc pris les antidépresseurs pendant 6 mois... Maintenant le gros est parti, il n'y a plus de grossesse, mais j'ai encore des angoisses, des boules dans la gorge, ça fait une nervosité... Avant, j'ai déjà eu ça, ça me fait pleurer de me sentir pas bonne pour mes enfants... Le priver de quelque chose, c'est pas le mot juste, je sais pas...* (pleurs) *Je me suis culpabilisée, être comme ça, je ne veux pas, je voudrais alléger mon angoisse...* (pleurs à nouveau) *J'ai peur de la mort, la mort de tous ceux que j'aime, j'ai peur que quelque chose lui arrive, peur de la maladie surtout... Ou là-là, je me dis, comment je vais faire quand ma fille aura le permis de conduire... Je suis pas bien avec ça...* "

Quant à sa première grossesse, Marguerite la présente comme différente : "*Ma mère était là*". Ce qu'elle décrivait comme difficile à supporter c'était que son ex-mari, le père de Jeanne, n'était pas capable de lui procurer l'affection dont elle avait besoin. Elle exprimera cette demande d'affection ainsi : "*Ce qui m'a fait le plus mal, c'est le manque affectif de mon ex-mari après l'accouchement.*"

Tout en entendant son besoin de la présence et du soutien de son ex-mari qui a eu une réaction inattendue : "*Il a quitté l'hôpital parce qu'il ne supportait pas l'odeur de la maternité*", je reprends ce que je pense adressé à sa mère à travers son ex-mari ou ce qu'elle attendait de son ex-mari et qui serait de l'ordre du maternel : "*Au moment de l'accouchement, une femme a peut-être besoin de son mari, mais surtout de sa mère. Peut-être attendiez-vous de votre mari qu'il joue le rôle de votre mère ?*"

Elle associe de la manière suivante : "*De toute façon, moi, je suis plusieurs personnes pour rester une... Je dois faire plaisir à tout le monde... mon ami, en ce moment, je sens que je le délaisse comme moi je m'étais sentie délaissée au moment de l'accouchement de Jeanne, à cause du manque affectif de mon ex-mari...*"

"C'est pareil, continue-t-elle, *je cherchais sa main qui me tienne, je cherchais quelque chose de corporel, le contact physique, lui, il ne voulait même pas entrer, il trouvait que ça sentait mauvais."*

Quand elle tente de retrouver des souvenirs, évoquer des pensées ou des sensations autour des soins maternels qu'elle a pu avoir de sa propre mère, elle dit ne pas se souvenir de la tendresse de sa mère à son égard, mais se rappelle très bien de l'absence de tendresse de son père : *"Je me souviens plutôt de mon papa, qu'il n'était pas très tendre physiquement. Je ne me souviens pas de maman comme ça."*

Elle retrouve par ailleurs un souvenir tenace : *"Je me souviens par contre comment elle s'occupait de ma sœur qui a 4 ans de moins que moi. Elle était nourrisson, donc je devais avoir 4 ans, ça je m'en souviens très bien et je ne pense pas l'oublier celui-là."*

Marguerite traverse une autre étape : elle veut "*changer de nom*" ! J'apprends que le nom qu'elle porte encore aujourd'hui et qu'elle partage avec sa fille est le nom de son ex-mari qu'elle avait demandé à garder après le divorce et qu'elle ne souhaite plus porter : *"J'aimerais changer de nom, j'ai l'impression que ça ne me va plus. Je sens comme si c'était pas mon nom... Avant, je sentais pas mais, maintenant, je trouve que c'est pas mon nom, mais bon, je ne sais pas si je vais le faire, il faut faire les démarches et tout ça... Je suis fatiguée, j'aimerais bien partir un week end dans un lieu sûr"*. Marguerite a déjà exprimé à une autre occasion ce qu'elle entend par lieu sûr : "*un lieu sûr, c'est un lieu comme de se retrouver dans sa famille par exemple, c'est l'idéal*".

Apparition de délimitations générationnelles malgré la faille œdipienne

Nous verrons que si Marguerite est en voie de se positionner par rapport à sa fille et sa mère grâce à l'apparition de délimitations générationnelles nouvelles, son organisation incestuelle persiste et apparaît dans ses comportements avec ses autres enfants. Sa faille œdipienne la fait osciller sans arrêt entre la tendresse amoureuse et le lien familial.

Les différents registres de sa vie de femme, mère, amante et fille sont dans un conflit permanent. Autant dire qu'ils la mettent face à un conflit insoluble, une impasse.

"*C'est difficile quand on a quitté le rôle de mère de se transformer en amoureuse... Je sais très bien que Philippe aimerait bien qu'on se retrouve... Ça me fait peur, on n'est plus comme avant, il y a les enfants entre nous...* "

"*Pour l'instant, la plus grosse partie, c'est que je suis mère. C'est vrai que ça crée des problèmes... pour Philippe. Pour Jeanne aussi, c'est pareil, elle me dit : 'en ce moment, t'es pas bien avec moi, tu discutais plus avant'.*"

"*Il faut être disponible pour tout le monde et c'est pas évident [...]. Je dois empiéter sur des moments de Philippe pour parler avec Jeanne, et sur des moments de Jeanne pour être avec Philippe, et c'est pareil quand je m'occupe des petits, je laisse tomber Jeanne... Je sais qu'elle a besoin de moi, elle a besoin de me parler, je m'occupe beaucoup des petits et il ne lui reste plus rien...*"

Elle exprime ensuite des angoisses de type agoraphobique-claustrophobique : "*Je ne supporte pas d'être enfermée... Mais quand je sors, j'ai envie de revenir vite à la maison parce que je ne suis pas tranquille, surtout si je dois laisser les enfants à quelqu'un, d'ailleurs, je ne le fais même pas... C'est pour ça que je veux mettre Noé à la crèche pour exister, un peu parce que je n'existe plus...*"

Elle enchaîne : "*Mes enfants, je ne les laisse pas aller dans un endroit que je ne connais pas ou à une personne que je ne connais pas, là, ça va un peu mieux, je deviens de plus en plus confiante...*

Hier, j'avais une copine qui voulait emmener Armand au parc à côté, pour qu'il joue avec son fils, j'ai tout fait pour inventer des trucs pour qu'elle reste à la maison... Quand j'étais à l'hôpital, j'étais restée 2 jours, je ne pouvais plus supporter, je me sentais délaissée, j'avais besoin de tenir la main à quelqu'un... Je me sentais toute seule."

Par ailleurs, si elle ne permet plus à Jeanne de partager le lit du couple des concubins, elle continue à le faire avec Noé et Armand.

"*Je prends Armand avec moi pour qu'il ne soit pas dérangé par Noé qui pleure la nuit, mais il prend l'habitude je sais, en fait je l'appelle pour que tout le monde soit tranquille. Philippe va sur le canapé.*"

L'entretien suivant correspond à un entretien de fin de mesure. Ceci suscite chez Marguerite l'expression de son angoisse d'abandon : "*Je veux revenir vous voir, mais le problème c'est la fin de la mesure, je le savais mais c'est quand même dommage*". Je lui suggère le lien que peut inspirer une telle situation avec l'idée de séparation. Un souvenir apparaît : "*J'ai un souvenir qui me revient d'avoir été quelque chose comme ça, une situation d'abandon... c'est vrai que moi petite, j'étais très anxieuse... Une fois, je me rappelle, c'était dans la voiture avec mes parents... J'avais 6 ans, j'étais mal, je ne pouvais plus respirer, je voulais qu'on s'occupe de moi... papa a fini par dire : 'Arrête tes histoires', en fait ça m'arrivait assez souvent.*"

Place de la mère

Marguerite dit avoir eu une dépression après chaque accouchement : "*Une mini pour Armand et une grosse pour Noé*". Elle ajoute : "*Pour Jeanne, j'étais avec ma mère, je sentais pas la même chose, j'y pensais pas*".

Nous reprenons cette question de la présence de sa mère en lui faisant remarquer que pour la grossesse et l'accouchement qui ont donné naissance à Noé, elle a du faire face à une situation particulière : non seulement sa mère n'a pas été présente le jour de l'accouchement, ni les jours suivants, mais un conflit ouvert les opposait et séparait mère et fille, et pas n'importe quel conflit puisque l'enjeu en était sa capacité à s'occuper de ses enfants, voire sa légitimité d'égaler sa mère en devenant mère.

"J'arrivais pas à l'imaginer le bébé, c'était plutôt quelque chose pas bien, qui me faisait peur... J'arrêtais pas de regarder les photos de l'échographie, je voyais le visage et tout ça... J'avais peur... peur qu'il ne soit pas normal... Noé était en position assise, j'essaye de l'imaginer comme ça, je voyais les bras d'un côté et le corps de l'autre, ça c'est fou, ça m'est jamais arrivé... J'ai même essayé de le dessiner dans mon ventre, j'avais peur qu'il se retourne pas... il bougeait beaucoup, je n'arrivais pas... je voulais le visualiser et en fin de compte, l'utérus était de travers, de côté, un peu déplacé... Des fois j'ai l'impression que je suis encore enceinte, je me dis 't'es angoissée comme si t'étais encore enceinte'."

"Pour Noé, l'accouchement était extrêmement long. Ça a commencé à 4 heures du matin, j'ai accouché à 10 heures du matin, donc le lendemain. Ah non, y a pas eu de nuit, c'étaient quelques heures après... Ils ont percé la poche des œufs, euh... des eaux ; c'est allé vite. Je soufflais... j'arrivais pas à respirer, le médecin me disait : 'vous le retenez' comme si je ne voulais pas l'expulser, j'ai fondu en larmes... Dès le deuxième jour, je commençais à me sentir pas bien... Quand j'avais ces angoisses, je ne pouvais plus respirer, j'avais l'impression que le bébé me bloquait quelque chose... et quand les angoisses reviennent c'est comme si le bébé était toujours là... Tous les mouvements que je faisais, ça me faisait mal... c'était pas comme pour Armand, il n'y avait pas de soucis, ça allait bien..."

Elle continue : “*Pour Noé, j’avais souvent mal à la gorge, j’ai l’impression d’avoir une boule.*”

“*La grossesse de Noé, c’est compliqué effectivement, c’était la première fois que ça se passait comme ça. Pour Jeanne, elle était là avec moi, elle m’a accompagnée. Pour Armand… c’est Philippe qui était là. Elle, elle a téléphoné et est venue après avec Jeanne, je crois, je sais plus. Pour Noé, j’ai eu personne.*”

D’une première grossesse qui a mobilisé peu de changements dans la vie de la mère à une grossesse qui se révèle difficile, le combat de Marguerite prend forme.

6.2.3 Analyse et commentaire

C’est Marguerite qui nous semble illustrer, plus que les autres, la question de la place prépondérante occupée par la mère dans le psychisme de la femme devenue mère en difficulté. Quand elle est moins menacée par les agirs de sa mère réelle, ce sont des représentations imagoïques terrifiantes qui prennent place.

Tout ce qu’elle aborde est sous-tendu par le risque de rejet par sa mère, ce qui la rend à la fois effrayée et fascinée par elle. Ayant longtemps appris qu’il n’y a de mère que la sienne, Marguerite a du mal à se donner la légitimité d’être mère à son tour. Le pouvoir tyrannique de sa mère la maintient ligotée et habite ses fantasmes.

Un moi non clivé n’a pu se constituer : de Marguerite la mère de sa fille, elle passe à Marguerite la fille de sa mère. C’est de ne pouvoir être elle-même en liant tous ses morceaux qu’elle souffre : “*Je suis toujours plusieurs personnes pour rester une.*”

Son ‘roman de la grossesse’, l’aurait-il aidé à regrouper quelques morceaux éparpillés d’elle et à approcher certains aspects de sa subjectivité ?

6.3 Schéhérazade ou "*la mère morte*"

Schéhérazade, la cinquantaine, issue d'une famille composée de 5 filles et 3 garçons, est une femme belle et souvent élégante, cheveux carrés et peau mate. Elle n'aime pas être reprise quand on n'entend pas ce qu'elle dit, parce qu'elle parle parfois presque en chuchotant, mais au fur et à mesure de l'avancement de l'entretien elle prend de l'assurance, articule clairement et sourit de temps à autre.

D'origine maghrébine, Schéhérazade s'est mariée à l'âge de 19 ans avec un homme qui travaillait en France. Elle a du quitter son pays natal pour le suivre. À l'âge de 21 ans, elle a son premier enfant, un garçon, Moustafa ; à 25 ans, un deuxième garçon Mahmoud, ensuite, une fille, Malika, décédée dans un accident de la route à l'âge de 9 ans, et Saloua qui naîtra deux ans après cet accident. Viendra 5 ans plus tard Nouri, issu d'un second ménage.

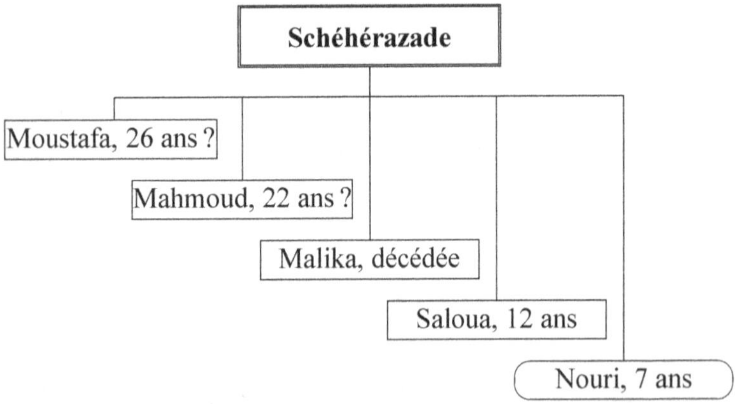

FIGURE 6.3 – Schéhérazade et ses enfants. Les âges (approximatifs) des enfants sont donnés à l'époque des consultations. Les cadres carrés correspondent aux enfants du premier mariage. Le cadre aux coins arrondis correspond à l'enfant issu du second ménage.

Une vingtaine d'années après le mariage, les deux partenaires du couple se séparent et, mettent fin définitivement à leur vie commune. L'année où le divorce est prononcé, elle se remet en ménage avec un nouveau compagnon avec qui elle a très vite un enfant, Nouri. La vie commune avec ce compagnon prend fin quatre ans après. Au moment où je la rencontre, Schéhérazade vit avec ses deux enfants Saloua et Nouri et elle a un ami qu'elle voit "*de temps à autre*".

Des moments de demande de "*relais parental*" traversent son parcours de mère seule.

Après une première séparation du couple qui n'aboutira pas au divorce puisque le couple reprendra la vie commune avant de se séparer définitivement, Schéhérazade fait une demande à une maison d'enfants de la région pour accueillir Moustafa (12 ans à l'époque). Celui-ci, à la fin de son séjour à la maison d'enfants ira vivre chez son père. Mahmoud le rejoindra quelque temps après. Schéhérazade dit être restée alors avec Saloua et Nouri (mais Nouri était-il déjà né ?). Elle se sent seule et débordée face à leurs demandes d'enfants grandissants : "*Saloua (12 ans) grandit et devient exigeante*" écrit-elle au juge des enfants en lui demandant de l'aide avec peut-être une demande implicite de placement. C'est ainsi que le monde judiciaire rencontre Schéhérazade.

L'enquête diligentée par le juge, en réponse à la requête de Schéhérazade, évoque "*une mère dépressive, qui se laisse vite déborder*". Elle fait allusion à une demande similaire à la demande actuelle de placement quand son fils aîné Moustafa a atteint 12 ans. C'était, à l'époque, directement une demande de placement provisoire.

Une première mesure d'I.O.E est prise pour Saloua et Nouri "*afin de déterminer si une aide éducative est nécessaire*". Dans ce but, une demande d'évaluation de la situation des deux enfants a été adressée au service.

Le rapport d'IOE signale "*une situation compliquée des deux enfants du fait de la fragilité psychologique actuelle de leur mère et de l'éloignement ou l'absence de leurs pères respectifs dans leur éducation et leur prise en charge*".

Une mesure d'AEMO d'une année est prise dont l'un des objectifs est "*d'apporter aide et soutien à Mme S. dans ses difficultés propres et dans la prise en charge de ses enfants*".

Cette première mesure d'AEMO a été reconduite deux fois, et ceci avec une sollicitation de poursuite de la part de Schéhérazade.

Lors de la deuxième reconduction, l'ordonnance du Juge souligne la période d'amélioration de la situation familiale et fait des observations concernant Saloua qui "*évolue positivement malgré ce contexte difficile*".

J'évoquerai deux périodes : une période dépressive et une période de tentative de sortie de la dépression.

6.3.1 Première période : La période dépressive

Un trait global caractérise Schéhérazade : sa lenteur à parler, à répondre, à dire ses phrases. Une lenteur qui se présente sous forme de ralentissement dépressif, qui devient observable et accentué à des moments précis de sa vie, moments qui surgissent comme une crise existentielle accompagnée de sentiments de solitude et d'incapacité à assumer les exigences de la vie en général et celles de ses enfants en particulier.

Cette période est caractérisée par une tendance à l'indifférenciation qui apparaît dans les évocations des différentes grossesses et accouchements qui ont donné naissance aux enfants.

Après un entretien familial peu animé, je rencontre Schéhérazade une deuxième fois avec Nouri. Elle commence par évoquer, sans beaucoup d'enthousiasme, des questions en lien avec la scolarité de ses deux enfants et reprend, avec une certaine lassitude, des généralités concernant l'AEMO.

À ma question : "*Et avant l'âge où ils ont commencé à aller à l'école, ça se passait comment ?*", elle donne une réponse qui me semblera par la suite caractéristique de son lien avec ses enfants, à savoir : l'angoisse face à la croissance de ces derniers : "*Quand ils étaient petits, ça allait, c'était plutôt bien, c'était plus calme.*"

Je continue dans le même sens en lui proposant ce qui suit : "*parlez-moi d'eux, depuis très longtemps quand ils venaient de naître ou même avant cela*". Après une brève hésitation, Schéhérazade change de ton et parle d'une manière beaucoup plus aisée.

Elle commence par sa fille : "*Pour Saloua, au moment de la grossesse, j'étais un tout petit peu malade, plutôt bien portante*", et se dirige très vite vers une évocation qui se voulait généralisée concernant toutes les grossesses : "*En fait, ça s'est passé normalement, comme toutes les grossesses, un peu malade les 3 ou 4 premiers mois, et puis c'est tout. Je prenais la pilule et quand je veux tomber enceinte, j'arrête*".

Je la réoriente vers le début par lequel elle a commencé à savoir la grossesse qui a donné naissance à Saloua. Elle répond : "*C'était plus ou moins comme ça, pas par hasard, mais ça ne me disait rien cette grossesse.*" Elle dira la même chose de l'accouchement : "*Ça ne me disait rien cet accouchement*" tout en précisant qu'il s'était plutôt bien passé. Mais l'idée qui lui en reste, c'est qu'elle était "*très très lointaine et que c'était très très flou*". Elle dit ne pas avoir eu de désir d'enfant, mais l'idée d'enfant qui lui aurait été suggérée par son médecin qui la voyait tout le temps pleurer à cause de la perte d'un enfat. Elle précise qu'il s'agissait de sa fille Malika qu'elle avait perdue dans un accident de voiture alors qu'elle avait 9 ans. "*Tout ce que je souhaitais, c'était une fille, j'avais une fille dans la tête, une fille dans ma tête... mais pendant l'accouchement, on m'avait demandé si je voulais la prendre sur mon ventre, j'ai dit :' non', j'avais pas envie de la prendre*".

J'étais très surprise du fait que Schéhérazade ait pu parler du décès de sa fille et de l'accident alors que toutes les observations auxquelles j'ai eu accès concernant le déroulement de la période d'investigation éducative et les éléments de l'enquête sociale relataient un mutisme de sa part quant à ce deuil figé autour duquel étaient construites la plupart des interprétations et conclusions des professionnels.

Schéhérazade s'abrite de nouveau derrière une généralisation de ses grossesses :

"*C'étaient des grossesses très souhaitées, l'accouchement me faisait très plaisir*" oubliant par exemple de préciser que pour Saloua, ce n'était pas le cas comme elle venait de me le faire savoir.

Elle arrive à la question de l'allaitement et dit : "*Je ne sais pas, je ne sais plus, j'ai oublié, je n'ai pas allaité mes enfants, je suis une maman qui n'a pas allaité ses enfants. Peut-être quelques jours, je sais pas.*"

Comme l'expérience avec ces mères me l'a appris, je reprends la question d'invitation à la différenciation en lui demandant : "*Et ça se passait comment pour chacun d'entre eux ?*"

Schéhérazade réplique : "*Pour l'allaitement par exemple, en fait, au début, c'était tellement bête, c'était pour garder ma poitrine. Pour Nouri, j'avais plus que 40 ans, ce n'était plus les mêmes raisons mais je n'avais pas de lait. Pour le grand, je l'avais allaité deux mois et demi, j'avais de très gros seins, j'avais trop de lait, j'ai arrêté, c'était trop, j'ai demandé au médecin d'arrêter, et puis le médecin a coupé le lait. Le grand, c'est le seul que j'ai allaité beaucoup. Pour les autres, je commence l'allaitement mais je ne le finis pas, c'est douloureux déjà...*"

Elle revient aux accouchements : "*Au moment de l'expulsion du bébé, c'est une joie, c'est douloureux mais c'est quand-même une joie... L'accouchement... on est délivrée, on est contente d'avoir fini*". "*Les papas ont toujours été présents pendant l'accouchement*" dit-elle. Et je rétorque :

"*C'est le cas pour tous les enfants et tous les accouchements ?*"

"*Pour Saloua,* répond Schéhérazade, *il était là pendant l'accouchement, c'était notre souhait à nous deux.*" Elle ne dira rien sur les autres.

A l'entretien qui suit, elle vient dire : "*La dernière fois, j'ai parlé des grossesses, des accouchements, de l'idée d'enfant et tout ça.*"

Je précise : "*Vous avez parlé des grossesses, des accouchements qui ont donné naissance à Saloua et à Nouri.*"

Elle : "*Enfin la grossesse quoi, Saloua, Nouri... Je n'ai pas parlé de Malika*".

"*Ni de Mahmoud, ni de Moustafa*", ai-je ajouté.

Malika ou 'le fantôme dans un placard'

Le problème se présente autour de la naissance et du décès de Malika, morte à l'âge de 9 ans. Une seule date est présentée parfois comme étant la date de sa naissance, parfois comme celle de son décès. Il nous a fallu reprendre différentes informations pour repérer une incohérence persistante renforcée par les lapsus et les actes manqués de Schéhérazade, chaque fois qu'elle est invitée à fournir une précision à ce sujet.

Un jour, dans un entretien réunissant la mère et son fils Nouri, je demande à la mère la date du décès de sa fille. Elle la retrouve.

Nouri devient alors très agité et se met à dessiner une voiture en mimant un accident : "*takh, boum, taackh, boum !*"

Saloua, l'enfant de remplacement ?

C'est en tant qu'enfant de 'remplacement' que Saloua occupe une place dans le psychisme de sa mère : "*Le prénom de Saloua m'était venu au dernier moment, sur place, c'est un prénom qu'on entend surtout à la télé. Je ne voulais pas d'échographie de peur qu'ils me disent : 'c'est un garçon'.*"

"*Ça ne va pas avec les filles, je ne m'entends pas bien avec elles. Avec Saloua, ça va mal, elle prend sa place, mais en même temps, ce n'est pas elle, et cette place n'est pas la sienne*", dit Schéhérazade rappelant ainsi l'insoluble dilemme de l'enfant de remplacement tel que décrit par Racamier : "*Se met-il à la place qui lui est assignée : c'est celle d'un mort, et ce n'est pas la sienne ; se met-il à sa propre place, unique et inaliénable ; c'est trahir grièvement sa mère*" [Racamier, 1992] (p. 73).

Quant à Nouri, je suis tentée de l'appeler l'enfant de 'l'enterrement de la fécondité' pour paraphraser l'expression "*enterrement du célibat*" :

"*Nouri, je l'ai désiré beaucoup. En fait, j'avais plus l'idée de l'enfant. Son papa me parlait d'enfant, il ne parlait que de ça. J'ai pris un rendez-vous chez le gynécologue, je m'étais dit que s'il fallait faire un enfant, à 39 ans, c'est soit maintenant, soit, pas du tout. Il ne faut pas traîner. J'ai enlevé le stérilet et deux mois après, j'étais enceinte. À l'accouchement, c'était une grande joie... J'étais contente d'avoir un bébé tout de suite... Son papa était très content aussi mais 6 mois après, les problèmes entre nous ont commencé et il voulait déjà partir.*".

6.3.2 Période de la tentative de sortie de la dépression

La mère morte et 'le mort pas encore guéri'

Lors d'un entretien familial, les deux enfants (Saloua et Nouri) semblent avides de savoir plus sur 'cette part' de leur histoire familiale que Schéhérazade voudrait garder précieusement.

C'est Nouri qui commence l'entretien. "*Pourquoi on est là ?*" demande-t-il. "*C'est pour parler avec Mme Ben Hamed*" répond la mère.

J'ajoute : "*Et pour continuer le travail que nous avions commencé la dernière fois*". Nouri me regarde et dit : "*Mme Ben Hamed est morte*" et ceci tout en faisant : "*paf, paf, paf*" en mimant un revolver dans ma direction.

Quelque temps après, tout en jouant avec des voitures, il s'adresse à sa mère : "*T'es morte, t'es une mère morte*".

"*C'est comment quand on est mort ?*" lui dis-je.

Il répond, toujours en me visant avec le révolver : "*Un mort, c'est quand quelqu'un l'a tué... Un mort, c'est quelqu'un qui n'est pas encore guéri... Le mort, il part à l'hôpital ou chez lui, après il est guéri...*"

Schéhérazade intervient pour dire : "*C'est le blessé qui va à l'hôpital*", mais ne précise pas à son fils le caractère définitif de la mort. "*On ne peut jamais mourir*", répond l'enfant.

"*Hier, c'était son anniversaire,* dit Saloua, *hier j'en avais parlé à ma mère*" (pour la première fois donc). Sa mère intervient pour dire : "*Elle sait qu'elle a une petite sœur, elle n'a pas besoin que je le lui dise*". Saloua corrige : "*Grande sœur, parce que c'était son anniversaire et elle avait 14 ans*".

"Elle aurait fêté ses 14 ans donc. Tu as calculé à partir de sa date de naissance... Mais si tu veux calculer depuis quand elle n'est plus là, depuis quand elle est décédée, la date de naissance ne te suffit pas, il te faut aussi la date de sa mort."

"*Je ne sais pas, je ne la connais pas la date*", répond Saloua.

Je regarde la mère. Elle se fige. Je lui dis : "*Les enfants savent qu'ils ont perdu une sœur mais ils ne savent pas ou plus depuis quand et quel âge elle avait au moment de l'accident*". Elle hésite puis prononce la date.

Elle se lève ensuite pour aller chercher son fils qui était autorisé à sortir dans le jardin. Tout en lui tenant la main, elle répète la date comme en se parlant à elle-même. C'était sans doute une manière de la lui communiquer aussi. Elle avait pourtant nié, dans un entretien précédent, le fait qu'il puisse y avoir un lien entre les scènes qu'il imagine et l'idée de l'accident mortel qui a emporté sa sœur. "*il dit ça parce qu'il voit ça à la télé : des gens qui tombent et puis qui se lèvent... lui de toute façon, je ne lui en ai pas parlé parce que je pensais que ça ne le touchait pas, il est né 8 ans après.*"

Une expression de tristesse s'affiche sur les visages... Nouri va s'allonger sur un divan, prend la position fœtale et tout en s'agitant, clame : "*j'veux pas, j'veux pas, papa, papa, j'veux mon papa*". Quelques temps après, il redevient calme. Ceci fait associer la mère sur sa propre mère qui a perdu ses parents alors qu'elle était toute petite : "*A cette époque-là, c'était dur, il faut bien qu'elle continue pour vivre.*"

L'entretien finit sur un ton moins triste. Tout le monde semble se rendre compte que finalement parler de la mort, même de celle qui parfois atteint cruellement un proche, a un effet soulageant. Nouri, s'est mis à chanter : "*je le saurai, je le sauras, tralala*". Saloua avoue que : "*ce qui bloquait la communication*" entre sa mère et elle c'est qu' "*elle ne lui disait rien sur tout ça*". Quant à Schéhérazade, elle déclarera à l'entretien suivant, trouver la situation beaucoup plus agréable : "*C'est vrai qu'il y a quelque chose qui s'est réparée entre nous depuis la dernière fois*".

Quelques mois après, Schéhérazade vient exprimer "*le bien*" que lui procure "*la parole*" autour de ses enfants. Elle exprime l'idée que la parole autour de la grossesse lui fait découvrir quelque chose de nouveau : "*Les grossesses et tout ça, finalement, je trouve que ça fait du bien à tout le monde, même si j'aime pas qu'on me pose des questions, mais quand ils ont vu que je vous parlais de moi enceinte d'eux, enfin d'eux quand ils étaient petits, enfin eux avant la naissance, ils se sont mis à me poser des questions, ils cherchaient des photos et tout ça. Je trouve que ça les calme un peu... Avant je ne voyais rien d'intéressant dans une grossesse pour en parler... Une grossesse est une grossesse et puis c'est tout... et surtout de la mort de ma fille, j'en parlais pas.*".

Schéhérazade semblait vouloir me préciser qu'avant l'occasion qui lui a été offerte à l'AEMO, quand elle avait un entretien avec son psychiatre notamment, elle pensait que c'était pour elle seulement, ce qui ne lui permettait pas, dit-elle de parler de ses enfants, ni de sa fille décédée. La grossesse a permis une transition entre son histoire, celle de ses enfants mais aussi celle de ses parents. Par ailleurs, la parole autour de la mort de sa fille n'était devenue possible que quand elle a pu évoquer la grossesse qui a suivi. Une grossesse qu'elle décrivait comme très floue et qu'elle a pu rendre plus réelle en développant au fur et à mesure des représentations qui lui ont permis de séparer le réel de l'imaginaire, les morts et les vivants...

Chemin faisant, elle découvre un autre deuil plus symbolique, mais assez pesant dans sa vie ; un deuil plus ancien, qui n'est pas lié à la perte suite à la mort, mais à l'acceptation de la perte d'un vivant : son objet primordial, sa mère. Schéhérazade semble y être restée attachée à jamais.

Ce n'est qu'après toutes ces étapes de travail que Schéhérazade a pensé évoquer sa première grossesse et son accouchement qui ont donné naissance à Moustapha. Elle se souvient d'abord que quand elle était rentrée chez elle après l'accouchement, elle avait trouvé que c'était trop dur : "*je trouvais que c'était trop de travail sans mes parents, pourtant son père avait pris un congé pour le garder. J'étais pas prête à être... J'étais trop jeune dans ma tête, j'étais pas prête à être mère, quoi*". Elle n'évoquera pas encore la grossesse qui a donné naissance à Mahmoud.

Mais elle se souvient que c'est surtout suite à l'accouchement qui a donné naissance à Malika, que ce sentiment de solitude était le plus fort. Si en donnant naissance à son premier enfant, elle s'était sentie seule et pas trop prête à une maternité qui semblait l'avoir surprise, suite à l'accouchement qui a donné naissance à Malika, elle a été envahie par un sentiment d'abandon. Ses deux parents qui, pourtant ont fait le voyage Algérie-France pour cette occasion, sont repartis trop tôt selon Schéhérazade : "*Maman et Papa sont venus quelques jours. Ils m'ont vue à l'hôpital et ils sont partis. Quand j'étais revenue à la maison, ils n'y étaient déjà plus, j'étais déçue... J'ai fait une grosse dépression très importante.*"

Tout se passe comme si le devenir mère de Schéhérazade ne s'était déclenché qu'avec la naissance d'une fille, Malika : "*Pour Moustafa, c'était comme un amusement, c'était un garçon et moi, je disais : je m'en fous. Si c'est un garçon, il peut se débrouiller tout seul, il n'aura pas de problème, je n'avais pas de pitié.*". Malika est une fille, et dans la logique de Schéhérazade, une fille suscite de la pitié et ne peut se débrouiller toute seule, elle a donc besoin de sa mère.

Nouri, présent à l'entretien ce jour-là réclame : "*Et moi ?*" Schéhérazade ne répond pas. J'interviens pour dire à Nouri : "*Tu te demandes où tu étais au moment de l'accident, c'est ça ?*" La mère répond très vite à sa place : "*Il n'était pas né encore*". Elle se retourne ensuite dans la direction de Nouri sans le regarder :

"*Tu n'étais pas encore là, t'étais avec les petits anges, encore dans le ciel*". "*Je ne suis même pas né*", répond-il au présent. Et Schéhérazade de continuer : "*Il y avait ma fille et moi...*"

J'apprends ensuite que le deuil figé était un deuil de deux personnes proches de Schéhérazade, deux personnes chères : sa fille et son frère, tous les deux, perdus en même temps et d'un même coup à un moment où elle aurait pu mourir aussi, mais elle a survécu.

Lors d'un autre entretien, elle me révèle que cet accident qui s'est passé lors d'un voyage en Algérie (interrompu) a eu des répercussions directes sur le couple. Schéhérazade attribue une certaine responsabilité à son ex-mari dans la perte cruelle de son frère et de sa fille à la fois : "*J'en ai voulu à mon ex-mari, parce que je lui disais de ne plus lui donner la voiture. C'est vrai qu'il conduisait depuis l'âge de 18 ans, mais c'était quand même au milieu de la nuit... Il ne voulait pas m'écouter.*"

Je reviens au deuil de Malika qui me semble en partie précéder sa naissance. Schéhérazade déclare avoir été déçue à l'accouchement. Elle n'évoquera ni la grossesse ni le désir d'enfant : "*On dirait que je ne voulais pas de fille... J'ai été hospitalisée pendant trois ou quatre semaines après l'accouchement. J'ai eu une dépression pendant 6 mois, une grosse dépression, je ne savais pas ce que c'était avant. Depuis, elle revient de temps en temps cette dépression*". Schéhérazade avait besoin de soutien et d'encouragement pour supporter son troisième accès à la maternité et son premier bébé fille. Mais c'est à une autre attitude qu'elle semble s'être confrontée.

Racamier [Racamier, 1978] nous a appris que "*l'introduction de l'enfant a une valeur réparatrice de la 'brèche narcissique' ouverte par l'angoisse liée à la régression et aux identifications archaïques. Elle est colmatée par l'aide réelle mais aussi identificatoire apportée par l'entourage soignant. Leur encouragement va permettre à la mère d'abord aidée, d'éprouver ses capacités maternelles. Il se crée ainsi un double holding à la fois de l'enfant et de la mère défaillante par l'institution*" (p. 151).

Schéhérazade se dit très déstabilisée par l'aspect "*transformé*" par les soins médicaux qu'a du subir son bébé en son absence. "*Malika était placée dans un centre spécialisé dans la ville où j'ai accouché, pendant 15 jours à peu près, je ne sais pas exactement. Une semaine après ma sortie de l'hôpital, je l'ai prise. Quand ils me l'ont remise, je ne l'ai pas reconnue, ils lui ont rasé les cheveux pour soigner son cuir chevelu qui est couvert de croûtes de pellicules ; ses cheveux étaient noirs et abondants ; elle en avait plein sur le front et là plus rien. Je n'ai pas aimé ce qu'ils ont fait, je n'ai pas aimé ce centre...* ". Séparée de sa fille avant même de pouvoir l'accueillir, Schéhérazade semble avoir connu un traumatisme profond. "*Emportée par ces relations imaginaires*, écrit Racamier [Racamier, 1978], *la mère peut être incapable de reconnaître l'enfant réel auquel elle identifie parfois une 'mauvaise partie clivée' d'elle-même. Reconnaître l'altérité de l'enfant implique d'éprouver de façon satisfaisante la relation qui va venir fonder la reconnaissance de l'enfant comme son propre bébé réel et d'elle-même comme mère non destructrice. En la séparant de son enfant, nous aurions porté témoignage de la puissance destructrice et redoutable de son agressivité, douté de son amour maternel, rompu la relation maternelle, empêché la résolution finale du processus de la maternalité et, de toutes façons, renforcé et altéré le processus mélancolique*" (p. 151).

La maternité, une histoire de vie ou de mort

Schéhérazade dit avoir quitté ses parents en se mariant pour "*aller vivre sa vie*". Elle a accepté ce contrat qui lui donne la légitimité de partir de chez ses parents, mais ne tenait pas à reproduire le dévouement aveugle de sa mère qui a "*passé toute sa vie à s'occuper de ses huit enfants et de son mari*". "*Et ça ne s'appelle pas une vie*", ajoute-t-elle.

Elle continue : "*Je fais pareil avec mes enfants... mais ça me fait toujours peur, j'aime pas qu'on dépende de moi ; moi-même, j'ai peur de moi-même, j'arrive pas à assurer... puis, ils sont égoïstes les enfants, ils veulent qu'on ne s'occupe que d'eux, ils en profitent quand-même, mais moi aussi j'existe*".

Elle verra la vie de couple, celle que représente le couple de ses parents, comme une vie d'obligations, et la séparera de la vie amoureuse. Si elle peut se concevoir comme issue de la relation de ses parents ensemble, elle ne peut imaginer l'amour comme les ayant unis mais l'obligation : "*J'ai toujours mis l'amour à part, être amoureuse et vivre une vie de couple, c'est pas pareil, une vie de couple, c'est plus un devoir qu'autre chose*".

La haine de la croissance

Saloua a aujourd'hui 13 ans. Tout semble mieux se passer pour elle : aussi bien la scolarité (où elle réussit très bien sa cinquième), que la vie extrascolaire (elle pratique avec régularité et succès la danse et le tennis ; elle a des amis et respire le mieux-être).

Cependant, elle se heurte de nouveau à sa mère, mais de manière différente que par le passé : elle ne lui reproche plus de ne pas vouloir lui parler de sa sœur, ni de lui cacher des choses. Aujourd'hui, elle lui reproche d'être "*quelqu'un sans vie*", un peu comme Nouri quand il avait dit à sa mère, tout en jouant, qu'elle était "*une mère morte*".

Saloua semble se confronter de manière plus consciente à "*la dépression maternelle*". "*J'en ai marre de la voir répondre au ralenti, faire tout au ralenti, j'en ai marre de la voir couchée tout le temps, elle ne fait que dormir et quand elle se lève, c'est pour se fâcher, elle veut nous placer...*"

Dans mes premiers entretiens avec Schéhérazade, j'ai remarqué qu'elle parlait beaucoup plus des accouchements que des grossesses. Je tente de la faire s'arrêter un peu plus sur l'étape de la grossesse. Je lui suggère de me parler de l'un de ses bébés tel qu'elle a pu l'imaginer ou tel qu'elle peut maintenant l'imaginer quand il est encore dans son ventre. Elle répond : "*[...] Je ne sais pas s'il a par exemple son estomac et tout ça à lui avant de naître, ah si quand le gynécologue dit dans l'échographie :'on entend son cœur battre', c'est qu'il a un cœur... C'est vrai qu'on voit un bébé en gros, mais pas en détail... On pense surtout au bébé, pas à des trucs à lui... Pour moi un bébé doit rester un bébé. Dès que les gosses arrivent à 13, 14 ans, j'arrive plus à suivre... Avec les enfants, il faut faire vite, il faut être à leur écoute et être toujours vivante, ce qui n'est pas mon cas. Eux, ils sont très vivants les enfants, quand ils veulent quelque chose, il faut faire très vite la chose [...]. Il faut se presser, moi j'aime pas me presser... J'aime pas la vitesse.*"

A l'écoute de cette phrase, je risque la remarque suivante : "*Surtout que vous avez l'expérience d'une vitesse qui tue*".

"*Oui,* répond-t-elle, *j'ai très peur des voitures... Pour moi, le temps s'est arrêté... Ma fille a toujours 9 ans, il n'y a pas longtemps que j'ai compté l'âge quelle aurait si elle était-là... J'ai encore peur de la route, surtout à l'idée qu'on est ensemble dans la voiture et qu'on peut... J'ai essayé une fois pour aller en Algérie, j'ai pas pu continuer. J'étais restée dans un autre pays contigu, je m'étais évanouie, il a fallu que l'assurance appelle un chauffeur qui m'a reconduite d'où j'étais partie.*"

Je lui suggère le lien qu'on pourrait établir entre cette question de l'âge insupportable pour elle : 12 ans (qui est un âge qui va au-delà de 9 ans) où les enfants commencent à se débrouiller et à se faire sentir vivants comme elle dit, et l'âge où Malika a cessé d'être vivante.

"*C'est vrai,* ajoute-t-elle, *des fois je me dis, qu'est-ce qu'ils font là, ils m'énervent, ils se prennent pour quelqu'un*".

La séance suivante, elle vient exprimer son sentiment de solitude et son angoisse surtout de vieillir seule.

Elle évoque ses histoires amoureuses qui se soldent souvent par un échec, en tout cas par une séparation. Elle décrit la souffrance qu'elle ressent pendant ces moments-là.

Je lui exprime que le départ de la personne aimée est plus difficile quand on a l'impression que l'autre est parti avec un morceau de nous-même.

"*Mais tout le monde fait ça, on met toujours des morceaux de nous dans ceux qu'on aime,* remarque-t-elle avec émotion. *C'est vrai que moi, quand quelqu'un me laisse tomber, je me sens diminuée, cassée... J'ai des copines qui ne se démolissent pas comme moi, elles sont toujours sûres d'elles. Peut-être que pour elles, un ami qui part, il part avec sa peau, il ne leur prend rien... Mais pour moi quelqu'un qui part il m'arrache une partie.*"

À l'entretien suivant, elle m'apprend qu'elle était en vacances en Algérie avec les enfants. Elle a donc accepté ce qu'elle refuse depuis des années : refaire le chemin "*responsable*" de la mort de sa fille et de son frère.

Quelques mois plus tard, elle se présente habillée de manière très élégante, avec une belle robe sans manches sur laquelle elle porte un manteau. Elle tente d'enlever son manteau et ce dernier prend le dessus de la robe en même temps. Elle dit : "*il me colle sur la peau ce manteau, c'est grave.*" Elle parle ensuite de Saloua : "*ça va pas du tout, elle veut ci, elle veut ça... J'arrive plus à suivre... Je n'arrive plus à répondre... C'est pas la maman et la fille, c'est comme deux étrangers... Elle me reproche : 'Tu es vieux jeu, tu dors tout le temps, tu ne m'aimes pas, tu mets tout le monde en internat... On dirait qu'elle a votre âge ! D'ailleurs j'y pense, je la mettrai en internat... Avec elle, il faut toujours être debout...*"

Enchaînant sur ses problèmes avec Saloua : "*Il n'y a toujours pas sa place dans ma tête, j'arrive pas, je pense à ma fille, je me dis : 'ma fille, elle n'est pas là', je suis toujours dans mes pensées lointaines, je ne sais pas ce que j'attends... Je ne suis bien que dans le sommeil... Quand je pense : ma fille, je la tue, c'est pas possible. Je l'ai laissée en Italie ma fille, elle dort, je suis bien avec elle, je dors aussi... Je me rappelle encore comment elle était dans mes bras quand elle était morte... La vie commence avec Nouri.... Je fais plein de choses, mais je ne trouve le plaisir que dans le sommeil, il faut pas me demander de l'affection, je crois que je n'en ai pas. Mes enfants appartiennent au passé...*"

Elle me décrit le sentiment d'existence qu'elle a besoin d'affirmer face à sa fille qui, de son côté, la traite d'égoïste et de quelqu'un qui l'empêche de vivre.

"*C'est comme si vous ne pouviez pas exister toutes les deux en même temps...*" dis-je.

"*Oui, comme des rivales, soit elle, soit moi, c'est une question de vie ou de mort...*" répond-elle.

Elle viendra à la séance d'après m'annoncer sa joie parce que son médecin lui a réduit l'antidépresseur qu'elle prenait depuis un an et demi.

Elle parle de sa mère qu'elle décrit comme "*une mère devoir*" qui "*ne sait pas ce que c'est que d'aimer un enfant*" et associe avec sa propre façon d'aimer ses enfants : "*J'aurais peur de les aimer, depuis que j'ai perdu ma fille, je ne pourrai jamais trop aimer... Ils sont là, ça va ; quand ils partent, c'est encore mieux...*".

Un jour où j'ai voulu faire profiter Nouri du travail de différenciation que je faisais avec sa mère, je lui suggère de me raconter l'histoire de trois personnages. Il s'agit de la consigne d'un test projectif peu connu que j'ai voulu reprendre avec ces enfants en mal de triangulation : "*le test des trois personnages*". Nouri imagine une dame, un monsieur et un enfant. Ce qui m'a rassurée sur son organisation œdipienne. Mais il accorde à la dame le nom de "*Mme La Toussaint*", faisant encore penser à la mort, à travers bien sûr la fête religieuse chrétienne, dite fête des morts.

Sa mère poursuit : "*Je veux vivre comme tout le monde. Je suis contente, mais triste, car j'ai pas su garder cette famille en vie... ça me fait mal au cœur quand je les vois, je suis contente qu'ils soient bien portants, mais je pleure en cachette. Je suis en train d'attendre de vivre ma vie, c'est rigolo, ça, quand t'as un fils de 26 ans... Il faut que j'aie les enfants en bonne santé, mais il faut qu'ils soient loin.*"

Des fantasmes de suicide et de meurtre condensés en un fantasme unique apparaissent ensuite : elle a peur de mélanger les médicaments et d'en donner trop à certaines vieilles personnes. Schéhérazade a réussi à cette époque à avoir une vacation dans un centre de séjour et d'hébergement de personnes âgées.

La vieille personne, c'est elle mère puisqu'elle dit : "*être mère, c'est vieillir... s'occuper de ses enfants*". Mais c'est aussi mourir (symboliquement) : "*t'es une mère, tu n'existe plus*".

C'est aussi elle enfant, une mère-enfant, véritable objet paradoxal, s'occupant de 'vieilles personnes' alors que, selon ses expressions, elle n'a pas fini de faire sa vie d'enfant, elle n'est pas encore sortie de son monde et elle a besoin qu'on s'occupe d'elle. Une véritable inversion générationnelle s'installe.

6.3.3 Analyse et commentaire

Schéhérazade ne pleure pas ses pertes.

Si le 'roman de la grossesse' l'a aidée, en quelque sorte, à entrouvrir la porte du placard où logent 'les cadavres', et à aborder quelque peu le deuil figé de sa fille et de son frère, la voie empruntée, celle du déni du deuil, semble la laisser devant une perte méconnaissable qui peut nous faire penser à une impossibilité d'introjection telle que M. Torok et N. Abraham l'analysent : "*l'impossibilité de l'introjection va jusqu'à interdire de faire un langage de son refus du deuil, jusqu'à interdire de signifier que l'on est inconsolable*" et qu'"*à défaut même de cette issue de secours, il ne restera qu'à opposer au fait de la perte un déni radical, en feignant de n'avoir rien eu à perdre. Il ne sera plus question de faire état devant un tiers du deuil dont on est frappé. Tous les mots qui n'auront pu être dits, toutes les scènes qui n'auront pu être remémorées, toutes les larmes qui n'auront pu être versées, seront avalés, en même temps que le traumatisme, cause de la perte. Avalés et mis en conserve. Le deuil indicible installe à l'intérieur du sujet un caveau secret. Dans la crypte repose, vivant, reconstitué [...] ainsi que les moments traumatiques effectifs ou supposés qui avaient rendu l'introjection impraticable*" [Abraham et Torok, 1978] (pp. 265-266).

Cette impossibilité d'introjection est pour M. Torok et N. Abraham, "*un fantasme de la non-introjection*", "*une incorporation, [...]. C'est pour ne pas 'avaler' la perte, qu'on imagine d'avaler, d'avoir avalé, ce qui est perdu, sous la forme d'un objet. Dans la magie incorporante on relève ainsi deux procédés conjugués : la démétaphorisation (la prise au pied de la lettre de ce qui s'entend au figuré) et l'objectivation (ce qui est subi n'est pas une blessure du sujet mais la perte d'un objet).*" (p. 266).

Schéhérazade semble s'être confrontée à un deuil impossible à la naissance de sa fille. La psychose post-partum, qu'elle aurait connue suite à l'accouchement qui a donné naissance à Malika, pourrait être un indice. Malika est la première fille, investie d'ailleurs du rôle de premier enfant, celui qui a la 'tâche' de déclencher le processus de maternité.

"*Un deuil déjà défiguré,* comme l'écrit Racamier [Racamier, 1992], *une dépression non encore configurée se rejoignent pour ne plus former qu'un seul amalgame. (C'est bien un amalgame de cette sorte que décrit André Green, pour en avoir reconstitué les échos dans l'analyse de certains patients, chez la 'mère morte' ; une mère envahie par un deuil enterré, lequel va peser pour toute la vie sur le moi de l'enfant)*" (p. 70-71).

Nouri, tel un petit André Green, a qualifié sa mère de 'mère morte'. Elle en présente bien des aspects.

"*L'amalgame de deuil et de dépression*, continue Racamier, *est donc défantasmé : vidé de contenu imaginaire ; défiguré : privé de formes psychiquement reconnaissables. Déjà prêt pour une opération : la mise en agir, il est pour l'opération suivante : l'expulsion*" (p. 71).

"*Lorsque l'expulsion, tel un fleuve en crue, exerce des ravages,* ajoute-t-il plus loin, *elle nivelle tout : nul ne sait plus bien qui est l'enfant de qui ; nul ne sait plus au juste qui pense quoi ; nul ne sait d'où provient le tracas pesant et secret qui s'impose aux familles, de génération en génération ; sait-on même encore ce qui est passé ou avenir. Et ce qui est vrai ou ce qui ne l'est pas...*" (p. 73).

6.4 Reine ou la mère nonne

Reine est une petite dame aux yeux bleus et aux cheveux foncés. À 38 ans, on lui en donnerait 20. Elle a un niveau scolaire de SEGPA et travaille en tant qu'ouvrière dans une usine.

Elle mange les phrases en parlant comme si les mots lui remplissaient la bouche et cligne des yeux pour accompagner ses propos.

Quant à son fils unique, Johnny, nous n'avons que des échos à son sujet : "*Visage pâle, expression de dureté, petit vieux*" écrit le psychologue du centre où il a été placé.

Quand j'ai rencontré Reine qui s'est elle-même désignée 'la mère nonne', Johnny avait 13 ans. Il participait à un trafic de stupéfiants et en faisait lui-même un usage régulier depuis l'âge de 11 ans. Notons que c'est Reine qui a averti la police après avoir trouvé de la drogue dans la chambre de son fils, mais que Johnny, placé en institution, continuera à aller se procurer de l'argent auprès de sa mère quand il se trouvera à sec de provisions.

La première mesure éducative (il s'agit d'une I.O.E) prise dans ces circonstances, a signalé "*une situation de danger inquiétante et des difficultés à pouvoir mettre en place des mesures éducatives efficaces*".

J'ai effectué trois entretiens individuels avec Reine, espacés de plusieurs semaines.

6.4.1 Premier entretien

Après une discussion sur les motifs de l'AEMO, je l'invite à monter plus loin dans l'histoire, depuis sa grossesse qui a donné naissance à Johnny et même avant la naissance si elle le souhaite.

"*Je suis mère célibataire,* dira-t-elle, *il n'y a que lui dans ma vie… Son père ne l'a jamais connu, ça ne lui manque pas*".

Johnny porte le nom de sa "*mère célibataire*". Son acte de naissance passe sous silence le nom du père, mais sa pensée aussi : "*ça ne lui manque pas,* dit-elle, *il ne lui manque pas*, répète-t-elle. "*Son père, je n'ai jamais dit du mal de lui de toute façon* ".

Concernant l'allaitement, elle dit dans un premier temps qu'elle a allaité son fils "*pendant deux mois ou un peu plus* ". Elle se rappelle à un autre moment, de la durée précise : "*je l'ai nourri pendant 4 mois*".

"*La grossesse s'est passée normalement* enchaîne-t-elle. *Il est né à terme, à 9 mois, il pesait 3 kg, c'était un accouchement très long. [...] Quand j'ai appris que j'étais enceinte, j'aurais pu ne pas le garder, mais moi, j'ai jamais eu d'avortement, j'aurais pas pu me faire avorter. En plus j'arrive pas à faire mal à une bête, alors, j'arrive pas à faire mal à un enfant*".

Elle revisite ensuite la question de manière plus générale : comment une femme peut-elle avoir une vie sexuelle sans procréation ? Mais réplique tout de suite après : "*maintenant, de toute façon, le problème ne se pose plus, je n'ai plus de relation avec personne, je me suis fait nonne pour lui depuis qu'il a atteint l'âge de 7 ans...*". "*j'ai rompu la relation entre hommes et femmes*", continue-t-elle, "*je ne vois plus que ma mère*".

Reine dit qu'elle ne se pensait pas fertile : "*je m'étais mise dans la tête que je ne pouvais pas avoir un enfant*". Ainsi, ne s'est-elle pas aperçue des premiers symptômes venant annoncer la grossesse ou du moins son éventualité : "*... J'étais enceinte et même pas les symptômes de femme enceinte*". Mais encore, Reine, ne lie pas cette grossesse à une origine sexuelle mais à une sorte de révélation (au sens religieux du terme). Quelque chose comme une voix féminine est venue lui annoncer sa grossesse : "*C'était comme une voix qui m'a dit : 'Reine, t'es enceinte'. C'était une voix féminine*",

Ne croyant toujours pas à sa grossesse, Reine n'a pu s'offrir une représentation de bébé dans son sein. Elle lui trouve tout de même une place, mais c'est une place 'extra' : "*je pensais que c'était une grossesse extra, je me suis dit : il n'y a rien dans ton utérus mais le bébé est peut-être ailleurs, mon cœur euh son cœur ne battait pas...*".

Dès sa sortie de l'échographie où on a pu lui dire que c'était un garçon, Reine est allée préparer le lit ! (Nous verrons d'ailleurs que le lit que Reine préparait pour son enfant, c'était le sien).

"*Johnny ne connaît pas son père,* insiste-t-elle, *il ne lui manque pas, je l'ai mis dehors à l'âge de 6 mois …*" ce qui s'avère une véritable dénégation (*Verneinung*) comme nous en relèverons d'autres lors de ces trois entretiens.

Voici les propos de Reine que nous pouvons percevoir comme sous-tendus par une dénégation :

- "*Son père… je n'ai jamais dit du mal de lui de toute façon*" (voir 1er entretien ci-dessus).
- "*J'aurais pas pu me faire avorter*" (voir 1er entretien ci-dessus).
- "*Ma mère est parfaite, elle n'a jamais fait la traînée*" (voir 2ème entretien ci-dessous).
- "*Pas à mon père, parce qu'il n'était plus là*" (voir 2ème entretien ci-dessous).

Rappelons que la dénégation est définie par Laplanche et Pontalis [Laplanche et Pontalis, 1998] comme le "*procédé par lequel un sujet tout en formulant un de ses désirs, pensées, sentiments jusqu'ici refoulés, continue à s'en défendre en niant qu'ils lui appartiennent*" (pp. 112-113).

A cette étape de travail, nous avons vu que Reine présentait son enfant comme le produit du hasard, et l'événement de la grossesse comme détachée de la relation sexuelle qu'elle a eue avec son amant. Mais elle ne s'arrête pas à l'attribution d'une "*filiation narcissique*" [Guyotat, 1978], elle se voit comme l'amante de son fils. N'a-t-elle pas rompu toute relation homme-femme et ne s'est-elle pas faite nonne ?

Cette pathologie incestuelle a pu faire l'objet de mes observations adressées au juge en même temps que le compte-rendu de l'éducatrice en charge de la situation. Sans me limiter à ce néologisme qui se trouve parfois en mal d'insertion dans la terminologie clinique, j'ai pu lui décrire tous les comportements maternels qui sont en lien avec ce registre et qui empêchent l'action socio-éducative de se mettre en place. Son fils placé, Reine a continué à le contacter, à le recevoir en cachette pendant ses moments de fugue du centre. Quand il passe une nuit ou deux avant d'être rappelé à l'ordre, il n'hésite pas à aller rejoindre sa mère en pleine nuit pour avoir son 'nonos' (rituel partagé dont nous verrons les détails plus loin, voir page 210). Pendant son passage, elle n'hésite pas à l'approvisionner en argent. Elle dit ne rien pouvoir lui refuser de peur qu'il ne la frappe.

C'est ainsi qu'une mesure d'AEMO motivée par "*la relation pathogène que la mère entretenait avec son fils*" a été prise, et un travail sur cette relation nous a été demandé : "*Aider la mère à comprendre ce qui est observé par les différents intervenants et à changer la relation toujours fusionnelle, malgré la distance qu'elle a avec son fils* (l'ordonnance fait allusion aux placements de Johnny, dont un hors-région), *un soutien psychologique pourrait l'aider à avancer vers cet objectif. Il conviendra aussi de l'épauler dans sa mission de poser un cadre éducatif strict à son fils et à refuser tout compromis pour ses actes répréhensibles.*"

Notre travail en équipe nous a fait opter pour une solution : envisager un autre placement pour Johnny dans une institution hors-région, spécialisée dans la prise en charge des adolescents en difficulté. Il nous restait le travail avec la mère. Remarquons que cette situation est exceptionnelle en AEMO. Les mesures éducatives "*ordonnées*" dans l'intérêt des enfants, ne sont habituellement jamais renouvelées en cas de placement.

J'ai rencontré deux autres fois Reine. Quant à Johnny, je me suis déplacée avec l'éducatrice chargée de la situation, pour une séance de travail avec l'équipe de l'institution où il est placé. La séance de travail a pris fin sans que nous ayons la possibilité de le rencontrer.

6.4.2 Deuxième entretien

Invitée à continuer à remonter dans ses souvenirs les plus lointains pour retracer l'itinéraire de son devenir mère et l'histoire de sa relation à son enfant, Reine dit : “*J'étais arrivée à la naissance, enfin, j'ai parlé un peu de tout déjà… mais après qu'on en a parlé ensemble, ouf! je me suis rappelée que j'avais trouvé le travail d'accouchement long, c'était très dur pour moi ce moment de solitude, c'est dur de se retrouver toute seule à mettre un enfant au monde, on n'a même pas un mec qui nous tient*”.

Je lui demande à qui elle pense en particulier quand elle évoque “*le mec*” qui la tient. Elle répond : “*Pas à mon père, parce qu'il n'était plus là, il n'était plus présent. Mon papa est décédé*”.

Elle décrit son père comme “*un alcoolique, brutal*” qui a failli la faire accoucher précocement et qui l'a obligée à quitter l'appartement de sa mère. Elle avait 19 ans à l'époque. Elle raconte que son père l'avait traitée de putain, l'avait giflée et lui avait dit : “*Je ne veux plus te voir avec ton bâtard*”.

Quant à sa mère, elle la décrit comme une femme qui a accepté de vivre dans la violence parce que sa vie familiale l'y préparait : “*Ses deux parents sont des enfants de la DDASS*[7] *qui ont placé, à gauche et à droite tous leurs enfants dont ma mère… elle n'a donc pas de famille*”. Elle ajoute : “*Ma mère est parfaite, elle n'a jamais fait la traînée*”.

Reine prendra en charge, à sa manière, cette histoire d'abandon d'enfants. Elle jurera dans son for intérieur que son enfant ne connaîtra pas ce sort et pour cela il lui a fallu l'attacher.

Johnny semble être confronté à l'interdit de briser la communauté physique et psychique construite et bien bétonnée entre sa mère et lui. Toutes les occasions qui pouvaient lui permettre d'investir d'autres objets et d'autres lieux lui avaient été confisquées jusqu'au jour où il s'est lancé sans protection avec son corps menu et sa tête enfantine dans un monde ‘adulte’ et particuler. Reine est allée jusqu'à empêcher son fils d'aller à l'école parce qu'elle le trouvait “*fragile*” et parce qu'elle pensait qu'il

7. Direction Départementale des Affaires Sanitaires et Sociales.

valait mieux "*qu'il reste à la maison pour qu'il ne commette pas des actes de délinquance*".

Encore aujourd'hui, elle déclare ne trouver en cela "*rien d'extra-ordinaire*" alléguant la nature instinctive maternelle. Elle ne cache pas la difficulté de séparation qu'elle a vécue à chaque fois qu'elle a été poussée par des circonstances extérieures à le laisser partir. Au cours des deux occasions où ils ont été amenés à se séparer (une fois, lors du départ de Johnny en classe découverte et une autre, en camps de vacances), elle l'a appelé quotidiennement. Elle justifie toujours ses 'intrusions' dans la vie de son enfant par son inquiétude de la délinquance. Arrivé à l'âge de 11 ans, Johnny, comme pour réaliser la prédiction maternelle, s'adonne à des actes délictueux.

Johnny est investi d'une manière paradoxale : il est à la fois l'enfant admiré et méprisé, aimé et haï sans que l'admiration ni le mépris, l'amour ni la haine ne se rencontrent pour faire accéder la mère à une certaine ambivalence. En effet, autant il semble prendre de la place dans la vie de sa mère, autant il est absent de la relation mère-enfant. Il n'a même pas à s'y situer.

"*Johnny, c'est mon bébé*" dit-elle une fois. "*Johnnny, c'est ma chose*" crie-t-elle une autre fois. Elle ira même jusqu'à exprimer ceci : "*Le jour où il a fugué j'étais très inquiète ; de toute façon pour mon chien je m'inquiète autant, c'est exactement pareil, c'est comme pour mon chien quand il fugue*".

Ainsi donc, lui retire-t-elle sa "*propriété de semblable humain*" comme l'évoquent les propos suivants de Green : "*Pour pousser la destructivité suffisamment loin à l'égard de l'autre,* écrit-il, *la condition indispensable à la réalisation de ce projet, est de le désobjectaliser, c'est-à dire de lui retirer sa propriété de semblable humain*" (Green, 1990, cité par [Hurni et Stoll, 2001], p. 40).

Par ailleurs, Reine et Johnny vivaient en couple, ils partageaient le même lit, et ceci soit depuis la phase de l'endormissement, soit et c'est la situation la plus fréquente, au milieu de la nuit où Johnny se réveille pour aller rejoindre sa mère et partager avec elle un rituel très particulier que mère et fils appellent : "*nonos*". Celui-ci consiste en ce qui suit : Johnny utilise son talon pour caresser soit la cheville, soit le coude de sa mère : "*Il prend son talon, le talon de son pied et le frotte contre ma cheville ou mon coude, et comme ça tire les os, il a de grosses cornes*".

Ils prennent douches et bains ensemble "*jusqu'à un certain âge*" précisera-t-elle. Elle nous expliquera que cela s'est arrêté "*quand il a commencé à avoir une certaine pudeur*". Elle lui demande juste de laisser la porte de la salle d'eau ouverte : "*je ne voulais pas qu'il s'enferme dans la salle de bains*", porte qu'elle laissera ouverte elle aussi, "*par précaution, on ne sait jamais*", "*par contre,* ajoute-t-elle, *je fais bien attention de fermer la porte de la cuisine*".

Tout ce que Johnny peut vivre comme changements, séparations, est décrit par elle comme des non-événements : "*Je l'ai allaité, il était content, j'ai arrêté, il n'a rien dit*".

Elle dit par ailleurs avoir tenu à ce qu'il soit propre de bonne heure : il avait un an. Elle changeait d'une nourrice à l'autre sans se soucier de la nature du lien que pouvait établir son fils avec la nourrice, en disant : "*C'est lui qui me demandait de changer, la preuve, quand je l'ai fait, il ne pleurait pas beaucoup*".

6.4.3 Troisième entretien

Reine évoque la fugue de son fils. Elle a été appelée par l'institution où il était placé pour en être avertie. Elle décrit son inquiétude suite à cet événement, une inquiétude qu'elle attribue encore une fois à un amour maternel qu'elle ne peut décrire qu'en passant par son amour pour son chien. C'est ainsi qu'elle répète une phrase déjà évoquée : "*j'aime mon fils, comme j'aime mon chien exactement pareil ; quand mon chien fugue, je ne suis pas bien*".

Elle ajoute à son inquiétude un élément nouveau dont je saisis l'apparition pour consolider le travail sur cette relation incestuelle mère-fils. Elle déclare qu'elle "*a peur qu'il ne soit attaqué par une femme qui abuse de lui et qui le viole*". Je décide de ne pas tenter de dévoiler la question du désir projeté de Reine sur son enfant. Elle enchaîne sur la violence de son fils, sur la peur qu'elle a de lui quand il rentre à la maison en état de fugue : "*Quand je ne suis pas d'accord avec lui, j'ai peur de sa violence, je ne sais plus quoi faire, je ne sais pas par quoi commencer*".

Ceci va me permettre de proposer le lien de la peur qu'elle a pu avoir de son père qu'elle a décrit comme brutal. Elle associe qu'en effet, c'est à cause de la violence de son père qu'elle est partie de la maison et elle se rend compte qu'elle avait pris des responsabilités trop tôt, à 16 ans. 16 ans, c'est l'âge où elle a du quitter le foyer de ses parents et l'âge où elle a commencé à s'apprêter à accueillir son enfant en l'absence du soutien de ses parents et en l'absence de son compagnon et père géniteur du bébé attendu.

De son fils violent qui l'a fait penser à son père violent et au père de Johnny.

"*D'ailleurs, quand j'ai rencontré François, c'était ma première relation avec un homme, je suis en retard là-dessus, je ne suis pas vraiment précoce.*"

François est donc le géniteur de Johnny. Elle ajoute le concernant : "*Tiens le voilà son prénom, François. Il m'était à peine revenu la dernière fois, quand j'étais avec mon gamin, et puis bon, de toute façon, je ne le prononcerai pas devant lui... C'était un amour éphémère, une relation sans importance. Je pensais pouvoir faire ma vie avec lui, manque de pot, j'ai tiré le mauvais numéro...*"

Psy : "*Pourquoi dites-vous que vous ne prononcerez pas devant votre fils le nom de son père ?*"

Elle : "*C'est une façon de parler, je crois que c'est parce qu'il peut me dire : 't'as mis tout ce temps là pour t'en souvenir, tu devais le savoir depuis longtemps !' Mais je l'ai vraiment oublié, ça faisait des années que je n'y pensais plus...*"

Elle ajoute : "*Maintenant, c'est différent, je sais que Rodolphe* [son compagnon actuel], *je n'oublierai pas son nom, je me sens vraiment amoureuse, et puis mon fils lui, ça ne le regarde pas, chacun s'occupe de ses affaires personnelles.*"

La séparation mère-fils suite au placement et les quelques entretiens que j'ai eus avec elle, mais aussi ceux qu'elle a eus avec l'éducatrice chez elle ou au service, ont-il commencé à lui permettre d'affronter la relation "*incestuelle*" massive ?

Peut-être même que l'apparition chez Reine de ce fantasme nouveau en est un signe... Loin d'elle, la mère qui avait peur que son fils se fasse violer par une femme.

Elle retrouve le prénom longtemps oublié du géniteur de son enfant avec qui elle a vécu six mois. Elle relate des souvenirs en lien avec cette première expérience amoureuse. Elle peut investir ensuite une nouvelle relation et sortir de sa période de "*chasteté*". À la même époque, son fils commence à porter son regard ailleurs et à s'intéresser aux relations amoureuses.

Elle passera par une évocation, disqualifiante certes, de son amant mais qui, néanmoins, lui permettra de retrouver le prénom perdu de cet amant et père de son fils, même si elle continue à dire : "*Je ne le prononcerai pas devant lui... De toute façon, c'était un amour éphémère*".

6.4.4 Analyse et commentaire

Nous avons pu voir le 'roman de la grossesse' de Reine réintroduire le père. Son prénom, le nom du père, remonte à la surface après avoir été mis dans les oubliettes ou peut-être était-il seulement sur le bout des lèvres mais encore indicible.

Ce moment de remémoration a donné naissance à une certaine fonction symbolique du père. Le couple mère-enfant se sépare en tant qu'objet sexuel mutuel.

La mère, devenue moins seule parce qu'elle a abordé quelque peu 'la censure de l'amante' selon l'expression de Fain [Fain et Duparc, 1999]. Elle sort de son état de nonne et investit une relation amoureuse. "*La mère n'est pas seule*, comme l'écrit A. Eiguer, *le père dans son esprit et dans la réalité est tout aussi important. Il la 'seconde' : effet miroir ; il introduit sa note masculine : effet d'alternance ou d'opposition. Mais pas n'importe quelle différenciation, car le père n'est pas un tiers banal, c'est un autre qui introduit la sexualité et ses distinctions. Le féminin de la mère se fait message à partir de la reconnaissance du masculin du père*" [Eiguer, 1999] (p. 185).

Par ailleurs, Reine m'a fortement interrogée sur une question que bien d'autres mères, parmi celles que j'ai rencontrées en AEMO, ont déjà soulevée en moi : le processus de maternalité ne comporte-t-il pas un travail psychique de désexualisation de l'amour maternel destiné à l'enfant ? À défaut, une maternité que je propose d'appeler 'maternité sexualisée' s'installe.

Maternité et sexualité sont deux registres dont l'association pourrait sembler saugrenue parce qu'ils se présentent comme fondamentalement antinomiques. Ils se retrouvent ici, liés de manière paradoxale.

Le lien entre ces deux registres a fait l'objet de nombreuses études que cela soit dans le sens de la composante maternelle de la sexualité ou de la composante sexuelle de la maternité. Il serait très utile de ramener ce lien sur le devant de la scène en suivant le modèle d'H. Deutsch [Deutsch, 1994] pour étudier quelques configurations des perturbations de la relation mère-enfant.

Lors du processus de la maternalité, un lien paradoxal peut, me semble-t-il, s'installer entre le maternel et le sexuel.

Cette forme de confusion entre ces deux registres, facilitée par une non intégration de l'interdit de l'inceste peut être évoquée sous l'hypothèse d'une érotisation des fonctions biologiques.

À cet endroit, il me semble intéressant de mentionner les travaux de F. Guignard [Schaeffer et al., 1999] sur "*les exigences économiques de l'investissement pulsionnel, par la femme adulte et mère de son enfant et son amant, celui-ci étant le père de l'enfant*" (p. 12) et sur "*la façon dont les investissements sexuels se distribuent chez la femme adulte et mère, entre le féminin et le maternel*" (p. 12), qui met en évidence une distinction nécessaire entre les fonctions sexuelles et reproductives des organes génitaux.

Elle défend l'idée de la constitution chez la mère "*de premiers espaces psychiques en relation identificatoire avec, d'une part la capacité de penser de la mère dans l'espace du 'maternel primaire' et d'autre part, le désir de la mère pour le tiers paternel dans l'espace du 'féminin primaire'*" [Schaeffer et al., 1999] (p. 13).

"*Si la pathologie de l'investissement pulsionnel des organes sexuels est connue depuis longtemps, cette distinction entre organes sexuels et organes de reproduction quant à leur investissement par les pulsions sexuelles et les pulsions du Moi, n'a pas à ma connaissance, été prise en compte jusqu'ici,* affirme-t-elle à juste titre me semble-t-il. *Pourtant* explique-t-elle, *une femme peut vivre l'expérience de sa sexualité adulte de façon tout à fait satisfaisante, et se trouver en grande difficulté lors d'une grossesse pour investir ses organes de reproduction*". "*Or, l'intégration de ces deux courants au niveau des pulsions du Moi est indispensable, pour installer dans le psychisme de la femme devenant mère, l'interdit de l'inceste avec l'enfant à venir.*" insiste-t-elle (p. 16). Elle ajoute plus loin : "*L'investissement par la femme de ses organes de reproduction est double : au niveau manifeste, il est avant tout de nature narcissique donc identitaire, et se confond avec l'investissement des organes de jouissance sexuelle. Mais au niveau latent, cet investissement est avant tout de nature auto-érotique [...]. Ainsi dans les configurations les plus variées d'activité sexuelle, le matériel analytique de ces jeunes femmes qui n'ont pas de projet d'enfants dans l'immédiat révèle qu'elles vivent inconsciemment l'aspect potentiellement auto-érotique de leur utérus comme étant largement indifférencié de leur investissement inconscient intense et très ambivalent de l'utérus de leur mère, en tant que lieu du fantasme originaire d'un désir de retour fusionnel à tout jamais interdit*" (p. 17).

6.5 Ève ou la mère du monde

Ève est une jeune et très belle femme africaine qui affiche au premier abord grâce et bien-être. Elle donne l'impression d'avoir connu le luxe et la facilité de vivre. J'apprendrai ensuite qu'elle a connu surtout, la guerre, le viol, la mort de ses proches, la prison et l'exil pendant le génocide rwandais. La mesure d'AEMO, fait suite à une plainte (demande d'aide ?) adressée par la mère au juge des enfants, relatant des faits qui l'inquiétaient : son fils l'avait frappée.

C'est seulement, au cours des dix dernières minutes du premier entretien, que je l'ai vue quitter un sourire qui l'accompagnait comme celui d'un mannequin et verser des larmes. Elle a pu ainsi me désillusionner de cet appétit de vivre qu'elle affichait pour me parler de son désir de se tuer et de sa tentative avortée de se donner la mort.

Elle parle du jeune homme qui l'accompagne avec lequel la différence d'âge paraît inexistante et qui se trouve être son fils, sans le regarder, sans lui adresser le moindre mot, mais tout en parlant de lui, parfois d'une manière tendre, d'autres fois, d'une manière disqualifiante et méprisante.

Enrico, 16 ans, présente des signes évidents de traumatismes. Le souvenir qu'il relate comme étant le plus lointain, c'est "*la guerre et les armes*". Il avait 14 ans. Il relate aussi un autre souvenir d'un événement avant leur arrivée en France : des gens étaient venus les prendre chez eux et les mettre dans l'avion. Personne, n'en connaissait la destination.

Je les revois quelque temps après. Après quelques échanges au sujet du quotidien, je propose à la mère ce qui suit : "*Parlez-moi d'Enrico, et des autres enfants si vous voulez, depuis que vous étiez enceinte d'eux, ou même avant, depuis qu'ils étaient à l'état de projet 'dans votre tête'*". Elle se présente d'abord comme "*Fille unique qui était tout le temps tête en l'air*" et puis parle d'Enrico qui a été pris en charge par ses grands parents. Elle ajoute : "*J'ai eu Enrico avec mon copain*".

Je la réinvite à se pencher sur la grossesse qui a donné naissance à Enrico. Elle répond : "*Il n'a fait aucun changement dans ma vie. Quand j'ai accouché, j'ai continué les choses comme avant. Aucun problème, même quand j'étais enceinte, je continuais à faire tout comme avant. Il n'y a eu aucun changement, même pas dans mon corps, enfin ça se voyait quand même un peu mais les vomissements et tout ça rien* ". Elle ajoute "*Et c'est pareil pour tous les enfants, je n'ai jamais des vomissements pendant les grossesses...*".

Je lui propose de me parler de la relation amoureuse à l'origine de son projet d'enfant. Elle répond que c'était un copain qui appartenait à une famille pauvre, élément qui a causé le désaccord des parents d'Ève, fille d'un grand homme d'affaires. "*Mon copain a quitté la ville. Il a eu peur de mon père qui l'a menacé. C'était ma première relation amoureuse et mon premier contact avec un homme, j'avais 15, 16 ans. Je ne prenais pas la pilule, d'ailleurs, je n'en prends jamais... Mes parents voulaient que je me fasse avorter, mais moi, je l'ai gardé*". "*C'est l'enfant à ma mère : il dormait dans la chambre de mes parents jusqu'à l'âge de 3 ans.*"

Ève ne semblait pas avoir de souvenirs de son enfant bébé. Je tente de l'y inviter petit-à-petit.

Psy : "*Et avant trois ans ça se passait comment ? À sa naissance par exemple.*

Ève : *Je me rappelle pas vraiment, c'est pas moi, c'est ma mère qui s'est occupée de lui.*"

Évoquant la question du nom que porte Enrico (celui de son grand-père paternel ou de son propre père), je reçois une réponse complètement inattendue : "*Non, c'est pas du tout le nom de mon père... En fait ma mère était stérile avant moi et après moi. Comme on est des croyants, on demandait à Dieu de nous réaliser quelque chose ou de nous guérir d'une maladie ou quelque chose comme ça. Elle, elle allait visiter les marabouts et leur demandait d'avoir des enfants. Mais comme elle continuait aussi à pratiquer la religion, un homme de foi, un saint lui a dit : 'les marabouts ne donnent pas d'enfants mais c'est Dieu'. Après ses conseils, une année après, elle a conçu et elle a dit : mon enfant quel que soit son sexe, il portera le nom de ce saint*". C'est ainsi qu'Ève s'est vu porter le nom de ce saint, nom qu'elle a transmis à son fils. Et elle continue : "*Chez nous, c'est comme ça, on donne le nom qu'on veut, on donne le nom d'une copine, de quelqu'un à qui on veut faire plaisir, c'est comme on veut...* "

"*Et pour les autres, ça s'est passé comment ?*" l'invitai-je à préciser.

Ève : *Pour les autres, les grossesses se sont aussi bien passées, toujours pareil.*"

Enrico (16 ans), le premier ; Dorian (7 ans), le deuxième et Justice (1 an), la cinquième ont un père différent chacun. Enzo (5 ans), le 3ème et Clémence (2 ans), la quatrième ont le même père.

Psy : “*Et si vous essayez de reprendre les grossesses, une par une afin d'en dégager les différences et les particularités ?*

Moi j'ai connu la prison deux fois, répond-elle, *une fois, on m'a mise en prison, j'étais enceinte de 3 mois de mon 4ème enfant... on m'a maltraitée, les enfants étaient chez une copine, j'étais restée enfermée pendant 15 jours. À la prison, j'ai eu une relation avec un chef brigadier qui m'a libérée, et j'ai fait avec lui mon cinquième enfant... Comme je suis la fille unique, je voulais beaucoup d'enfants... pour moi et je pensais à mon pays qui en manquait de plus en plus à cause de la guerre... Et puis, nous, on a perdu beaucoup de gens, mes tantes mes oncles, c'est pour ça que je voulais des enfants, beaucoup, beaucoup d'enfants pour avoir de la famille, pour remplacer toute la famille, tous les indigènes perdus. Je voulais de la famille, beaucoup d'enfants pour ne pas rester seule. Maman aussi disait : 'nous allons mourir, Ricou (c'est le diminutif d'Enrico) va rester seul'*”.

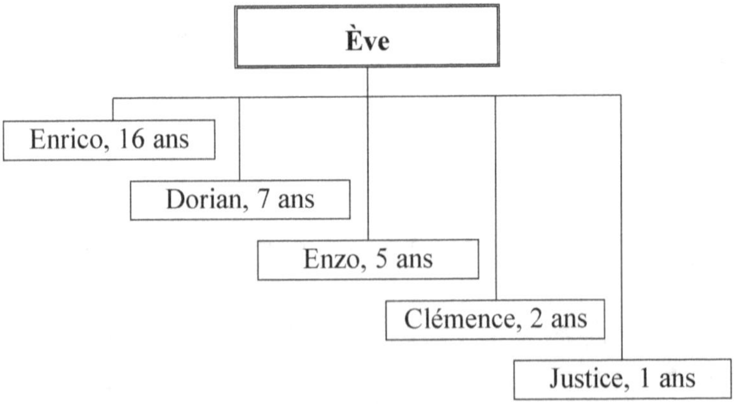

FIGURE 6.4 – Ève et ses enfants. Les âges des enfants sont donnés à l'époque de la première rencontre.

Ève évoque ensuite la seconde fois où elle a connu la prison. Elle avait sa fille, âgée d'un mois, avec elle qui était tombée malade à cause des mauvaises conditions dans la prison. Elle me fait part ensuite des raisons de nature politique qui ont été à l'origine de son incarcération.

Nous arrivons à ce qui lui pose problème aujourd'hui dans sa relation à son fils Enrico et elle me fait part d'une préoccupation : "*Un de mes soucis, c'est l'école. Il n'a pas l'amour de l'école.*"

Nous évoquons ensuite les différents 'problèmes' qu'a connus Enrico, qu'elle semble minimiser et qui expliqueraient les 'difficultés scolaires' de ce dernier présentées par elle comme émanant d'un désinvestissement scolaire capricieux.

Elle déclare enfin trouver son fils triste depuis son arrivée en France.

"*Enrico, c'est mon enfant, mon frère. Des fois je crois même que c'est pas mon fils. Il m'arrive de me dire : 'mon fils... Comment j'ai fait pour avoir un fils comme lui !' j'y crois pas, je suis fière de lui... Quand il n'est pas là, je pleure, je ne veux pas qu'il sorte. La fois où il s'était fâché fort, c'était une fois où je lui disais que je ne voulais pas qu'il sorte. Jusqu'à ses 11 ans, c'est mes parents qui l'ont élevé et puis depuis cet-âge là, il est resté avec moi. Mes parents étaient partis vivre ailleurs à cause de la guerre.*"

Quand je l'invite à remonter au-delà de la période de son arrivée en France, elle relate un souvenir d'un vécu d'une grande cruauté. Enrico et sa mère ont été témoins d'un massacre. Les autres enfants n'ont pas été cités par Ève et je ne sais pas s'ils ont assisté à la scène. Peut-être qu'elle a considéré qu'ils étaient trop petits pour être concernés par ces horreurs : "*On a tué mes oncles, mes tantes et tout ça. On m'a déshabillée et violée devant Enrico. On m'a emmenée en prison, et pour passer, on était obligée d'enjamber les morts, Enrico et moi.*". Ève était accusée de collaboration avec le régime politique en place.

Je les revois ensemble mère et fils, cinq mois après. Elle était censée prendre un rendez-vous pour Enrico auprès d'une des institutions spécialisées dans les soins psychiques que je lui avais conseillée. Elle semble dire qu'elle n'a pas encore pu prendre le temps de le faire.

Lors de cet entretien, qui se passe en présence du psychologue stagiaire, la tension est plus élevée que les deux autres fois : "*J'ai demandé à le placer, il ne se comporte pas très bien... Il fait des bêtises... on sait pas ce qu'il a dans la tête, même à moi, il dit pas, il discute pas, on n'arrive pas à comprendre ce qui se passe en lui...*"

Je demande à Enrico ce qu'il pense de ce qui vient d'être dit par sa mère. Il répond : "*Oui je sais, elle parle des bêtises, des vols et des menacements*" et la mère de reprendre, en colère : "*Ah oui, les menaces, j'en reçois*".

Enrico dit que ces accès de colère ont lieu quand sa mère "*ne fait pas ce qu'il souhaite*" et que ce qu'il ne comprend pas, c'est que "*quand il était enfant, elle faisait tout pour lui*". "*Peut-être qu'elle m'aime plus*" commente-t-il. Et il reprend pour dire qu'il se fâche quand elle n'est plus gentille avec lui, quand elle se met en colère et quand elle le prive de choses dont il a besoin.

En guise d'exemples de privations, il cite l'argent de poche, les habits qu'elle lui achète elle-même en dehors de sa présence, en expliquant : "*parce qu'elle dit qu'elle sait ce qu'il faut pour moi*".

Je remarque que mère et fils parlent l'un de l'autre en utilisant le pronom personnel de l'absent, il ou elle. C'est la mère qui répond le plus souvent à mes sollicitations de parole adressées à son fils, qui met, il est vrai, un certain temps pour répondre.

Quant à la demande de son placement émanant de sa mère, Enrico dit : "*ça va changer ma vie, ne plus voir ma famille, ça va me faire du mal*".

Je demande si on ne pouvait pas comprendre la demande de placement faite par la mère comme une manière d'éviter la confrontation avec quelque chose qui lui apparaît insupportable et qui serait le changement dû à la croissance de son enfant : 'Enrico devient un homme'. Elle dit que pour elle, il n'y a pas eu de changement, ni de son côté à lui, ni de son côté à elle. Enrico répond : "*me donner de l'argent de poche comme avant, me laisser acheter des habits à ma façon, avoir l'autorisation de sortir jusqu'à 20 heures comme avant, voilà ce que je veux*".

J'apprends par la suite que les menaces auxquelles la mère fait de nouveau allusion consistent en une scène où Enrico a poussé sa mère pour lui prendre la clé "*de force*" pour sortir en insistant sur le fait qu'il ne s'était passé rien d'autre, et qu'il ne l'avait pas tapée. Il précise : "*Mais elle, elle dit que je l'ai frappée...*". Quant je lui demande de me dire ce qu'il comprend de ce qui se passe actuellement entre sa maman et lui, il dit : "*Elle avait confiance, là elle l'a plus, je sais pas pourquoi*". Je comprends par la suite que le comportement d'Ève à l'égard d'Enrico a changé concernant ces aspects qu'il réclame de garder comme avant : avoir son argent de poche, choisir ses habits lui-même et sortir jusqu'à 20 heures.

Vers la fin de l'entretien, Ève évoque une question qui apparaît comme l'une des manifestations de l'identité projective massive dans son investissement de la relation à son enfant. Elle se plaint de ce qu'elle appelle 'un vol répétitif' qui est commis par son fils, mais ne s'étonne pas de l'intérêt qu'a ce dernier à voler de tels objets. Celui-ci utilise, dit-elle ses produits de beauté sans le lui dire. Mais je comprendrai plus loin que ce n'est pas l'usage de tels produits qui l'intriguent, mais c'est le fait de la laisser à sec d'une manière qu'elle n'a pas prévue. "*Il les utilise sans me le dire, c'est ça le problème... Je lui en achète pourtant toujours : moitié pour lui et moitié pour moi, j'achète donc tout en double... et il me prend quand même les miens !*"

Quand je lui demande pourquoi elle lui achète de tels produits, elle répond : "*C'est lui qui veut, quand je n'en ai plus (Ève veut certainement dire : 'quand il n'en a plus', laissant entrevoir par ce lapsus la dimension spéculaire, narcissique, du lien qui les unit), il vient dans ma chambre*" !

Après cette étape de travail, Enrico me fait part de son désir d'avoir des entretiens réguliers avec moi.

6.5.1 Le travail avec Enrico

Lors des premiers entretiens, il est surtout question de temps et d'espace. Enrico a l'air perdu dans un temps qui lui semble entièrement extérieur à lui et qui n'a aucune résonance sur les moments personnels qu'il vit. Ses retards sont d'une demi-heure à une heure quand il ne se trompe pas de jour ou de semaine.

Après un premier rendez-vous, Enrico se présentera dorénavant avec un cure-dent dans la bouche qu'il manipule en le raccourcissant et en l'allongeant pendant tout le temps de la séance, notamment quand il parle. Au fur et a mesure de l'avancement des entretiens, Enrico quitte son 'objet' à valeur apparemment transitionnelle. Une certaine aisance corporelle que nous ne lui connaissions pas apparaît.

Au bout de quelques séances, Enrico arrive même à l'heure exacte, exactitude qui ne sera pas maintenue, mais qui toutefois montre sa capacité d'adaptation et peut-être aussi l'investissement du travail psychique.

Un jour, il m'annonce avec une certaine joie :

E : "*Ca va mieux, la rentrée chez moi... je suis sorti, maman voulait seulement que je lui dise où je suis allé, elle ne ferme plus la porte, mais elle se fait toujours des soucis quand je suis dehors.*

Psy : *Pourquoi votre mère se fait-elle ce genre de soucis à votre avis ?*

E : *Ma mère a peur du mal...*

Psy : *Le mal comment ? Le mal qu'il arrive quoi ?*

E : *La peur que je sorte, qu'il m'arrive quelque chose dehors, du mal à l'extérieur... L'extérieur c'est dangereux... le dehors, c'est dangereux.*"

L'extérieur dangereux nous fait parler de la guerre, de ses dangers et des traumatismes qu'elle cause. Je lui dis que je trouve les événements qu'il a vécus cruels et que je comprends qu'il ne puisse pas reprendre ces questions et y repenser. Je lui explique qu'à chaque fois qu'il y a un petit bout de pensée ou souvenir difficile autour de tous ces malheurs, il peut les partager avec moi. J'ajoute enfin que nous pourrions même augmenter le nombre de rendez-vous s'il le souhaite.

Enrico déclare qu'il va beaucoup mieux, qu'il dort très bien maintenant, qu'il a des amis et qu'il veut juste régler les problèmes avec sa maman. "*Je n'ai pas envie que ça revienne*", dit-il au sujet des malheurs qu'il a vécus, montrant qu'il perçoit les idées comme des choses : faire revenir ces événements dans sa pensée, c'est les faire revenir dans sa réalité.

Enrico pense que les choses difficiles s'atténuent avec l'âge. Il a donc décidé de se préserver contre la pensée et les mauvais souvenirs et de se concentrer sur le fait de grandir. Il ajoute "*les bébés, eux, ils ne pensent à rien* ". Je lui demande sur quoi il se base en disant que les bébés ne pensaient à rien et je lui pose même la question si ce n'était pas le fait qu'ils ne possédaient pas encore le langage parlé qui le faisait dire cela. Il avait l'air surpris. En fait pour lui, les bébés parlaient, mais ne pensaient pas. Je me rends compte qu'en lui posant ces deux questions, je prenais pour acquise une représentation commune du bébé que nous partagions lui et moi. Enrico ne semblait pas se représenter le bébé comme le petit-être humain de quelques mois, mais comme un grand être humain, pas encore humain.

Quand je lui demande comment il imagine le bébé, il répond qu'il est grand, marche, parle mais ne pense à rien. Comme je ne comptais pas du tout faire des interprétations difficiles à élaborer par Enrico au sujet d'un certain clivage que je pouvais entrevoir à travers cela, je choisis de rester dans cette problématique plus ou moins concrète de l'exploration et l'élargissement des représentations autour des différentes périodes de la vie.

J'essaye donc de voir si son imaginaire peut accepter de remonter à la période d'avant la marche et d'avant le langage. Peut-être même m'étais-je dit que le bébé qui marche, qui parle mais qui ne pense pas, c'est lui à 14 ans après avoir subi ce traumatisme multiple.

Il me raconte au sujet des bébés que, soit ils sont grands et ne savent plus où ils étaient, soit ils sont petits et ne savent pas où ils sont. C'est ainsi que je lui demande : "*Et vous quand vous étiez bébé, vous étiez où ?*"

Il répond : "*J'étais à l'intérieur*", en montrant le ventre.

Face à cet imaginaire restreint (repéré aussi bien chez la mère que chez son enfant) autour de toute la petite enfance, un manque de connaissance de leur enfance et une absence de représentations autour de la naissance et de ce qui la précède, je prends le risque (vu son âge) de lui poser la question suivante :

Psy : "*Combien de temps il reste à l'intérieur un bébé ?*

E : *Pour un bébé je sais pas, pour moi, un bébé, il reste 5 mois, 5 mois et 2 semaines, 8 mois, 1 an et demi.*

Psy : *Il peut rester un an et demi à l'intérieur le bébé ?*

E : *Ben oui, à l'intérieur d'elle.*

Psy : *A l'intérieur d'elle vous dites ? Vous parlez de qui ?*

E : *Ben ma mère.*

Psy : *Et après ce temps où il est à l'intérieur, il se passe quoi ?*

E : *Après c'est dangereux, c'est dangereux pour le porter…*

Psy : *C'est dangereux pour qui ?*

E : *Pour la mère. Elle a le droit de se reposer… Si elle est en forme pour porter le bébé, c'est pas dangereux pour elle et si elle n'est pas en forme, elle ne peut pas le porter, c'est dangereux pour les deux.*"

S'en suit une discussion sur porter le bébé à l'intérieur, dans le ventre de la mère, et porter le bébé à l'extérieur, dans les bras de sa mère, de son père, de ses grands-parents.

Psy : "*Et votre mère, pensez-vous qu'elle était en forme pour vous porter ?*

Enrico dit en riant : *je crois, je ne sais pas.*"

Face à cet aspect d'absence de "la pensée des origines" (Racamier), qui se manifeste à ce niveau par une difficulté d'élaborer un scénario où il s'imagine dans le ventre de sa mère, sans parler du scénario de s'imaginer en tant que fruit de la relation amoureuse et sexuelle unissant un couple qui serait le couple de ses deux parents géniteurs, je prends un papier et un crayon et je lui propose que nous dessinions ensemble ce bébé à l'intérieur, le bébé dans le ventre maternel. Je remarque qu'Enrico dessine un fœtus-volaille "élevé", porté dans le plein-air d'un ventre-terrain sans contour ni limite.

Je continue :

Psy : "*Qu'est ce qui lie un bébé à sa mère dans le ventre ?*

Enrico : *Une coupure non ?*"

Après une discussion sur le lien et la coupure, je prends un papier et je fais un premier dessin d'une mère au gros ventre avec un bébé dedans ; un deuxième dessin où le bébé est expulsé, mais reste lié à sa mère à travers le cordon ombilical ; et enfin un troisième dessin où le cordon ombilical est coupé.

Et pour continuer d'explorer son imaginaire autour de cette question et de tenter de le favoriser, je lui demande comment il pense que le bébé se nourrit à l'intérieur, dans le ventre de sa mère.

Il répond : "*À l'intérieur, c'est du sang qu'il mange le bébé, et pour la respiration, c'est son cerveau qui respire : il a un cerveau qui respire et un cerveau qui sauvegarde tout !*" (Je suis étonnée de l'utilisation de cette dernière phrase chez Enrico dont le niveau de vocabulaire est restreint).

Psy : "*Après la naissance, la mère le nourrit comment le bébé ?*

Enrico : *Ben, elle lui donne la nourriture de bébé. On peut fabriquer des trucs, par exemple des pommes. Les pommes, nous on les mange comme ça* (et il me montre le mouvement de croquer) *et lui, il les mange...* (Il cherche le mot, fait un geste avec la main qui m'inspire l'expression 'écrasées en compote', que je lui suggère. Il répond : *Oui, c'est ça, je savais plus le dire.*

Psy : *À la naissance, déjà de la compote... Et avant la compote... Avant de commencer à manger, il buvait quoi ?*

Enrico : *Des choses, des choses qu'on achète...*

Psy : *Et on peut lui acheter quoi ?*

Enrico : *Du lait. Il peut prendre du lait. Il va le prendre dehors, du lait qu'on achète.*

Psy : *Est-ce que la mère peut donner du lait autrement que de l'acheter dehors ?*

Enrico : *Non, si, il y a des poudres de bébé, du lait spécial fabriqué pour bébé.*

Psy : *Il n'y a pas d'autres moyens ?*

Enrico (long silence…) : *Si dans le sein de mère.* (Mère est utilisée par lui comme ceci sans l'article défini).

Psy : *Et vous, est-ce que vous avez été allaité ? Est-ce que vous avez eu du lait de sein de mère ?*

Enrico : *Moi, non, je sais pas, je crois oui, je sais pas.*

Psy : *Votre mère ne vous a jamais parlé de vous bébé ?*

Enrico : *Non.*"

Il parle de ses frères et sœurs, plus petits que lui, qu'il a vus bébés.

Psy : "*Et votre frère, il a été allaité ?*

Enrico : *Ah oui, lui je l'ai vu, je l'ai vue lui donner le sein.* (Il s'agit du frère d'Enrico, âgé aujourd'hui de 7 ans). Et il continue : *Mon frère a 7 ans maintenant et moi 16 ans… J'avais 13 ans, je me rappelle quand il était petit et que ma mère s'occupait de lui.*

Psy : *Un bébé a besoin de quoi, à part la nourriture ?*

E : *Il a besoin de sa mère et de son père.* (Répond-il en me surprenant.)

Psy : *Vous les avez vus, vous, tous les deux ensemble ?*

E : *Oui, à 8, 9, 10, 11 ans… je croyais que ma grand-mère c'était ma mère, parce qu'avant, ma mère… c'était quelqu'un qui vient comme ça… c'était un visiteur… Ma grand-mère, je l'appelais maman, et ma mère par le prénom. Un jour, ma grand-mère m'a expliqué, j'ai continué à l'appeler maman et à appeler ma mère par son prénom... quand ils m'ont expliqué plusieurs fois, j'ai réussi à l'appeler grand-mère et ma mère maman.*

Psy : *Et votre père ?*

Enrico : *C'est pareil, lui c'est mon grand-père, et je l'ai toujours appelé papa. Ils m'ont expliqué, ils m'ont répété plusieurs fois pour que je comprenne.*

En partant, Enrico préfère ne pas prendre un papier du service sur lequel est noté le rendez-vous : "*Non, c'est bon, je ne prends pas de papier, ça ira, je me rappellerai tout seul*". Auparavant, c'était lui-même qui le demandait.

Il se présentera à l'heure où il est attendu, bien soigné, mais l'air un peu triste. Il dira de sa tristesse qu'elle est en lien avec un courrier qu'il venait de recevoir qui lui annonçait le refus de son inscription à un stage d'électricité qui l'intéressait.

Il m'annonce qu'il a pris le temps de parler avec sa mère de son enfance, mais tout en disant ne plus se rappeler si elle lui avait dit qu'il avait eu du lait maternel ou pas. "*Je crois que j'ai eu un peu, je sais pas.*"

Nous évoquons ensuite la question du père, restée en suspens la dernière fois. "*Moi, je sais pas, je ne connais pas*". Il ne dira pas 'mon père'. "*Et votre mère, elle vous a dit quoi de lui ?*" "*Elle ne dit rien*" répond-il.

Enrico ne viendra pas à l'entretien suivant. Mais un jour, il se présente sans me prévenir, comme pour me mettre devant une impossibilité de le recevoir puisqu'il vient à l'heure où je quitte habituellement le service. Il vient comme pour tester ma capacité de lui faire une faveur et de le recevoir hors temps prévu.

A la fin de la mesure le concernant, un dernier rendez-vous lui a été accordé, pour parler de ses projets d'avenir. Enrico paraissait beaucoup mieux dans sa peau et sa réflexion sur son avenir était très raisonnable, il était plus heureux avec sa mère et avait même pu parler avec elle de son désir qu'elle lui trouve au moins une photo de son père.

6.5.2 Analyse et commentaire

Les traumatismes de grande cruauté qu'Ève et ses enfants ont vécus sont bien évidemment à prendre en considération dans ce vide affectif et psychique dans lequel se (re)trouvent Ève et Enrico. Tous les deux présentent un vécu effrayant sous forme de contes. Enrico et sa mère semblent être dans une attitude de béatitude cherchant à rendre le traumatisme non advenu comme le dit Ferenczi dans le propos suivant :

"*Il n'existe pas de choc, ni de frayeur, sans une amorce de clivage de la personnalité. La personnalité régresse vers une béatitude prétraumatique, cherche à le rendre non advenu*" [Ferenczi, 1983] (p. 132).

Mais il m'a semblé qu'en dehors de ces traumatismes liés à des événements réels, l'événement de l'accès à la maternité d'Ève est resté à chaque enfantement silencieux. Ce sont des accès qui se présentent 'comme si de rien n'était' comme l'écrit Racamier. "*Ce n'est pas parce qu'il y a maternité que pour autant s'engage aussitôt la maternalité ; celle-ci peut se trouver différée, voire même escamotée par le moi qui s'en défend énergiquement*" [Racamier, 1978] (p. 44).

6.6 Charlotte ou l'a-mère

Charlotte, la quarantaine, brune, une voix hésitante et un regard un peu affolé. Je la reçois avec sa fille Josette (14 ans) et son mari pour un entretien familial.

Dès le début de l'entretien, les chuchotements entre père et fille sont continus, allant jusqu'à une "*confidence* " de la fille au père : "*Je veux faire pipi, papa*", et le père de se lever et de l'accompagner.

La mère soulève d'abord une question qui lui pose aujourd'hui problème : elle se sent impuissante face à l'éducation de sa fille. Elle dit ne pas se sentir appuyée par son époux : "*Son père m'interdit de lui interdire des choses*", déclare-t-elle. "*Si je le fais, elle m'insulte, et si je me fâche après elle parce qu'elle m'a insultée, il m'engueule et va la consoler*".

Le père se met à citer des dates et des événements qui me font comprendre qu'il venait d'obtenir quelques mois plus tôt, le classement sans suite d'une affaire qui fit beaucoup de bruit : il était accusé d'entretenir des relations ambiguës avec sa fille et même soupçonné d'inceste. "*On arrête là,* revendique-t-il, *le tribunal a dit 'Monsieur P., c'est pas un pédophile et il ne tape pas'.*" Il se retourne vers son épouse pour dire : "*Dans un couple, quand quelqu'un doute de l'autre, c'est fini*", déniant la gravité de la question, la déplaçant sur un autre registre et réduisant l'affaire d'inceste à une affaire de couple. Charlotte s'adresse à lui en pleurant : "*Je t'ai soutenu devant la police pour dire que je n'avais rien remarqué de bizarre.*" Et il lui répond avec rage tout en lui lançant un regard de mécontentement : "*Je ne pardonnerai jamais... ce jour-là comme si on m'accusait de vol dans un supermarché*". Monsieur P. trouve-t-il qu'être accusé d'inceste est moins grave que d'être accusé de vol dans un supermarché ? "*Je veux que tous ceux qui m'ont accusé payent : le collège, l'école primaire qui m'a accusé d'avoir un comportement bizarre, tous.*"

Je revois Charlotte toute seule. Elle me reparle de ses soucis avec sa fille, du comportement actuel de cette dernière, de sa difficulté en tant que mère à exercer son autorité. Je lui propose de remonter encore plus loin et de me parler de sa fille depuis qu'elle était petite. Son refrain est le suivant : "*C'était comme ça depuis longtemps, c'était toujours comme ça depuis sa naissance, je n'existe plus depuis qu'elle est née, il n'y a que son père et elle à la maison.*"

Je l'invite à parler de la période d'avant la naissance de Josette, de la rencontre du couple, de la grossesse et même avant la grossesse depuis le projet d'enfant. "*Quand on s'est connu, j'avais 19 ans,* dit-elle, *on a cohabité ensemble pendant 4 ans puis on s'est marié. Au début, il ne voulait pas se marier, c'était moi qui insistais. Pour les enfants, c'était pareil, moi, je voulais deux enfants au moins, lui, il n'en voulait aucun. À chaque fois que je lui demandais, il ne voulait pas, il disait : 'on habite un appartement, c'est pas drôle pour les gosses'... C'est pour ça qu'on est allé habiter ailleurs, mais il n'en voulait toujours pas. Il disait : 'On a des dettes, attends encore un peu et puis on verra où on va s'installer, peut-être qu'on ne restera pas ici'... Longtemps après, on a eu notre fille avec l'accord de ma gynécologue... Quand Josette est arrivée, au bout même pas d'un an, il m'a dit : 'On va lui faire un petit frère'... Moi, j'ai dit : 'Écoute, j'ai eu des problèmes pour l'accouchement... Et puis tu m'as fait attendre pour le premier, alors on peut encore attendre pour le deuxième'. On s'engueulait, j'ai dit : 'non, moi je veux plus'... En plus depuis sa naissance, je ne trouvais pas ma place de mère, c'était lui qui lui donnait son lait et tout... on s'engueulait de plus en plus.*"

Nous remarquons que le projet d'enfant, aussi bien chez la mère que chez le père, s'inscrit dans ces projets appelés plutôt narcissiques. Après une attitude marquée par l'évitement d'un accès à la parentalité vécue manifestement comme menaçante chez le père et une attitude maternelle désinvestissant le désir, "*Josette arrive*", selon les propos de Charlotte. Je fais la remarque à Charlotte en utilisant la plaisanterie : "*Elle avait son cartable dans la main ?*" "*Non*" me répondit Charlotte en quittant son air affolé et en riant de manière très détendue."*Non,* continue-t-elle, *vous m'auriez dit, elle avait une pomme dans la main, ou qu'elle croquait une pomme, je vous aurais dit oui, c'est pas impossible.*" Elle m'explique ensuite que Josette bougeait dans le ventre de sa mère à chaque fois que cette dernière mangeait une pomme et dit se demander : "*Je ne sais pas si elle aime les pommes ou si c'est psychologique ou quoi*". Puis elle se rappelle que sa fille bougeait aussi à l'occasion d'une autre circonstance : "*quand mon mari* dit-elle, *lui parlait vers le ventre.*"

Quant à l'allaitement, Charlotte exprime un profond sentiment de remord qui m'a beaucoup touchée. Son entourage l'avait mise en garde contre les contraintes de l'allaitement et lui avait cité les bienfaits du lait du commerce. Au moment venu, confrontée à un désir d'allaiter et à une peur de mal faire, elle décide de laisser le dernier mot aux soignants de la maternité. Ceux-ci la feront trancher facilement, a-t-elle pensé, vu leur expérience et leur spécialité. Mais elle se désillusionne vite quand une personne de l'équipe soignante se présente à elle seulement pour lui demander si elle veut allaiter ou pas. C'est le 'non' qui est sorti en premier. Quelques jours après, une autre personne de l'équipe soignante vient lui dire : "*Dommage que vous ayez décidé de ne pas allaiter votre fille*" et elle a droit aux éloges de l'allaitement cette fois-ci, éloges tellement convaincants qu'elle pense qu'elle a fait une bêtise irrécupérable.

Josette est née trois semaines avant terme. Charlotte raconte qu'elle était tellement fatiguée qu'elle ne l'a pas vue tout de suite.... Les services étaient séparés. Il lui a fallu attendre deux ou trois jours pour voir sa fille.

Elle relate une deuxième expérience désagréable, voire traumatisante : Charlotte demande à voir son bébé qu'elle n'a pas encore eu la possibilité de voir ; on lui explique le chemin à faire pour arriver au service où celle-ci est hospitalisée. Elle se sent complètement perdue, ne connaissant pas tous les services et se demandant comment elle pourra la reconnaître puisque jusque-là, il n'y a que son mari qui est allé la visiter et qui lui a ensuite raconté, avide de nouvelles qu'elle est. "*Je ne la retrouvais pas*, raconte-t-elle. *Ils sont venus me la montrer après en me disant : 'c'est elle'. J'avais un choc de joie...*"

Charlotte revient ensuite à son mari pour dire à quel point il a changé depuis qu'il est devenu père. Elle dit qu'il "*a une grande autorité sur elle*". Elle cite des paroles et des comportements qui nous montrent qu'il est disqualifiant à son égard. Il lui dit par exemple : "*tu veux travailler alors que tu n'es même pas capable de tenir un balai !*".

Elle a demandé le divorce à deux reprises. La première fois, elle a retiré sa demande parce que son mari a fait des efforts sur les principaux motifs du divorce : "*il buvait trop, il a diminué, il était très autoritaire sur moi, il me laissait un peu tranquille...* " mais elle dit avoir trouvé que malgré ses changements, le problème de fond : celui de l'éducation de leur fille, persistait. Elle évoque une relation sexuelle devenue restreinte voire absente depuis la naissance de leur fille : "*Depuis l'arrivée de la gamine, il ne se passait plus rien au niveau lit. Je ne sais pas pourquoi, il avait peut-être un problème*". "*Il ne s'occupe que de sa fille*" ajoute-t-elle. Avant d'aller se coucher, celle-ci va dans le lit de ses parents qu'elle n'a quitté que très tardivement d'ailleurs (à l'âge de 7 ans), pour y passer un petit moment et avoir son câlin habituel donné par son père et qui porte le nom de 'chaudo' du soir dont elle dit qu'il n'y a que sa fille qui sait ce que c'est. Josette dira à propos de ce câlin appelé chaudo : "*Je ne sais pas ce que c'est, il faut demander à mes parents.*".

Analyse et commentaire

Charlotte évoque souvent son mari en l'appelant le père de sa fille. Il l'a accompagnée le jour de l'accouchement, il est resté longtemps à ses côtés les premiers jours après la naissance du bébé. Il parle au bébé à travers le ventre de la mère et le bébé se met à bouger.

Cette présence de représentations de son couple amoureux, de son amant/père de sa fille, peut nous faire penser à la présence d'une organisation œdipienne chez Charlotte. Mais celle-ci ne semble en avoir que quelques bribes désorganisées. Son époux est investi comme une mère ou un père : "*il a beaucoup d'autorité sur moi*".

Par ailleurs, la relation qui la lie à sa fille se présente comme une relation fraternelle, unigénérationnelle.

Ses évocations de la grossesse lui ont permis d'aborder notamment la culpabilité du non-allaitement qu'elle semble présenter comme étant à l'origine de ses difficultés relationnelles avec sa fille. Elles ont également favorisé chez elle une mise en mots de son attente d'une "*gamine qui est venue*" plutôt que d'un bébé qui naît, fantasme derrière lequel l'inversion générationnelle se préparait par le biais d'une attente d'un 'bébé contenant'.

6.7 Conclusion autour des monographies

Dans certains cas, il existe différents espaces psychiques : de l'individu, du couple, de la fratrie, et de la famille et une aire commune intermédiaire entre la famille interne de chacun et la famille externe.

Mais nos cas l'illustrent, ces espaces psychiques individuels peuvent manquer, cette aire intermédiaire commune peut être absente et plutôt qu'à "*des espaces psychiques individuels et une aire commune*", nous pouvons assister à "*des individus-familles où il n'y a d'espace psychique propre, ni pour le couple parental, ni pour la fratrie, ni pour l'individu. La famille est vécue ici comme une fratrie.*"

C'est Jean-Pierre Caillot qui décrit avec Gérard Decherf [Caillot et Decherf, 1989], ces deux figures possibles de l'espace interpsychique commun. Ils évoquent pour le premier, un refoulement d'inceste possible et une "*possibilité de mettre en place un roman familial qui permettra, ultérieurement de sortir du ventre de la famille*", et pour le deuxième, un non refoulement d'inceste et une difficulté ou impossibilité de mettre en place un roman familial qui permette de sortir du ventre de la famille. Le premier est favorisé par une tendance à la différenciation et le deuxième par "*la tendance à l'indifférenciation*".

C'est ainsi qu'au-delà du refoulé et du clivé, nous tentons de suivre ce qui n'a pas pu advenir dans la psyché, suivre ainsi les traces du non advenu.

C'est Marie qui illustre la configuration antœdipienne 'furieuse'. Ève n'en est pas loin, mais elle semble plus dans la sauvegarde de l'objet idéal à travers son enfant que dans l'optique destructive sous forme de défense maniaque comme celle adoptée par Marie.

Marguerite et Schéhérazade semblent se débattre avec quelques bribes d'œdipe qui leur parviennent désorganisées. Quant à l'antœdipe de Reine, il a pu se montrer à un moment donné sous sa forme 'tempérée'.

Pour Marie, ces espaces inexistants au départ, comme je l'avais développé dans la partie clinique la concernant, ont pu naître peu à peu à travers ses différents "récits de la grossesse" et la construction de son roman.

Nous retrouvons chez elle "*une filiation narcissique* que Guyotat [Guyotat, 1978] définit comme *une conception de la filiation qui correspondrait :*

- *en partie à l''Immaculée Conception', [...]*
- *en partie aux anciennes conceptions de l'hérédité, conception de la préformation, de la prédestination [...] figurant toute génération à partir d'un moment créateur originel*

dont les individus au fil des générations ne seraient que des duplications

– *en partie à ce que l'on trouve dans certaines doctrines issues du Manichéisme où la conception au cours de l'acte sexuel impur est rigoureusement clivé de la conception 'par émanation', par l'esprit purifié*" (p. 205) (que l'on retrouve chez Reine qui dit avoir entendu une voix féminine lui annoncer sa grossesse).

Autant dire qu'il ne m'a guère été donné de rencontrer des éléments œdipiens bien organisés pouvant faire penser à une organisation œdipienne prévalente dans ma population d'étude. J'ai seulement noté quelques éléments pouvant appartenir à la constellation œdipienne, apparaissant lors de mes parcours avec les mères.

La lutte contre la charge incestueuse de la maternité paraît intense. Une pensée de certaines différenciations-oppositions, notamment celles appelées spécifiquement par la maternité, semble défaillante.

Je pense particulièrement à celle du sein nourricier-sein érotique. Plusieurs mères rencontrées en AEMO semblaient vivre cette difficulté de différenciation entre les deux investissements, et de penser l'opposition rappelant ce qu'écrit H. Parat autour de cette question : "*[...] sein nourricier, objet érotique ou sein érotique, objet nourricier,* se demande-t-elle, *comment penser ces oppositions, quels en sont les enjeux, un sein peut-il être à la fois nourricier et érotique ? [...]. Le sein est objet d'amour de l'enfant, mais l'enfant est objet d'amour de la mère, et le sein de la femme/mère dans un impossible partage, la relie tant à l'homme désiré qu'à l'enfant, fruit de cet amour*" [Parat, 2006] (p.2).

J'ai noté la fréquence de l'évitement, chez les mères rencontrées, de ce type particulier de nourrissage qui ne peut se faire qu'à travers un lien charnel qui invite en quelque sorte à une forme de régression.

Plutôt qu'à des enjeux qu'elle se montre incapable de saisir, la mère rencontrée à l'AEMO semble manquer d'une organisation psychique. Plus qu'à sa difficulté de penser des oppositions, il s'agit d'une mère confrontée à un conflit soi/non-soi massif qui nous fait penser à cet état décrit par A. Eiguer où "*l'objectalité et le narcissisme s'entre-mêlent ou s'entre-déchirent, faute de ne pas se séparer suffisamment par le clivage majeur du psychisme entre ses parties objectales et narcissiques*" [Eiguer, 1991] (p. 21). Mais Comment les parties objectales et narcissiques peuvent-elles se séparer quand l'indifférenciation à tous les niveaux devient un idéal à ne pas quitter ou un but à atteindre ?

Troisième partie

PRÉSENTATION DE L'OUTIL ET RETOUR REFLEXIF THÉORICO-CLINIQUE

Chapitre 7

Différentes modalités du ‘roman de la grossesse’

Mon travail avec le ‘roman de la grossesse’ m’a permis de le découvrir et de le proposer en tant qu’approche psychothérapeutique, mais aussi en tant qu’outil d’évaluation et ceci selon quatre modalités.

L’utilisation de chacune de ses modalités dans un temps limité à une ou deux rencontres le rapproche d’une consultation thérapeutique au sens de Winnicott. Quand les rencontres sont étalées sur plusieurs mois (comme dans le cas de Charlotte et Ève), voire plusieurs années (comme dans le cas de Marie, Marguerite et Schéhérazade), le travail se rapproche d’un cadre de psychothérapie brève d’inspiration psychanalytique. Je suis tentée d’appeler ce dispositif dans sa version thérapeutique : thérapie focale. Celle-ci se rapproche ainsi du travail effectué au sein du laboratoire de thérapie focale mis en place sous l’initiative de Balint.

Balint est arrivé à la thérapie focale en tentant de mettre en place une cure dont la durée serait plus réduite que la cure psychanalytique classique, mais c'est aussi en reprenant quelques bases de la 'technique active' prônée par Ferenczi et que Freud désavouait. Il arrive ainsi, en mettant en place une telle méthode, à réconcilier la psychanalyse avec la possibilité de satisfaire dans certains cas les besoins affectifs du patient comme le défendait Ferenczi et le réfutait Freud. Il essaye pour cela de ne pas paraître en rupture avec Freud tout en se situant dans la lignée de Ferenczi et relie le débat entre les deux penseurs à ses propres élaborations théoriques et cliniques. Il étudie enfin toutes les possibilités d'aménagement de la cure-type pour pouvoir prendre en charge des patients présentant des pathologies variées.

La technique mise au point par Balint se base sur les éléments suivants :

a) le face à face ;

b) fixer un terme au traitement, en signalant que, si le résultat n'était pas obtenu, une autre forme de psychothérapie serait envisagée ;

c) établir une hypothèse psychodynamique de base, expliquant la problématique principale du patient ;

d) utiliser une technique d'interprétation plus active ;

e) porter une attention sélective sur les éléments se rapportant à l'hypothèse psychodynamique de base ;

f) effectuer une négligence sélective des éléments étrangers à la dite hypothèse.

Les règles à respecter étaient les suivantes :

- ne pas se concentrer exclusivement sur le problème de la psychopathologie du patient en tant qu'individu ;
- centrer l'intérêt sur l'interaction du patient et du thérapeute ;
- centrer l'intérêt sur les processus techniques issus de celle-ci ;
- s'intéresser non seulement aux fantasmes et aux reconstructions portant sur le passé ;

- s'intéresser à la vie quotidienne du patient et à son comportement lors de l'entretien ;
- élaborer à partir de ces observations, des techniques appropriées, c'est-à-dire les types d'interventions verbales et non verbales : 'l'objectif focal'.

A la même période que Balint, d'autres psychanalystes de l'école anglaise, ont envisagé des aménagements du cadre. Winnicott par exemple a été conduit à se préoccuper de la façon dont certains patients modifiaient le cadre, voire dans certains cas, semblaient incapables de l'utiliser et propose le concept de 'consultations thérapeutiques' [Winnicott, 1972], pour décrire une méthode d'intervention psychothérapeutique à travers des rendez-vous sporadiques qu'il différencie du '*setting*' conventionnel où les séances sont établies de manière systématique.

A l'instar de la méthode de Balint, le 'roman de la grossesse' adopte une associativité focale plutôt qu'une associativité libre puisqu'il propose un thème, celui de la grossesse. Il s'agit, rappelons-le d'évoquer la grossesse qui a donné naissance à l'enfant avec lequel la mère se trouve aujourd'hui en difficulté relationnelle. Mais l'associativité ne s'arrête pas à la grossesse. J'y reviendrai.

Ces différents éléments et règles de Balint ont été globalement les miens dans ce travail. Quant à la fixation du terme, la durée des mesures judiciaires est une réalité à présenter à chaque fois aux sujets : nous savons donc que nous effectuons des rencontres qui peuvent s'étaler de telle date à telle date et que nous sommes amenés à tenir compte des décisions d'arrêt ou de renouvellement de mesures qui sont prises par le juge des enfants.

Mon action thérapeutique tend souvent dans ces situations à ramener les familles et les sujets entièrement perdus dans une problématique 'd'auto-engendrement absolu' [Racamier, 1992] (p. 125) à un sentiment d'être le fruit d'une relation à deux. Ni rester ligoté par un sentiment de dette exclusive à ses parents et de n'être que le résultat obligé d'une scène primitive biologique. Ni le sentiment que sa vie propre n'est due qu'à soi et à soi seul. Le but est de se sentir doté d'une vie qui lui est propre, mais qui ne lui revient pas tout entière.

Pour ce qui est de ma rencontre avec le focus de la grossesse, celle-ci a été totalement fortuite. Le terrain me l'a fait découvrir au fur et à à mesure de mon travail. La grossesse et la naissance me semblent être deux focus fondamentaux. Je les ai vus à l'épreuve avec des problématiques identitaires qui touchent de manières différentes plusieurs pathologies psychiques et organiques.

Les échanges intersubjectifs qui surviennent lors de la rencontre se font dans les deux sens : permettre l'émergence du sujet-patient-usager et faire en sorte que reste active et éveillée la subjectivité du clinicien.

Rappelons-nous ce moment, absolument exceptionnel qui a eu lieu avec Marie : lorqu'elle semble s'être reconnue à travers mon regard qui a accepté cette part d'elle en souffrance, mais surtout cette part qui fait souffrir et qui la rend activement et 'passionnément' maltraitante. C'est à travers la reconnaissance de sa maltraitance-besoin et à la démystification d'une question bien chère à Marie, la question de "*l'oreille*" et de la surdité que la mère-voix que j'étais pour elle, a pu laisser la place à une mère qui a une voix, une mère qui parle et qui écoute.

C'est au sein du chaos qu'est née ma rencontre avec ces sujets, chaos dans lequel les sensations et les sentiments, le physique et le psychique, l'interne et l'externe, le soi et l'autre ont des délimitations floues et fluctuantes.

Pour répondre à ces besoins primaires de contenance, il m'a fallu les sentir, les percevoir en tant que messages et les percevoir en tant que solutions ultimes à leur souffrance, afin d'aider les usagers-patients à transformer les données sensorielles de leurs expériences subjectives en des données pensées autour de ces expériences, des représentations leur permettant une narration verbale, mais aussi de les aider à récupérer l'imaginaire en tant que fonction comme le propose la théorisation de Sami-Ali. Le 'roman de la grossesse' a la fonction d'un rêve et favorise le retour ou l'émergence de l'imaginaire et l'affect.

J'ai été pour ces sujets en cours de subjectivation, cet autre nécessaire à l'établissement, au rétablissement d'une fonction miroir de soi.

C'est ainsi que nous avions pu reconstruire ensemble, non pas les événements tels qu'ils s'étaient passés réellement, mais les événements tels que l'adulte d'aujourd'hui se les représente. Reconstruire l'histoire du bébé que fut l'adulte actuel, c'est cela l'intérêt de raconter son naître et son faire-naître à la mère.

Revenons à l'associativité focale, annoncée ci-dessus. C'est avec la naissance des représentations autour de ce qui est devenu ensuite 'roman' (autour de sa propre naissance et de la grossesse maternelle) que l'associativité se focalisait de plus en plus sur des questions qui restaient en lien avec ces deux thèmes. Il s'agit des représentations suivantes :

- représentation d'identification à la mère,
- représentation du couple parental (de ses parents) : ils apparaissent en tant que deux êtres différenciés,
- représentation d'un couple amoureux,
- représentation d'une famille, d'un 'objet-famille',
- représentation autour de sa naissance et de ses origines,
- représentation d'une expérience sentie d'avoir été enceinte,
- représentation d'une expérience sentie d'avoir porté un bébé actif et vivant.

C'est ainsi que l'associativité focale s'est propagée au-delà de la grossesse pour visiter les autres aspects tels que : la rencontre du couple, le désir d'enfant, la conception, l'accouchement, l'allaitement, mais aussi la petite enfance de la mère telle qu'elle l'imagine, la grossesse de sa propre mère, la rencontre du couple amoureux de ses parents...

J'ai donné ici l'ordre de leur apparition chez Marie, le cas princeps des six monographies, mais cet ordre n'est pas universel. Le clinicien peut faire en sorte de focaliser l'associativité autour de tous ces aspects, mais ne doit en aucune façon en imposer l'ordre d'évocation.

Il faut préciser par ailleurs, que l'apparition de ces représentations n'est pas nécessairement linéaire, mais habituellement plutôt circulaire et que les va-et-vient des unes aux autres constituent la trame du 'roman'.

Si nous ne pouvons nous concentrer sur l'apparition ou l'absence de telle ou telle représentation, je trouve intéressant d'avoir en tête les quatre dimensions temporelles telles que théorisées par R. Roussillon [Roussillon et al., 2007] : il s'agit de l'actuel, de l'adolescent, de l'infantile et du primaire (p. 246).

L'actuel, c'est ce qui est source de souffrance ici et maintenant dans la vie du patient.

L'adolescence, telle qu'elle a été vécue par le patient, constitue ce moment "*où se construisent les conditions de l'autonomie de l'être humain : différenciation et séparation avec les parents ; capacité d'élaborer ses propres signaux d'angoisse ; organisation d'une sexualité prenant en compte l'altérité et la différence des générations*" (p. 248).

L'infantile, marque un "*temps d'élaboration de la conflictualité œdipienne et des modalités d'organisation psychiques propres à la latence*", mais aussi "*temps de l'élaboration d'une suffisante socialisation*" (p. 249).

Le primaire (l'archaïque), est "*la période de l'existence du patient à laquelle nous n'avons pas accès*" (p. 249).

Dans tous les cas, la démarche que je propose interdit de 'pénétrer' dans le monde des sujets avec lesquels nous faisons un parcours d'accompagnement, un parcours thérapeutique, sans un arrêt obligatoire, semblable à celui imposé par un feu rouge à un conducteur, afin d'attendre que la circulation (re)devienne possible. Aucun voyage n'est possible sans tenter l'élaboration d'un minimum de représentations nécessaire à placer l'échange dans une sphère humaine dans des situations où la subjectivation est un à-venir et non pas un déjà-là.

Voici maintenant les différentes modalités du 'roman de la grossesse' :

- avec la mère en présence de son ou ses enfants,
- avec la famille,
- avec l'enfant reçu individuellement,
- avec la mère seule [1].

7.1 Mère et enfant

Pour la modalité de travail regroupant mère et enfant, les deux vignettes cliniques de Valérie et Gisèle évoquées dans la première partie, peuvent donner une idée sur les bienfaits du 'roman de la grossesse' de la mère raconté à l'enfant.

7.2 Travail familial

L'élaboration autour des attentes maternelles et paternelles assouvies ou déçues par l'arrivée d'un enfant, mais aussi autour des différentes histoires de naissance de chacun des enfants de la fratrie s'est montrée de grande importance. Cette modalité est à utiliser avec prudence parce qu'un tel dispositif peut favoriser

1. J'ai eu l'occasion d'utiliser le 'roman de la grossesse' avec les pères, mais ces expériences ont été trop limitées pour pouvoir être développées dans cet ouvrage.

l'incestualité familiale. N'est-ce pas sur l'invitation du clinicien et sous ses encouragements que parents et enfants sont réunis autour du sexuel et de l'intime ? Il est, par ailleurs, nécessaire que l'utilisateur ait une formation spécifique en thérapie familiale.

Je relate brièvement un exemple de rencontre en famille qui semble avoir permis de lever le voile sur certaines indifférenciations intra-familiales. Il s'agit d'un entretien avec un couple et leur enfant.

Daniel, d'allure physique et vestimentaire féminine et Martine, très masculine, accompagnés de leur enfant unique Julien, 8 ans.

Daniel décrit des démarches quotidiennes, répond aux questions, qu'elles lui soient destinées ou pas. À un moment de l'entretien, son épouse est invitée à relater sa grossesse. Celle-ci, à peine la bouche entr'ouverte, la referme pour lui laisser la parole : "*La grossesse s'est très bien passée,* dit-il, *on est bien quand même quand on voit le bébé surtout après l'effort de la respiration, la fatigue et tout ça, ça fait oublier vite les 9 mois de grossesse où il faut s'occuper de lui autrement, il y a quand même beaucoup de contraintes : il faut pas faire ceci, il faut pas faire cela... Mais c'était quand même bien, des nausées les premiers mois et puis ça passe*".

"*L'accouchement aussi s'est très bien passé*" dit Martine. "*Oh oui, très bien*" réplique Daniel. "*Je m'en rappelle encore*" ajoute-t-il. "*Moi j'aime beaucoup l'accouchement, parce qu'on a le bébé, on voit comment il est et tout, de toute façon, nous, on ne fait pas de demande, on prend ce qu'il y a à l'échographie*".

Daniel précise que "*le bébé bougeait beaucoup*" et que "*c'était un footballeur.*"

Martine décrit "*un bébé magnifique à la naissance*". À cela Daniel ajoute : "*il braille*".

Quant à Julien, il ne semblait pas se sentir concerné par ce que ses parents racontaient. Il répond seulement sur cette question de football :

"- *Tu parles, footballeur, je joue comme un pied !*

- *C'est vrai que tu jouais mieux dans le ventre pater eu, maternel.* (Rires)

- *Tu te trompes toujours, on dirait que c'est dans ton ventre*, réplique Julien.

- *C'est pareil,* répond Martine à son fils, *le papa aussi participe, dans le ventre, il met bien quelque chose dans le ventre ? Son ventre ou mon ventre, t'es bien né, qu'est ce que tu veux ?*

- *Eh bien moi, je vous ai tous les deux dans mon ventre* (rire des trois)."

Ce fantasme de grossesse ainsi exprimé comme circulant entre tous les membres de la famille, m'amène à explorer avec eux les sphères d'indifférenciations. L'exploration fut d'une grande richesse et les occasions d'élaboration furent multiples et semblèrent saisies.

7.3 Le travail individuel avec les enfants : 'le roman de la naissance'

Nous avons vu avec les exemples de Jeanne, la fille de Marguerite, ou Enrico, le fils d'Ève, comment le fait de faire relater les enfants ces moments tels qu'ils les imaginent est une occasion de relance de la symbolisation et l'offre de possibilités de pansements narcissiques.

Grâce au travail autour du 'roman de la grossesse' maternelle, Jeanne a pu aborder la question du couple de ses parents, celui de ses grands parents et en constituer une représentation nécessaire à son évolution.

À travers sa 'phobie des bébés' (fantasme circulant comme un 'héritage familial' exporté plutôt que transmis) et le 'bruit des lits', elle a pu faire le lien entre sexualité et procréation, s'intéresser à la question de la rencontre amoureuse du couple de ses parents et de ses grands parents, et fantasmer ainsi sur ses origines.

Elle acceptera dorénavant l'autorité de sa mère après avoir été dans une position d'omnipotence totale : "*C'est toi qui décides*" lui dira-t-elle. Elle intègre la "*bonne mère*", aborde l'ambivalence après avoir vu sa mère comme totalement mauvaise : "*Je sens que t'es avec moi et que tu me soutiens*" lui dira-t-elle après avoir évoqué sa "*haine*" pour sa mère "*méchante… qui montre ses dents*".

Elle accepte enfin de faire des gestes de tendresse à sa mère. La tendresse, déliée de sa charge incestuelle, ne semble plus source d'angoisse. Elle s'occupe de sa féminité et suit un régime qu'elle a parfaitement réussi. Elle s'est complètement transformée physiquement : d'une fille nettement 'ronde', elle devient plutôt mince.

J'ai pu voir la relation incestuelle mère-fille se dénouer progressivement et Jeanne prendre la place générationnelle qui lui revient.

Quant à Enrico, le vide chaotique de ce dernier est dramatique. Son histoire aussi. Nous pouvons tout de même souligner que les quelques étapes faites avec lui, lui ont rendu un sourire absent et lui ont donné une démarche et un regard appartenant au monde des humains. Et nous l'avons vu aussi construire des projets d'avenir.

Ce que le 'roman de la grossesse' m'a fait découvrir avec lui c'est que son absence béante peut prendre une allure dramatique.

7.4 Travail avec la mère seule

J'ai tenté de montrer tout le long de ce travail l'intérêt et l'efficacité du 'roman de la grossesse' avec la mère.

Nous avons vu des femmes-mères parcourir tout le long de leurs "*romans*" les étapes escamotées du processus de la maternité.

L'une ira jusqu'à se croire stérile, sans y adhérer pleinement, comme c'est le cas pour Reine.

L'autre, Marie, y adhérera jusqu'au bout, en se "*vivant*" comme amputée accidentellement mais définitivement de son organe nécessaire à la maternité biologique et en continuant à dire malgré ses maternités multiples : "*ce qui m'a manqué le plus, c'est de ne pas avoir d'enfants*".

La troisième, Schéhérazade, évoquera une grossesse avec ses manifestations habituelles mais s'étonnera, des années après la naissance de ses enfants, de les voir "*vivants*".

Quant à la quatrième, Marguerite, son enfant lui reste encore 'en travers de la gorge'. Elle sent comme une boule, quelque chose qui l'oppresse : "*comme si le bébé est encore là*". Le 'comme si', indice d'une activité de symbolisation à laquelle elle a recours, la différencie de la formation délirante de Marie.

Toutes nous mettront sur les traces d'une pathologie de contenance ainsi que de failles du "*deuil originaire*". Racamier [Racamier, 1992] nous l'a appris : "*Lorsque le moi n'a pas traversé le deuil originaire, une irrésistible méfiance de base vient dominer le paysage intime. C'est ainsi qu'il en va chez les paranoïaques et chez les dépressifs : ils n'ont jamais lâché leur objet d'une semelle, et c'est un objet peu fiable. Le narcissique éperdu pense et donne à penser qu'il ne croit qu'à lui-même ; cependant, tout au fond de l'âme, il ne croit pas plus à soi qu'à l'objet. Et c'est ce qui va lui faire tant redouter toute sorte de perte et de deuil*" (p. 43).

Nous avons vu, en effet, Schéhérazade clamer son manque de confiance dans l'autre en général : "*J'aime pas m'attacher à quelqu'un, j'ai peur, parce qu'il va partir dès que je m'attache à lui*". Nous l'avons connue aussi à la recherche de son objet perdu : "*Je cherche, je ne sais pas ce que je cherche*". Elle ajoutera : "*on dirait que j'ai pas envie de trouver*".

Schéhérazade est restée dépendante d'une relation archaïque à la mère. C'est l'illusion qui masque la désillusion.

Chapitre 8

Apports du 'Roman de la grossesse'

8.1 Le 'roman de la grossesse' : Concept heuristique

La filiation du 'roman de la grossesse'

Si j'ai voulu proposer le 'roman de la grossesse', c'est aussi en résonance avec le "*roman familial*", expression créée par Freud pour désigner une activité de fantaisie particulière qui commence à l'époque prépubertaire et se poursuit bien au-delà de la puberté. Elle se manifeste sous la forme de rêves diurnes qui "*servent à accomplir des souhaits, à corriger la vie*". "*La fantaisie de l'enfant*, explique Freud, *s'adonne à la tâche de se débarrasser des parents tenus en piètre estime et de les remplacer par d'autres, en règle générale d'un rang social plus élevé*". Pour cela l'enfant met à profit "*la coïncidence fortuite avec des expériences vécues réelles*" [Freud, 2007].

D'un enfant d'un autre lit ou adopté à un enfant d'un autre père, puisque de sa mère, en principe, il peut difficilement douter, le roman familial n'a-t-il pas besoin d'un 'roman de la grossesse' pour passer d'un roman familial asexuel à un roman familial sexuel où intervient la prise de conscience des conditions sexuelles de la provenance des bébés ?

Mais le 'roman familial' sexuel comporte aussi une autre configuration du 'roman de la grossesse', un autre 'roman' que j'ai voulu appeler 'roman de la naissance'. Ce 'roman' est nécessaire pour que l'enfant puisse penser ses origines, pensée combien nécessaire à sa vie psychique.

La fantaisie, appelée 'roman familial', qui amène le sujet prépubère à "*s'inventer une autre famille que la sienne propre*" [Laplanche et Pontalis, 1998], va l'amener à s'imaginer "*issu d'un autre lit (infidélité maternelle) ou adopté*" [de Mijolla-Mellor, 2002] (entrée '*Roman familial*', p. 1502).

S'imaginant issu d'un autre lit, il tente toutefois par là d'élaborer la question du premier lit, le lit parental dont il est issu, l'acte sexuel et ce qui le précède, le couple, la rencontre amoureuse ainsi que le fruit de cet accouplement : la grossesse de la, de sa mère et ensuite son nid, son lit propre, le ventre de la mère. Il peut imaginer ainsi son état d'ayant été bébé dans le ventre maternel, et ensuite bébé dans les bras de sa mère, mais aussi de son père et de ses grands-parents... Le 'roman de la grossesse' est le roman des fantasmes originaires (fantasme de la 'scène primitive', fantasme de la castration, fantasme de la séduction).

On voit donc qu'avant qu'un être humain s'invente une famille, c'est un ventre maternel qu'il va falloir inventer. Ainsi, avant de s'intéresser aux liens avec les parents, c'est le 'lieu' d'où il sort qui l'intéresse. Et pour s'inventer un ventre, il lui faut imaginer la "scène primitive", scène du rapport sexuel entre les parents, que je préfère appeler avec Laplanche et Pontalis, "scène originaire" [Laplanche et Pontalis, 1998] (p. 433). Le 'roman de la grossesse' précède ainsi le 'roman familial'.

8.2 Les vertus diagnostiques du 'roman de la grossesse'

Un focus privilégié

La manière avec laquelle la mère relate en après-coup la grossesse qui a donné naissance à son enfant est en mesure de nous renseigner sur la dominante narcissique ou objectale de son investissement maternel. En effet, nous pouvons déceler dans ses affects et représentations, la nature de son lien avec cet enfant. Ainsi, nous aurons la possibilité d'apprécier la profondeur et l'étendue de la sphère d'indifférenciation.

La grossesse en tant que thème m'a permis de visiter et de faire visiter les 'usagers' de l'AEMO tous les champs d'indifférenciations qui traversent les relations intrafamiliales. Ce focus associatif s'est avéré être un vecteur privilégié autour duquel se condensent les représentations d'indifférenciations. Les récits renouvelés en fonction des rencontres cliniques permettent d'évaluer l'état de l'organisation œdipienne chez la mère.

Il s'agit depuis le début de cet ouvrage, non pas d'une seule forme d'œdipe, mais de différents niveaux d'œdipe. Pour nous permettre de penser ces différents niveaux d'œdipe, Racamier nous a proposé, je l'ai déjà dit, deux organisations : une œdipienne et une autre antœdipienne. Je rappelle que l'antœdipe est défini par Racamier [Racamier, 1992] comme une "*constellation originale et spécifique occupant la position centrale au sein du conflit des origines*". Celui-ci a au moins deux destins. Il s'oriente soit vers une discrète assise du moi, soit à l'inverse vers une ascension mégalomaniaque.

- Sous sa forme “bien tempérée”, “*il procède d’une interaction et d’une reconnaissance précoce et réciproque entre le bébé et la mère ; il se nourrit d’une ambiguïté féconde ; il prélude à l’œdipe ; prépare aux fantasmes ; fonde le sentiment normal d’identité ; et instaure dans le moi la pensée des origines*”. “*Une heureuse issue des conflits des origines est de sentir intimement qu’on est soi-même avec les parents, quant au monde et aux personnes, les auteurs associés d’une coproduction vivante et vivable*” [Racamier, 1992] (p. 197). Ainsi, le sujet qui pouvait se dire : “*je suis mon propre et mon unique engendreur*” et qui ne pouvait accepter de penser que ses propres origines ne viennent pas de lui mais qu’elles lui sont extérieures, devient dorénavant comme le suggère Racamier : “*Auteur de sa vie, enfant des auteurs de ses jours*”.
- Dans sa forme “furieuse” qui lui fait connaître une “ascension mégalomaniaque”, plusieurs issues psychopathologiques sont possibles. Elles sont toutes centrées sur des dénis d’origine et peuvent aboutir à un “*anéantissement des origines propres du sujet (père, mère et scène primitive)*” [Racamier, 1992].

Roussillon, en se passant du vocable antœdipe et en défendant sa préférence de rester dans la métapsychologie plutôt que d’emprunter la métaphore, décrit deux niveaux d’Œdipe : d’une part, un Œdipe structurel qui rejoint l’Antœdipe tempéré de Racamier ; d’autre part, un Œdipe qui n’arrive pas à se mettre en crise et qui ne laissera pas de place ainsi à une organisation œdipienne. Celui-ci rejoint l’antœdipe furieux décrit par Racamier. Cet état d’absence d’organisation œdipienne qui survient chez certains sujets, est décrit par Roussillon comme un état d’arrêt de développement. Ceux-ci “*n’arrivent* [donc] *pas véritablement à ce que l’Œdipe se mette en crise. Si la crise de l’Œdipe est une crise de la différence des sexes et de la différence des générations, certains sujets restent ‘coincés’ préalablement au niveau de la crise de l’organisation de la différence entre le moi et le non-moi. Ils n’arrivent pas à dépasser cette première forme de différen-*

ciation et donc à intégrer véritablement les formes complexes de la différence des sexes et des générations, ou plutôt, celles-ci ne sont appréhendés que sur le fond de la différence moi/non-moi" [Roussillon et al., 2007] (pp. 158-159).

À la place de la triade : Œdipe, Antœdipe tempéré (appelé aussi structurel par Racamier) et Antœdipe furieux, Roussillon propose : Œdipe structurel, Œdipe crise, et Œdipe organisation. "*'L'Œdipe structurel' résulte du fait que le sujet humain doit construire son identité en fonction du fait qu'il est fils ou fille de père et mère, qu'il est né de la rencontre sexuée entre ses deux parents et qu'il va devoir construire son identité en fonction de cette donnée fondamentale. La structure œdipienne, continue-t-il, articule la question de la différence des sexes et la question de la différence des générations*" (p. 157).

C'est la mise en crise de cette structure œdipienne, potentiellement toujours là, précise Roussillon, qui va rendre cette question actuelle et la faire passer sur le devant de la scène au sein des relations familiales et du monde interne de l'enfant. L'enfant va devoir la traiter et l'intégrer dans son organisation.

En entrant en crise, et en se confrontant ainsi à la question de la différence des sexes et à celle de la différence des générations, l'enfant aborde la question fondamentale de son identité sexuée et sa place dans les générations.

À "*la manière dont l'enfant puis l'adulte vont s'organiser pour tenter de traiter la crise et sa conflictualité, qui sont la crise et la conflictualité mêmes de l'identité humaine*", il a donné le nom d'organisation œdipienne (p. 158).

La clinique nous montre en effet que les sujets ne sont pas tous égaux face à la question de l'œdipe, que quand celui-ci fait sa traversée, il laisse sa trace et la nature de cette traversée attribue telle ou telle couleur à la psyché.

Il est intéressant d'être à l'écoute des points suivants (cette liste n'est pas exhaustive) :

- l'état du conflit œdipien
- l'état du tabou de l'inceste
- la nature de la relation précoce
- l'adolescence
- le choix du partenaire
- le désir d'enfant
- la conception
- la grossesse
- les mouvements fœtaux
- l'accouchement
- l'allaitement
- la filiation
- la nature des projections maternelles
- la nature de l'investissement de l'enfant
- le lien à l'autonomie et à la séparation.

On trouvera ci-dessous une présentation sous forme de tableau de ces différents points dont nous pouvons évaluer l'état. J'ai préféré parler d'organisation prévalente pour être plus proche de la réalité psychique où les éléments coexistent, mais s'organisent de manière prévalente sur tel mode ou tel autre. Le tableau ainsi présenté peut nous permettre de situer les particularités de tel ou tel profil. Tel sujet peut se situer du point de vue de l'adolescence par exemple du côté répertorié comme appartenant à la rubrique réservée à l'organisation prévalente sur un mode œdipien et se situer sur la question du choix du partenaire du côté de la rubrique appartenant à l'organisation prévalente sur un mode antœdipien.

Par ailleurs, cette présentation bipolaire entre le mode œdipien et le mode antœdipien est délibérément schématique. Je propose de considérer ces aspects ainsi décrits comme points de repère constituant des éléments qui favorisent l'évaluation du fonctionnement psychique individuel. Dans sa version familiale, je lui joindrai l'évaluation du degré de tolérance de la famille à la séparation et à la différenciation.

Comme le "*roman familial*", le 'roman de la grossesse' s'est avéré, selon les femmes, plus ou moins riche et complexe. Les mères que j'ai accompagnées content leur grossesse en après-coup de différentes manières : l'une la décrit comme une auto-création, l'autre n'oublie pas de mentionner le co-créateur. L'une évoque sa mère, l'autre l'ignore. L'une décrit cette grossesse comme un simple "*ballonnement*". L'autre pense porter un bébé "*prêt à sortir, presque habillé*".

	Organisation prévalente de la mère sur un mode œdipien	**Organisation prévalente de la mère sur un mode antœdipien**
Conflits œdipiens	engagés gérés affrontés	mal-engagés mal-gérés évités
Tabou de l'inceste	Présence de fantasmes œdipiens. L'interdit de l'inceste est intégré.	L'inceste n'est pas intégré, il n'est pas constitué en tant qu'interdit.
Relation précoce (mère avec sa propre mère, qualité de la contenance)	L'objet maternel a été contenant et a été introjecté comme tel. La séparation est possible sans angoisse intense. L'image paternelle est présente.	L'environnement maternant est peu protecteur et une relation de contenance est défaillante, par excès, par défaut ou par oscillation trop fréquente entre l'une et l'autre forme de protection. La relation est dominée par une dépendance infantile pathologique à l'objet primaire. L'image paternelle sera lointaine, dérangeante ou escamotée.

Adolescence	Changements physiologiques de la puberté vécus avec joie, fierté, acceptation… Soulèvement, crise.	Changements physiologiques de la puberté décrits comme discrets, catastrophiques, honteux… Rébellion sévère ou soumission totale aux parents.
Choix du partenaire	Choix d'un partenaire structuré sur un mode œdipien prévalent.	Choix d'un partenaire organisé selon le registre antœdipien.
Désir d'enfant	Il s'agit d'un désir de nature objectale.	Il s'agit d'un désir d'enfant duquel le père est exclu en tant que partenaire amoureux.
Conception	Conception maîtrisée, volontaire, enfant programmé ou décidé…	Conception par hasard, accident, involontaire, surprise, fréquence de l'interruption des grossesses.
Grossesse	réalité de la grossesse reconnue	grossesse déniée

	signes physiologiques décrits comme présents – aménorrhée – nausées et vomissement	signes physiologiques décrits comme absents – pas d'aménorrhée, – pas de nausées ni de vomissements
	la grossesse se présente en lien avec la sexualité et la procréation. Allusion à une relation sexuelle réelle ou symbolisée.	la grossesse se présente sans lien avec la sexualité et la procréation.
	fantasme de fertilité et de reproduction.	fantasme de stérilité.
	présence de triangulation	pas de triangulation. La grossesse est présentée comme l'affaire de la femme toute seule, révélée généralement à sa propre mère en premier lieu.

Mouve-ments fœtaux	– Mouvements fœtaux décrits comme ayant été présents – mouvements fœtaux peuvent faire référence au géniteur [1] – présence du fantasme de bébé vivant et mobile – présence du bébé dans le ventre maternel reconnue	– Mouvements fœtaux décrits comme ayant été absents – mouvements fœtaux sans référence au géniteur décrits comme exclusifs à la mère et son bébé [2] – présence du fantasme de bébé mort dans le ventre et immobile – présence du bébé dans le ventre maternel méconnue
Accouche-ment	Représentation	Déni
Allaitement	Accepté	Angoissant
Filiation	Reconnaissance du co-engendrement père-mère.	Fréquence des situations de désaveu de paternité déclenchées suite à des séparations conjugales (désengendrement).

1. "Le bébé bouge quand le père met sa tête sur le ventre maternel"
2. "Moment de retrouvailles"

Nature des projections maternelles	Projections maternelles présentes mais pas écrasantes.	Projections maternelles massives.
Lien à l'autonomie et à la séparation	Le lien à l'autonomie et à la séparation évolue avec l'âge et les exigences de la croissance de l'enfant. Les mouvements d'autonomie de l'enfant sont encouragés.	Lien à l'autonomie et à la séparation pathologique. Comportements anti-séparatifs. L'autonomisation de l'enfant ainsi que tout mouvement de séparation mère-enfant se présentent comme une menace.
Investissement de l'enfant	Évoque l'enfant réel tel qu'il est aujourd'hui avec la différence de l'enfant que la mère fut.	Évoque avec une grande confusion l'enfant que la mère fut ou qu'elle se représente avoir été.

	Enfant investi comme objet (la mère peut entrer en relation avec lui, prendre en compte ses besoins et ses ressentis)	Enfant non investi comme objet (l'enfant n'est pas considéré en fonction de ses propres besoins mais en fonction de ceux de la mère [3]).
	L'enfant est reconnu dans ses besoins spécifiques, son altérité et sa différence.	L'enfant est dénié sous plusieurs formes : dans son existence, dans son unité, dans sa différence.

3. On retrouve ainsi les différentes positions narcissiques : enfant investi comme soi, enfant investi comme ce que l'on a été soi-même, enfant investi comme ce que l'on voudrait être soi-même.

8.3 Les vertus thérapeutiques du 'roman de la grossesse'

Pour résumer, je reprends quelques vertus thérapeutiques du 'roman de la grossesse'. Le lecteur a pu noter d'autres vertus thérapeutiques ou diagnostiques tout au long de cet ouvrage et à travers les cas cliniques.

8.3.1 Remise en route de la fonction de l'imaginaire

Le 'roman de la grossesse' permet la remise en route d'une 'fonction de l'imaginaire' souvent figée. Les affects désinvestis reprennent place dans la relation et les émotions ainsi que les fantasmes s'expriment sans sentiment de danger.

8.3.2 Reconnaissance des individualités

Il permet à la mère d'arriver à la reconnaissance de ses origines et de celle de son enfant. Cette reconnaissance passe par plusieurs étapes qui peuvent adopter un mouvement circulaire. Il importe de respecter le rythme personnel de chaque sujet. Le clinicien ne peut penser une étape atteinte dès qu'il la voit apparaître, mais ne peut crier à son absence totale dès qu'il ne la perçoit pas à un moment donné de l'évolution du parcours.

En traversant les différentes étapes de son 'roman de la grossesse', une mère peut se créer certaines fois, se dé-créer d'autres fois, engendrer et dés-engendrer son enfant à sa guise, mais aussi à la hauteur de ses difficultés et de ses souffrances, adhérer à toutes sortes de dénis : déni d'existence, d'autonomie, d'unité, d'origines pour arriver à une seconde naissance psychique (la sienne) et à un accouchement psychisé (celui qui a donné naissance à son enfant).

8.3.3 Introduire une transitionnalité

Le 'roman de la grossesse' vient ainsi réintroduire ce qui n'a pu être pensé en remontant aux sources de la vie, l'histoire de la naissance de chacun. Et comme pour aller aux sources, il faut remonter le courant, nous empruntons celui-ci comme le moyen par excellence pour y arriver.

La naissance de toutes les représentations manquantes change sa position imaginaire de mère 'hors utérus' à une mère qui a été 'portée' dans l'utérus de sa propre mère. Elle accepte dorénavant de prêter symboliquement son utérus à son enfant pour la nidation psychique de celui-ci. Plusieurs positions temporelles sont maintenant possibles et se montrent en relation. À travers cette mise en place de la temporalité et des liens générationnels, elle quitte une relation imprégnée par le narcissisme pour aller vers une relation où l'objectalité se fait jour. C'est une identité nouvelle qu'elle connaît, une psychisation d'une entrée dans la maternité qui était restée jusque là accrochée à l'événementiel.

Elle se représente le devenir parent de ses propres parents, notamment le devenir mère de sa propre mère et donne ainsi vie psychiquement à celle qui lui a donné vie biologiquement et psychiquement. Elle accepte de devenir mère symboliquement, de s'imaginer ses origines d'avant la naissance : remonter jusqu'à la vie fœtale et jusqu'à la rencontre de ses deux parents. Imaginer la scène primitive, SA scène primitive : une scène où deux êtres adultes, un homme et une femme furent unis par deux désirs mis en commun pour donner vie à un petit être. C'est à tout cela qu'incombe le devenir existant de son propre être. S'imaginer le bébé qu'elle a pu être pour imaginer le bébé qu'elle a eu. C'est en ce sens que le roman de la grossesse, a pu être utilisé sous sa forme 'roman de la naissance'.

Comme les fantasmes qui transparaissent derrière le "*roman familial*", ceux qui transparaissent derrière le 'roman de la grossesse' sont nécessaires et structurants.

Une occasion précieuse est offerte à la mère en difficulté relationnelle avec son enfant, elle qui revendique souvent la création de ce dernier. C'est un moment où elle est créatrice comme elle aime bien s'imaginer l'être : elle place l'un, déplace l'autre... Le plus grand devient le dernier, à travers des lapsus, des actes manqués... La place pour le co-créateur ne tarde pas à venir, celle des créateurs de la mère elle-même. Des caractéristiques physiques, d'autres plus psychologiques lui font visiter la famille du côté maternel, du côté paternel pour trouver des ressemblances et des dissemblances.

La distance se crée entre celui qui met en scène et ceux qui sont mis en scène, un rire venant après un lapsus... une interrogation se laisse entendre. Ainsi prend forme l'espace maternel.

Cet espace maternel favorable à la réflexivité et à la relation plutôt qu'au collage, change les conduites que les mères ont avec l'enfant. Des espaces différenciés se créent. Des investissements nouveaux apparaissent (nouveaux projets, nouveaux intérêts).

Raconter ses origines constitue le focus idéal pour le travail avec les "*souffrances narcissiques identitaires*" [Roussillon, 1999].

C'est grâce à un thème précis : raconter sa grossesse si nous pensons à la mère, grossesse qui a donné naissance à l'enfant avec qui elle est aujourd'hui en difficulté relationnelle, raconter la grossesse de sa propre mère qui a donné naissance au bébé qu'elle fut, raconter sa naissance, que la rencontre psychothérapeutique a eu lieu.

Raconter ses origines, pouvoir remonter le courant qui mène au premier souffle, au premier cri, mais aussi aux premières idées germant dans la tête de ceux qui nous ont conçus, c'est aussi laisser entrevoir l'histoire de la construction de sa propre subjectivité, de l'organisation du lien premier.

Le roman de la grossesse crée des espaces interindividuels et intrapsychiques. Peut-être pourrions-nous dire que c'est la naissance de ce que Sami Ali a nommé 'espace imaginaire' dans sa proposition d'une conception génétique de l'espace. En effet la mère relatant ses grossesses reconstruit des représentations en partant de son corps, en quelque sorte, en s'imaginant enceinte et ayant porté un bébé dans son sein. Le corps propre opère comme 'schéma de représentations' et constitue l'*a priori* de l'espace. L'espace se constitue donc à travers le corps propre et garde ainsi un lien avec l'inconscient comme l'explique Sami-Ali. Il s'agit d'un espace "*aux confins de 'l'intérieur' et de 'l'extérieur', de la représentation et de l'expression, de l'affect et de la perception*". Se produit donc ainsi ce qu'il appelle "*la magie de la transformation de l'espace réel en un espace imaginaire*" [Sami-Ali, 1974].

Cette métamorphose de l'espace réel en un espace imaginaire ne s'accomplit que dans la relation.

C'est donc dans cette relation que cet espace se crée, espace du fantasme, espace du rêve... relançant ainsi la 'fonction' de l'imaginaire. "*Le fait psychique est un fait relationnel*" écrit Sami-Ali.

Relater la grossesse d'il y a quelque temps favorise une image spatiale et permet d'avoir une attitude à la fois subjective et objective pour être avec l'événement sans fondre dans la réalité et pour être avec l'autre sans fondre en lui, mais aussi pour être dans le rêve sans perdre pied.

Lorsque nous rencontrons ces mères (mais aussi ces pères, ces enfants, ces familles) souffrant de pathologies de délimitations d'espaces psychiques nous sommes vite frappés par un climat clinique spécifique. Nous pouvons rester longtemps délogés de leur psychisme, comme nous pouvons être très vite happés dans notre altérité.

Tenter de trouver une place auprès de ces sujets peut apparaître comme une intrusion. La rencontre est en elle-même paradoxalement différenciatrice et peut être vécue, de ce fait, comme menaçante.

Invitées à une remise en cause de leur maternité par l'action éducative judiciaire, l'évocation de la grossesse apparaît pour ces femmes comme une forme de reconnaissance, parfois la seule, de leur maternité. Le "*Je suis sa mère et je sais ce qui lui convient*" souvent asséné aux intervenants, et qui peut sous-entendre : "*c'est moi qui l'ait créé*", se retrouve ici pris en compte implicitement et valorisé par le 'roman de la grossesse'. Ceci peut contribuer à les soulager d'un combat agressif et de certaines formations défensives à l'encontre notamment des travailleurs sociaux.

Inversement, dans le discours maternel, la grossesse peut se présenter comme une épreuve héroïque. Comme je l'ai déjà souligné, cette fascination risquerait d'induire une impossibilité à penser la maltraitance maternelle.

Si nous arrivons à éviter les plus gros de ces écueils, les fantasmes élaborés dans le 'roman de la grossesse' changeront les conduites maternelles. La mère sort de son "*noyau agglutiné*" (Bleger) en créant des espaces différenciés. Des investissements nouveaux apparaissent.

Nous allons ainsi de l'unaire au binaire et du binaire au ternaire : d'une grossesse qui peut condenser toutes les naissances en une : celle de la mère, celle de sa propre mère et celle de l'enfant, souvent des différents enfants, à des grossesses différenciées. D'une filiation absente à une filiation établie ; et de la filiation à deux, conçue comme un corps dans un autre à une filiation intégrant le rôle du père et établissant des origines.

Le 'roman de la grossesse' apparaît remarquablement adapté au travail avec ces problématiques notamment grâce aux possibilités de réitération et à ses effets symboligènes. Il propose un soutien à la fonction de restauration par l'imaginaire, telle qu'on l'observe de façon plus spontanée dans le roman familial ;

nous avons ainsi vu Marie “*s’imaginer*” stérile pour se concevoir comme féconde.

Le ‘roman de la grossesse’ nous renseigne sur l’état des deux conflits fondamentaux : le conflit du “*deuil originaire*” et le conflit œdipien. Mais il conduit aussi la mère à l’élaboration de ces conflits, de même que l’élaboration d’un double déni de séparation de sa propre mère et de l’existence de son enfant confondu en elle jusque-là.

Par ailleurs, le ‘roman de la grossesse’ semble un dispositif indiqué pour sortir de ces paradoxes de l’action sociale qui nécessite un travail de transformation avant toute intervention.

Enfin, dans la continuité de l’aspect thérapeutique du ‘roman de la grossesse’, se trouve la clé de la prévention des difficultés relationnelles mère-enfant, de la survenue de la maltraitance ainsi que de sa récidive.

	Organisation prévalente de la mère sur un mode œdipien	**Organisation prévalente de la mère sur un mode antœdipien**
Modèle du récit donnant lieu au 'roman de la grossesse'	Modèle du rêve : Le sujet peut associer librement, a des images, des fantasmes. Il peut jouer avec les pensées et les mots.	Les mots sont des choses, le poids émotionnel est massif. Le fantasme ne fonctionne pas comme un scénario imaginaire différent de la réalité mais comme une vérité : dévoiler un fantasme = dévoiler un acte.
	Facilité et liberté dans l'exploration de l'histoire personnelle.	Explorer l'histoire, c'est faire intrusion, c'est réactualiser les traumatismes.
	Clarté de l'énoncé.	Activité de brouillage, stratégies confusiogènes.
	Implication personnelle.	Disqualification des sensations, des émotions, de la pensée, mensonge, falsification, mystification, renversement de causalité, inversion, stratégies de diversion, déconstruction de l'espace transitionnel.

	Activité fantasmatique riche et variée.	Activité fantasmatique réduite ou absente.
Contenu du récit donnant lieu au 'roman de la grossesse'	Fait de différenciations des espaces psychiques inter-individuels : – de l'individu, – du couple, – de la fratrie. Différenciations des espaces intra-psychiques : – fille, – femme, – mère – et amante. La grossesse est racontée dans sa dimension réelle et fantasmée. Les grossesses se présentent comme différenciées. Chacune d'entre elles est citée avec des particularités événémentielles et émotionnelles.	Absence de représentations d'espaces psychiques inter-individuels différenciés : – de l'individu, – du couple, – de la fratrie. Absence d'espaces intra-psychiques différenciés : – fille, – femme, – mère – et amante. La grossesse est une "*réalité*", un fait sans être véritablement fantasmé. Les grossesses sont présentées comme identiques, indistinctes.

	L'accouchement n'est pas dénié. Plusieurs représentations entourent son évocation.	L'accouchement n'est pas représentable.
	L'allaitement n'est ni refusé ni prolongé. Il n'est pas sujet à des angoisses abondantes.	L'allaitement est soit évité soit surinvesti.
	Le père de l'enfant est reconnu. Il n'est ni massivement disqualifié ni évincé.	La filiation est narcissique. Le couple mère-enfant préexiste au couple père-mère amante. Le père est évincé.

8.4 Les limites du 'roman de la grossesse'

Bien que d'apparence très simple pour le clinicien, le 'roman de la grossesse' cache néanmoins une difficulté inhérente au dispositif lui-même. En effet, il n'est pas seulement une manière de raconter sa grossesse pour une mère, de même que, comme le souligne Bertrand, la psychanalyse n'est pas "*qu'une manière de raconter sa vie*" [Bertrand, 1998] (p. 9). Ce n'est pas non plus, comme le précise Bertrand, la construction du récit qui est thérapeutique, ni même une série de remaniements d'un récit premier, mais que le patient "*ait changé, et qu'il soit en mesure de changer encore, notamment d'admettre en soi l'autre, l'étranger, le haï, ce qui est l'objet du refoulement ou d'autres processus défensifs*". C'est ici qu'intervient donc le clinicien avec ses qualités d'écoute et sa capacité à gérer des identifications multiples et contradictoires (se mettre à la place du parent, de l'enfant, du maltraitant, du maltraité), qui peuvent avoir un impact important sur le contre-transfert et donc interagir sur le dispositif lui-même.

D'autre part, le clinicien peut être fasciné par le thème même de la grossesse. En effet, la grossesse, dans le discours maternel, peut se présenter comme une épreuve héroïque, ce qui peut entraîner une attitude de complaisance de la part du clinicien. Cette fascination risquerait même d'induire une impossibilité à penser la maltraitance maternelle.

Comme nous l'avons déjà souligné, la dernière difficulté et non la moindre, c'est qu'une telle invitation suscite la visite des domaines de l'intime qui peut favoriser l'émergence d'une incestualité latente ou l'exacerbation d'une incestualité patente. Son maniement en tant que dispositif pouvant regrouper mère-enfants, parents-enfants est à prendre avec beaucoup de tact clinique. Le clinicien devrait pouvoir gérer l'intime tout en respectant la part non dévoilable en famille. Mais il devrait pouvoir aussi contrôler la possible excitation familiale, tout en favorisant la parole autour de ces questions. Les modèles des entretiens familiaux tels qu'ils sont pratiqués par les cliniciens de cette orientation sont à prendre en considération.

Conclusion : Propositions pour le développement d'une technique diagnostique et thérapeutique basée sur la narration de la grossesse et de la naissance

A travers les rencontres individuelles et familiales en milieu judiciaire, il apparaît que si la justice a besoin de travailleurs sociaux y compris les psychologues, par le biais de ce qui est appelé 'mesures judiciaires' afin de prendre des décisions qui soient au plus près des intérêts des enfants et de leurs familles, mais aussi afin d'aider les enfants et leurs familles à vivre mieux leurs difficultés relationnelles et comportementales, les travailleurs sociaux, les psychologues, peuvent s'appuyer sur le soutien de la justice, du moins sur sa présence symbolique. Ceci est d'autant plus vrai que lorsque les psychologues se 'lancent' dans un travail thérapeutique, l'AEMO, en tant que 'structure' mandatée par la Justice, constitue un tiers représentant de la loi et par delà, interdisent les transgressions. Pour ma part, le renouvellement des mesures éducatives assurant le prolongement et le maintien du cadre aussi longtemps que mon travail (le travail du service d'AEMO mandaté de manière plus générale) l'exige, était d'un grand soutien dans le suivi d'enfants et de familles dans lesquelles règnent la souffrance et la maltraitance.

Transmettre cette expérience au delà de son premier cadre, une thèse de doctorat [Ben Hamed, 2007b], a motivé cet écrit. J'ai dû quitter ce service au moment où cette expérience était en pleine effervescence et dans une période où elle a connu une grande réussite. La manière avec laquelle j'ai dû me séparer de ces familles, ces femmes, ces hommes, ces mères, ces pères et ces enfants fut certainement quelque part traumatisante aussi bien pour eux que pour moi. Je n'ai pas eu le temps de dire au revoir à certains d'entre elles et d'entre eux. Mon agenda comportaient encore des rendez-vous avec Marie et Schéhérazade notamment. Cet ouvrage est peut-être aussi une manière de témoigner, à tous ces usagers de l'AEMO, ma reconnaissance ; mais aussi aux collègues que j'ai côtoyés, avec lesquels j'ai parfois partagé plusieurs questionnements, mais que j'ai dû quitter violemment sans pouvoir leur présenter le fruit de mes réflexions individuelles. Elles ont germé aussi grâce à leur questions, étonnements, commentaires et désaccords...

Certes, avant de les quitter, ils ont vu ma détermination et ma conviction. La contestation de certaines instructions institutionnelles me semblait vitale. Ces instructions appelaient à "*ne pas travailler avec ces familles sous la contrainte*", rappelaient que "*nous ne sommes pas mandatés pour les parents mais pour leurs enfants*" et stipulaient que "*nous sommes un service d'aide et de conseil et pas un centre de soins psychologiques et de psychothérapie*".

Mais avant de partir, j'ai vu la contrainte se dissoudre et la demande éclore. J'ai vu l'AEMO recevoir non seulement des plaintes mais aussi accueillir des rêves et des fantasmes.

Clinique de parcours de vie ou clinique de la narrativité, le 'roman de la grossesse' et le 'roman de la naissance' nous ont montré comment une subjectivité naît avec la naissance d'un récit pris dans le sens de messages adressés à l'autre et né dans la relation.

Ce n'est pas tant la capacité narrative que la capacité à se figurer et figurer l'autre qui compte. Ce n'est pas d'un discours préétabli, mais d'une histoire construite par un sujet s'adressant à un autre dont il s'agit.

Au fil du temps des séances et en traversant des flexions et des inflexions transférentielles variées, une histoire, l'histoire du sujet se construit. Ce n'est ni son éloquence verbale, ni même ses capacités narratives qui sont à l'œuvre, mais la mise en place d'une "narrativité psychique". Et celle-ci, nous n'irons pas la chercher du côté du discours explicite, mais plutôt du côté de l'écoutant-clinicien et du cadre instauré. "*La vraie narrativité est une narrativité induite*" affirme Danon-Boileau [Danon-Boileau, 2008].

Le 'roman de la grossesse' est plus qu'un dispositif pour les situations de maltraitance mère-enfant. C'est un dispositif pour les maladies de la naissance psychique et une clinique des origines.

Élaborer un monde interne, c'est aussi élaborer autour de la naissance et de l'engendrement. C'est ainsi que notre naissance provisoire devient définitive et que l'histoire de nos origines se construit.

Aussi bien pour ceux qui donnent la vie en faisant naître que pour ceux qui affrontent la vie en naissant, l'aventure est grandiose. Tel est le sort de l'humain, sa naissance biologique (au sens de sa conception, parce que je voudrais garder l'idée d'une participation active du bébé à sa mise au monde) se passe nécessairement sans lui, mais sa naissance psychique ne peut se faire sans lui.

De son côté, le parent engendreur biologique, doit parcourir son chemin de travail nécessaire et d'élaboration que tout engendrement nécessite.

Tel est l'enjeu du travail autour de la naissance et de l'engendrement et tels sont les mystères de la reproduction humaine et sa complexité. L'inscription dans le vivant spécifiquement humain ne naît pas avec le premier souffle, ni le premier cri, elle naît de la subjectivation de l'être par la relation. Relation aux autres, relation à soi, relation au monde. 'Roman de la grossesse' et 'Roman de la naissance' apparaissent comme des voies obligées de la pensée humaine.

“Auteur de ma vie, enfant des auteurs de mes jours.”

(Racamier)

Bibliographie

[Abraham et Torok, 1978] N. Abraham et M. Torok. L'écorce et le noyau. Flammarion, Paris, 1978.

[Abécassis, 2004] J. Abécassis. La voix du père. PUF, 2004.

[Anzieu, 1986] D. Anzieu. Introduction à l'étude des fonctions du moi-peau dans le couple. Gruppo, 2 :75–81, 1986.

[Bataille, 1966] G. Bataille. Ma mère. Pauvert, 1966.

[Ben Hamed, 2007a] S. Ben Hamed. Action éducative et confusion de langage : des représentations nécessaires chez les parents pour que le travail socio-éducatif prenne sens. Pratiques psychologiques, 13 :401–413, 2007a.

[Ben Hamed, 2007b] S. Ben Hamed. Le 'roman de la grossesse' et ses variations dans les situations de maltraitance mère-enfant. La relation mère-enfant entre la violence agie et la violence fantasmée. Thèse de doctorat, Université Lyon 2, 2007b. Directeur : Professeur R. Roussillon.

[Berger, 1990] M. Berger. Des entretiens familiaux à la représentation de soi, la topique de la profondeur. Apsygée, 1990.

[Berger, 1999] M. Berger. Le lien à l'absent vivant : la trace de l'autre en soi, la trace de soi en l'autre. Groupal, 5 :10–19, 1999.

[Berger, 2004] M. Berger. L'échec de la protection de l'enfance. Dunod, 2004.

[Bergeret-Amselek, 1996] C. Bergeret-Amselek. Mystère des mères, abord psychanalytique de la maternité. Desclée de Brouwer, 1996.

[Bertrand, 1998] M. Bertrand. Psychanalyse et récit : stratégies narratives et processus thérapeutiques, chapitre Valeur et limites du narratif en psychanalyse, pages 9–19. PUFC, Besançon, 1998.

[Bibring et al., 1961] G. Bibring, T. Dwyer, D. Huntington, et A. Valenstein. A study of the psychological process in pregnancy and the earliest mother-child relationship. The Psychoanalytic Study of the Child, 16 :9–23, 1961.

[Bydlowski, 1985] M. Bydlowski. Nouveau traité de psychiatrie de l'enfant et de l'adolescent, chapitre La relation fœto-maternelle et la relation de la mère à son fœtus, pages 1881–1891. PUF, Paris, 1985.

[Bydlowski, 1991] M. Bydlowski. La transparence psychique de la grossesse. Études freudiennes, 32 :2–9, 1991.

[Bydlowski, 2000] M. Bydlowski. Je rêve un enfant, l'expérience intérieure de la maternité. Odile Jacob, 2000.

[Caillot, 1997] J.-P. Caillot. L'incestuel meurtrier. Groupal, 3 :17–25, 1997.

[Caillot, 2003] J.-P. Caillot. Les manœuvres perverses narcissiques. Groupal, 12 :71–95, 2003.

[Caillot et Decherf, 1989] J.-P. Caillot et G. Decherf. Psychanalyse du couple et de la famille. Apsygée, 1989.

[Caillot et al., 1998] J.-P. Caillot, S. Decobert, et C. P. (dir). Vocabulaire de Psychanalyse Groupale et Familiale, Tome 1. Editions du Collège de Psychanalyse Groupale et Familiale, 1998.

[Carel, 2004] A. Carel. Périnatalité psychique et renaissance du familial - Éditorial. Groupal, 15 :7–18, 2004.

[Catoire, 1999] G. Catoire. Séduction et incestualité. Journal de la psychanalyse de l'enfant, 25 :73–90, 1999.

[Chiland, 1989] C. Chiland. L'enfant, la famille, l'école. PUF, 1989.

[Couchard, 2003] F. Couchard. Emprise et violence maternelle, étude d'anthropologie psychanalytique. Dunod, 2003.

[Cyrulnik, 1989] Cyrulnik. sous le signe du lien, une histoire naturelle de l'attachement. Hachette Littératures, 1989.

[Danon-Boileau, 2008] L. Danon-Boileau. Récit, attachement et psychanalyse. Pour une clinique de la narrativité., chapitre Narrativité, conscience de soi et accès à la culture chez l'enfant, pages 21–28. Éres, 2008. Sous la direction de Bernard Golse et Sylvain Missonnier.

[Dayan et al., 1999] J. Dayan, G. Andro, et G. Dugnat. Psychologie de la périnatalité. Masson, 1999.

[de Mijolla-Mellor, 2002] S. de Mijolla-Mellor. Dictionnaire international de la psychanalyse. Calmann-Lévy, 2002.

[Decobert, 1998] S. Decobert. Thérapie familiale analytique. Définitions, notions de base, références. Gruppo, 4 :13–21, 1998.

[Del Volgo et al., 1994] M.-J. Del Volgo, R. Gori, et Y. Poinso. Roman de la maladie et travail de formation du symptôme. Complémentarité des approches psychanalytiques et médico-biologique. Psychologie médicale, 26 :1434–1438, 1994.

[Deutsch, 1994] H. Deutsch. Psychanalyse des fonctions sexuelles 1923-1924 (année de sa rédaction), traduit de l'anglais par Pierre-Emmanuel Dauzat, présentation de Paul Rozen. PUF, 1994.

[Devreux, 1982] G. Devreux. Femme et mythe, chapitre La divine maîtresse, pages 27–62. Flammarion, Paris, 1982.

[Dolto, 1984] F. Dolto. L'image inconsciente du corps. Editions du Seuil, 1984.

[Dornes, 2002] M. Dornes. Psychanalyse et psychologie du premier âge. PUF, 2002.

[Dugnat, 1999] M. Dugnat. L'hospitalisation mère-bébé, Spirales n°10. Erès, 1999.

[Eiguer, 1991] A. Eiguer. La folie de Narcisse, la double conflictualité psychique. Bordas, 1991.

[Eiguer, 1999] A. Eiguer. Du bon usage du narcissisme. Bayard, 1999.

[Enriquez, 1980] M. Enriquez. Du corps en souffrance au corps de souffrance. Topique, 26 :5–27, 1980.

[Fain et Duparc, 1999] M. Fain et F. Duparc. La censure de l'amante et autres préludes à l'œuvre de Michel Fain, Actes du colloque d'Annecy, 24 avril 1998, Lausanne, Paris. Delachaux et Niestlé, 1999.

[Faure-Pragier, 2003] S. Faure-Pragier. Les bébés de l'inconscient : Le psychanalyste face aux stérilités féminines aujourd'hui. PUF, 2003.

[Ferenczi, 1983] S. Ferenczi. Psychanalyse, tome IV, chapitre Réflexions sur le traumatisme. Payot, Paris, 1983.

[Freud, 1962] S. Freud. Trois essais sur la théorie de la sexualité. Gallimard, 1962.

[Freud, 1998] S. Freud. Œuvres complètes, tome IX, chapitre Analyse de la phobie d'un garçon de cinq ans, pages 3–89. PUF, Paris, 1998.

[Freud, 2007] S. Freud. Œuvres complètes, tome VIII, chapitre Le roman familial des névrosés (1908), pages 253–256. PUF, Paris, 2007.

[Guyotat, 1978] J. Guyotat. Processus psychotiques et filiation. Aspects psychopathologiques. Confrontations psychiatriques, 16 :191–217, 1978.

[Houzel, 1999] D. Houzel. Les enjeux de la parentalité. Erès, 1999.

[Hurni et Stoll, 1996] M. Hurni et G. Stoll. La haine de l'amour. l'Harmattan, 1996.

[Hurni et Stoll, 2001] M. Hurni et G. Stoll. Le traumatisme. Perspective moderne interactionnelle. Groupal, 9 :26–42, 2001.

[Hurni et Stoll, 2002] M. Hurni et G. Stoll. Saccages psychiques au quotidien, Perversion narcissique dans les familles. l'Harmattan, 2002.

[Héritier, 1997] F. Héritier. Les deux soeurs et leur mère. Anthropologie de l'inceste. Odile Jacob, Paris, 1997.

[Kaufmann, 1975] L. Kaufmann. Considérations sur les thérapies des familles de schizophrènes. L'évolution psychiatrique, 40(2) :363–377, 1975.

[Kestemberg, 1978] E. Kestemberg. La relation fétichique à l'objet. Revue française de psychanalyse, 42(2) :195–214, 1978.

[Klein, 1968] M. Klein. Envie et gratitude. Gallimard, 1968.

[Laplanche et Pontalis, 1998] J. Laplanche et J.-B. Pontalis. Vocabulaire de Psychanalyse. PUF, 1998.

[Mahler, 1975] M. Mahler. Psychose infantile, chapitre Symbiose humaine et individuation. Payot, Paris, 1975.

[Manzano et al., 1999] J. Manzano, F. P. Espasa, et N. Zilkha. Les scénarios narcissiques de la parentalité. PUF, Paris, 1999.

[Parat, 2004] H. Parat. L'inceste. PUF, 2004.

[Parat, 2006] H. Parat. L'érotique maternelle. Dunod, 2006.

[Pigott, 1999] C. Pigott. Les imagos terribles. Editions du Collège de Psychanalyse Groupale et Familiale, 1999.

[Racamier, 1978] P.-C. Racamier. Mère mortifère, mère meurtrière, mère mortifiée (direction M. Soulé), chapitre La maternalité psychotique, pages 41–50. ESF, Paris, 1978.

[Racamier, 1989] P.-C. Racamier. Antœdipe et ses destins. Apsygée éditions, 1989.

[Racamier, 1992] P.-C. Racamier. Le génie des origines. Payot, 1992.

[Racamier, 1993] P.-C. Racamier. Cortège conceptuel. Apsygée, 1993.

[Racamier, 1995] P.-C. Racamier. L'inceste et l'incestuel. Les éditions du collège, 1995.

[Racamier, 1997] P.-C. Racamier. Brève histoire de l'incestuel. Groupal, 3 :7–16, 1997.

[Roussillon, 1999] R. Roussillon. L'état de manque et le manque à être. Groupal, 5 :110–120, 1999.

[Roussillon, 2002] R. Roussillon. La capacité d'être seul en présence du couple. Revue française de psychanalyse, 66(1) :9–20, 2002.

[Roussillon, 2006] R. Roussillon. Regards sur la souffrance, échanges avec rené roussillon. Gestalt, 30 :73–86, 2006.

[Roussillon et al., 2007] R. Roussillon, C. Chaberty, A. Ciccone, A. Ferrant, N. Georgieff, et P. Raman. Manuel de psychologie et de psychopathologie clinique générale. Masson, 2007.

[Sami-Ali, 1974] Sami-Ali. L'espace imaginaire. Gallimard, 1974.

[Schaeffer et al., 1999] J. Schaeffer, M. Cournut-Janin, S. Faure-Pragier, et F. Guignard. Clés pour le féminin. Femme, mère, amante et fille. Revue française de psychanalyse, 1999.

[Searles, 1965] H. F. Searles. L'effort pour rendre l'autre fou. Editions Gallimard, 1965.

[Solis-Ponton, 2001] L. Solis-Ponton. Sur la notion de parentalité développée par Serge Lebovici. Spirale, 17(1) :135–141, 2001.

[Stern, 1998] D. Stern. The Interpersonal World of the Infant. A view from psychoanalysis and developmental psychology. Karnac, Londres, 1998.

[Stoléru, 1989] S. Stoléru. Psychopathologie du bébé, chapitre La parentification et ses troubles, pages 113–130. PUF, 1989.

[Suaz-Labat, 2001] H. Suaz-Labat. Syndrôme de münchhausen par procuration et attaque du cadre institutionnel. Groupal, 9 :123–141, 2001.

[Winnicott, 1972] D. Winnicott. La consultation thérapeutique chez l'enfant. Gallimard, 1972.

[Winnicott, 1980] D. W. Winnicott. De la pédiatrie à la psychanalyse, chapitre La préoccupation maternelle primaire (1956), pages 168–175. Payot, 1980.

[Zilboorg, 1929] G. Zilboorg. The dynamics of schizophrenic reactions related to pregnancy and childbirth. American Journal of Psychiatry, 85 :733–767, 1929.

Psychologie aux éditions L'Harmattan

CES FANTASMES QUI MÈNENT LE MONDE
De l'influence de l'inconscient sur les individus et les sociétés
Rubin Gabrielle
Lorsque son inconscient pousse une femme à nier sa grossesse, ce fantasme est si puissant qu'il oblige son corps à la dissimuler. C'est que notre esprit possède deux territoires, unis mais différents : l'un est le conscient, et l'autre, celui de l'inconscient. Lorsque ces deux territoires s'entendent, leurs capacités s'additionnent pour le plus grand bien de l'individu et de l'humanité. Mais s'ils sont en conflit, c'est la chimère qu'a créée l'inconscient qui va prendre le commandement et conduire au malheur.
(Coll. Etudes Psychanalytiques, 16.50 euros, 162 p.) ISBN : 978-2-296-99188-0

BOUDDHISME ET PSYCHOLOGIE DE LA MOTIVATION
Fleuret Jacques
Que retenir de nos désirs, quelle est la source essentielle de notre souffrance et comment peut-on s'en affranchir autant que possible, en quoi les méthodes «curatives» peuvent-elles s'inspirer d'un système philosophique aussi ancien que le bouddhisme ? Telles sont les questions soulevées par l'analyse du bouddhisme le plus fondamental à la lumière de la psychologie de la motivation.
(26.00 euros, 248 p.) *ISBN : 978-2-296-55708-6*

INTEMPORELLE (L') FRAGILITÉ DE L'INCONSCIENT
Clinique de l'être et de la lettre
Trono Cosimo
Venant d'un sémioticien sans pareil, R. Barthes, auteur, entre autres, d'un *Empire des signes*, ce signe dut représenter un geste mythique. Ce récit commence tel un conte, «Un jour...» et s'achève par la dispersion romantique des cendres du héros. Entre ces deux extrémités, on entend la métaphore d'une existence vécue sous le capitonnage du verbe oser. Oser appelle le dépassement d'un tabou. Il est l'anagramme d'Eros. Que reste-t-il au sujet lorsqu'il jette son petit bout d'éros ?
(27.00 euros, 258 p.) *ISBN : 978-2-917714-05-8*

HANDICAP PSYCHIQUE HANDICAP SOMATOPSYCHIQUE
Variations pluridisciplinaires en clinique et en recherche
Boucherat-Hue Valérie
Comment circonscrire en clinique psychologique et médicale les différences, que la loi mentionne sans les préciser, entre «handicap psychique», «handicap mental» et «handicap cognitif» ? Y aurait-il intérêt à dégager de la notion de handicap psychique celle de handicap somatopsychique ? Existe-t-il un champ de handicap «neuropsychique» qui se différencierait à la fois du handicap cognitif et du handicap mental ?
(Coll. Espaces théoriques, 29.00 euros, 334 p.) *ISBN : 978-2-296-96249-1*

NOUVEAUX ÉCRITS POPULAIRES DE PSYCHOLOGIE
Oeuvres choisies VII
Binet Alfred - Introduction de Serge Nicolas
Nous proposons une sélection d'écrits populaires peu connus et difficilement accessibles d'Alfred Binet parus dans la *Revue des Revues* entre 1894 et 1905. On trouve ainsi des articles sur la psychologie de la mémoire, la psychologie différentielle, la psychologie de l'écriture (graphologie) et la psychologie de l'intelligence.
(Coll. Encyclopédie psychologique, 15.00 euros, 146 p.) ISBN : 978-2-296-97031-1

NOUVELLES PERSPECTIVES SUR L'INCONSCIENT
Sous la direction d'André Barbier et Jean-François Daumark
Cet ouvrage confronte entre autres les deux topiques de Freud : l'Inconscient, Préconscient, Conscient et Ça, Moi, Surmoi. Dans la deuxième topique, le Ça contient des pulsions à l'état brut et le refoulé, mais dans cette nouvelle répartition, une part du Moi est inconsciente. Ce dynamisme inconscient essentiel est étudié dans ses relations avec la pensée, notamment associative. Des cas cliniques sont décrits, y compris celui de la personne de Freud lui-même.
(28.00 euros, 277 p.) ISBN : 978-2-296-96532-4

PROJET DE FATIMA
Étude psychologique de cas
Mayrand Jean
L'histoire tragique de gens typiques de notre temps qui traînent leur vie de castration, d'inhibitions oedipiennes et qui encombrent leur psyché de désirs sexuels inconscients, de leur Moi névrotique, mais ils comprendront, petit à petit, que l'amour s'amène avec sa peine. S'ils élucident le «projet» de Fatima, peut-être apprendront-ils aussi que l'amour et le bonheur ne sont pas le but du voyage mais une façon singulière de voyager.
(Coll. Psychanalyse et civilisations, 30.50 euros, 296 p.) ISBN : 978-2-296-56814-3

MALAISE DANS LA PSYCHIATRIE
Chebili Saïd - Préface d'Angèle Kremer-Marietti
Le malaise épistémologique actuel dans la psychiatrie provient de ce que la psychiatrie a perdu sa polarité entre un pôle scientifique et un pôle plus métaphysique. En effet, les neurosciences occupent le champ théorique et dominent tous les autres courants. Pour surmonter ce malaise, Saïd Chebili propose une nouvelle figure du savoir avec la restitution de la polarité. Il décrit ce que ces deux pôles peuvent être.
(Coll. Epistémologie et philosophie des sciences, 20.00 euros, 200 p.)
ISBN : 978-2-296-96727-4

BIEN ÊTRE / ÊTRE BIEN ?
Les techniques de conscience du corps entre Orient et Occident
Grison Benoît - Préface de Jean-Paul Resweber
Les techniques de méditation bouddhistes d'Extrême-Orient font l'objet d'une appropriation culturelle de grande ampleur dans le monde occidental. Ces «techniques de soi» ont influencé indirectement diverses pratiques de «bien-être» développées en Occident : relaxation, automédication, expression

corporelle et psychothérapies alternatives… Méditation, qi gong, tai ji ou judo constituent de véritables «techniques de conscience du corps» et viennent nourrir des valeurs de *bien* être et de *bien* vivre .
(Coll. Mouvements des Savoirs, 24.00 euros, 238 p.) *ISBN : 978-2-296-96221-7*

NÉGATION (LA) ET SES INCIDENCES
Essai sur le langage, la genèse et la clinique
Bles Marie-France
La négation, présente sous des formes et des procédés variés dans le fonctionnement des langues, offre l'avantage de pouvoir exprimer «ce qui n'est pas» par rapport à «ce qui est». Comment la négation est-elle marquée dans l'organisation de la langue ? Que modifie sa présence dans une structure phrastique ? Comment la négation apparaît-elle dans le langage de l'enfant ? La négation a-t-elle une représentation identique chez l'enfant et dans la clinique ?
(35.00 euros, 344 p.) *ISBN : 978-2-296-96108-1*

PORTRAITS D'ADOLESCENTES
Résister et se construire en Maison d'enfants à Caractère Social
Récits de Rosa Linda et Ema Liss recueillis par Michelle Van Hooland
Ce livre propose les histoires de résiliences réalisées par deux adolescentes, Rosa Linda et Ema Liss, actuellement placées en MECS (Maison d'Enfants à Caractère Social). L'objectif est de développer leur capacité à donner forme à leur expérience à partir d'un principe essentiel : produire le récit du vécu, puis transformer ce récit en fiction à partir d'un schéma narratif.
(Coll. Histoires de résiliences, 10.00 euros, 70 p.) *ISBN : 978-2-296-57000-9*

ECOUTER COMME AIMER
Histoires de psychanalyses ordinaires
Vaïtsaras Yannis – Traduit par Philippe Le Moller
Le psychanalyste reçoit quotidiennement les confessions parfois pesantes de ses patients. De la difficulté de répondre à leur besoin pressant de soulagement naît l'idée de tenir une sorte de journal de bord. Il espère par ce biais parvenir à mieux comprendre, à mieux se comprendre, à jeter aussi quelque lumière sur le lien si particulier qui l'attache à ses analysants. Ainsi prennent corps six récits de psychanalyses, dont l'ensemble pourrait constituer aussi une part de la sienne propre.
(26.00 euros, 256 p.) *ISBN : 978-2-296-96834-9*

CLOWN (LE) THÉRAPEUTE
Schenkel Isabelle
L'état de clown soutient le processus de transformation de la personne en lui offrant de la liberté et du mouvement. Il invite praticien et client à devenir joueurs et les rend disponibles et curieux de ce qui se présente à eux. Le personnage du clown apporte ici des clés réflexives et pratiques aux professionnels de l'accompagnement pour faire émerger un espace de jeu, compris comme un lieu où l'imaginaire s'actualise et les ressources de la vie quotidienne se potentialisent.
(22.50 euros, 226 p.) *ISBN : 978-2-296-56991-1*

SOPHROLOGIE SANS FRONTIÈRES
Des outils pertinents pour de nouvelles attentes
XXXXIVe Congrès de la Société Française de Sophrologie
Sous la direction de Claudie Terk-Chalanset et Benoist Fouché
La sophrologie paraissait devoir se cantonner à un territoire relativement limité : lutte antidouleur et gestion du stress sur le versant sophrothérapie, relation d'aide et développement personnel. Aujourd'hui, ces frontières explosent de toutes parts... Ce XXXXIV Congrès explore : - Les problématiques familiales ; - Les transformations du marché du travail ; - La personne dépendante et son entourage ; - Les difficultés d'une société en mutation.
(33.00 euros, 334 p.) *ISBN : 978-2-296-96213-2*

F-X
Stampe Michael
F-X est un homme ordinaire qui entreprend, dans la plus grande solitude, de reconstruire son équilibre en livrant au regard de ses contemporains internautes des images de son corps qu'il met en scène. Mais pas n'importe quelles images ! Son lit, comme un ring, devient le lieu d'exposition de ses tensions intimes et d'une quête d'amour qu'il hurle sous la lumière des projecteurs. A sa manière, F-X illustre l'évolution radicale du rapport aux autres dans un monde livré à la communication virtuelle...
(15.00 euros) *ISBN : 978-2-296-56757-3*

L'HARMATTAN, ITALIA
Via Degli Artisti 15; 10124 Torino

L'HARMATTAN HONGRIE
Könyvesbolt ; Kossuth L. u. 14-16
1053 Budapest

ESPACE L'HARMATTAN KINSHASA
Faculté des Sciences sociales,
politiques et administratives
BP243, KIN XI
Université de Kinshasa

L'HARMATTAN CONGO
67, av. E. P. Lumumba
Bât. – Congo Pharmacie (Bib. Nat.)
BP2874 Brazzaville
harmattan.congo@yahoo.fr

L'HARMATTAN GUINÉE
Almamya Rue KA 028, en face du restaurant Le Cèdre
OKB agency BP 3470 Conakry
(00224) 60 20 85 08
harmattanguinee@yahoo.fr

L'HARMATTAN CAMEROUN
BP 11486
Face à la SNI, immeuble Don Bosco
Yaoundé
(00237) 99 76 61 66
harmattancam@yahoo.fr

L'HARMATTAN CÔTE D'IVOIRE
Résidence Karl / cité des arts
Abidjan-Cocody 03 BP 1588 Abidjan 03
(00225) 05 77 87 31
etien_nda@yahoo.fr

L'HARMATTAN MAURITANIE
Espace El Kettab du livre francophone
N° 472 avenue du Palais des Congrès
BP 316 Nouakchott
(00222) 63 25 980

L'HARMATTAN SÉNÉGAL
« Villa Rose », rue de Diourbel X G, Point E
BP 45034 Dakar FANN
(00221) 33 825 98 58 / 77 242 25 08
senharmattan@gmail.com

L'HARMATTAN TOGO
1771, Bd du 13 janvier
BP 414 Lomé
Tél : 00 228 2201792
gerry@taama.net

Achevé d'imprimer par Corlet Numérique - 14110 Condé-sur-Noireau
N° d'Imprimeur : 101095 - Dépôt légal : septembre 2013 - *Imprimé en France*

www.ingramcontent.com/pod-product-compliance
Lightning Source LLC
LaVergne TN
LVHW011249061026
849535LV00005B/1202
9782296993051